# 农民工平等就业
## 法律救济机制研究

王春光 等／著

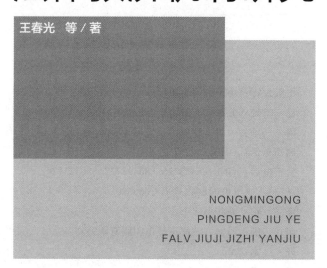

NONGMINGONG

PINGDENG JIU YE

FALV JIUJI JIZHI YANJIU

中国检察出版社

图书在版编目（CIP）数据

农民工平等就业法律救济机制研究／王春光等著. —北京：中国检察出版社，2017.7
ISBN 978 - 7 - 5102 - 1912 - 2

Ⅰ.①农… Ⅱ.①王… Ⅲ.①民工 - 劳动就业 - 劳动权 - 法律保护 - 研究 - 中国 Ⅳ.①D922.504

中国版本图书馆 CIP 数据核字（2017）第 111582 号

**农民工平等就业法律救济机制研究**

王春光　等著

出版发行：中国检察出版社
社　　址：北京市石景山区香山南路 109 号　（100144）
网　　址：中国检察出版社（www.zgjccbs.com）
编辑电话：(010)86423753
发行电话：(010)86423726　86423727　86423728
　　　　　(010)86423730　68650016
经　　销：新华书店
印　　刷：河北省三河市燕山印刷有限公司
开　　本：A5
印　　张：10.125
字　　数：270 千字
版　　次：2017 年 7 月第一版　　2017 年 7 月第一次印刷
书　　号：ISBN 978 - 7 - 5102 - 1912 - 2
定　　价：46.00 元

# 序

　　平等就业是自 20 世纪 50 年代以来国际劳工领域的核心议题之一，是国际社会长期为之奋斗的理想与目标。面对基于性别、种族、社会出身、健康等形形色色的就业歧视现象，国际劳动组织以及各国政府以制定法律和政策、建立专门执法机构、发动社会力量、提升社会平等意识等多种手段和措施，在消除就业歧视领域取得很多重大进步，值得我们这个迅速发展的国家学习和借鉴。进入 21 世纪后，伴随我国经济的迅猛发展，劳动就业领域的歧视现象也日趋明显和暴露，引起社会的广泛关注。一大批学者积极投身于消除就业歧视、推进平等就业、达成社会公平的研究与倡导中，我自 2005 年加入到中国政法大学宪政研究所发起的"消除就业歧视、促进平等就业"项目并由此开始接触反就业歧视法律制度后，一直专注于这一领域的理论与实践，后来结合我单位作为农业院校服务"三农"的一贯宗旨，逐步将研究视角聚焦在农民工权益保障方面。在我国形形色色的就业歧视现象当中，农民工就业歧视是一个非常突出也非常复杂的种类。农民工是一个非常庞大的群体（据最新统计，截至 2015 年底，农民工总人数已达 2.7 亿之多），是一个由于户籍制度原因而形成的我国特有的劳动力群体，但与此同时又是我国社会，特别是劳动就业领域中一个极为弱势的群体，常常在就业与行业准入方面遭到排斥或限制，在签订劳动合同、获取报酬、享受社会保险与福利、参与工会以及企业民主管理等方面也往往受到不同程度的限制或者歧视，尽管近年来上述情况有了很大的改观，但距离国际劳工组织的"平等就业"标准尚有相当的距离。农民工就业歧视恐怕是我国的独有现象，在国际上，似乎只有移民工人歧视现象与之比较类似和接近。因此，无论与国际还是国内各类就业歧视现象相比，农民工就业歧视现象都显得更加特殊与复杂，也因此而更加值得重视与研究。在我国，农民工问题早已经成为全社会关注的焦点，研究成果也十分丰富，但就法学研究领域而言，从一般侵权角度探讨农民工维权的著述很多，而从宪法赋予公民平等权的角度出发，聚焦农民工平等就业、消除农民工就业歧视的研究并不多见，专门针对农民工平等就业法律救济机制进行研究更是当前研究领域的一个薄弱环节，而救济机制恰恰是解决农民工平等就业、消除农民工就业歧视问题的关键所在。在中国，消除农民工就业歧视，要经历一个漫长的历史过程。但只有法制健全，农民工的权益才能在法律制度的保障下得到维护，法律的实施也才能够有所依据。在确立农民工平等就业权益的同时，赋予农民工维权有效的法律手段和救济途径，才能从根本上铲除农民工就业歧视这一社会顽疾，保障农民工平等就业权利的实现。

2014 年我申请到北京市教委社科计划重点研究项目

基金资助，以"农民工平等就业法律救济机制研究"为题展开研究，并有幸得到了北京市致诚农民工法律援助与研究中心佟丽华主任的大力支持，不仅同意作为本项目的合作单位，而且派王芳律师具体参与本项目研究与写作，为本项目的顺利完成作出了重要贡献。在此，谨向佟丽华主任及其领导下的致诚农民工法律援助与研究中心表示深深的敬意和谢意！

本书第一章"平等就业的国际标准与国内实践"，向我们揭示了国际劳工领域平等就业的法律标准以及平等就业在我国的法律发展与具体实践，指出我国在消除就业歧视方面与国际标准之间的差距及未来的努力方向，展示了本课题研究的国际、国内大背景；第二章"农民工平等就业及其法律救济机制的完善"，着重对我国农民工平等就业的推进过程以及现状进行分析，对农民工就业歧视法律救济机制进行评估，在此基础上结合当前农民工就业歧视的具体表现，探索进一步完善农民工平等就业法律救济机制的具体路径与措施；第三章"农民工平等就业的司法救济"，针对法律救济机制中的终极手段——司法诉讼的各种类型进行了深入细致的分析，为进一步畅通农民工平等就业的司法救济渠道、拓展司法救济范围，提出了建设性意见；第四章"农民工平等就业法律援助"，以一个农民工法律援助实际工作者的视角，对我国农民工平等就业法律救济过程中最急需、现实中却较为薄弱的环节——农民工法律援助，进行了极具实践意义的分析，并对如何进一步壮大农民工法律援助组织以及增强农民工法律援助工作，提出了针对性与操作性都非常强的改进建议。

本书结构体例及作者分工如下：

第一章平等就业的国际标准与国内实践　林燕玲（中国劳动关系学院教授）

第二章农民工平等就业及其法律救济机制的完善　王春光（北京农学院副教授）

第三章农民工平等就业的司法救济　杨飞（中国政法大学副教授）

第四章农民工平等就业法律援助　王芳（致诚农民工法律援助与研究中心律师）

全书由王春光统稿，在此感谢林燕玲、王芳、杨飞三位专家学者的通力合作，感谢中国检察出版社编辑的辛苦付出！我们希望通过本书的出版，能够对进一步改善我国农民工群体的就业环境并促进我国城镇化进程产生积极的影响，能够为推动整个社会更加和谐健康并向着平等就业的法治理想更加靠拢作出些许贡献。

王春光

2017 年 3 月

# 目　　录

# 第一章　平等就业的国际标准与国内实践

　　平等就业是自 20 世纪 50 年代以来国际劳工领域的核心议题之一，是国际社会长期为之奋斗的理想与目标。面对劳动世界中存在的歧视问题，国际社会经历了忽视、否认，到采取补救行动的态度转变。国际劳工组织在劳动世界消除歧视和促进平等方面，行动范围十分广泛，对国际共识的达成起到了非常重要的作用。国际劳工组织行动的根基是国际劳工标准，核心公约 1951 年《对男女同等价值的工作付予同等报酬公约》（第 100 号）和 1958 年《（就业和职业）歧视公约》（第 111 号）特别针对消除就业和职业歧视；1964 年《就业政策公约》（第 122 号）和 1975 年《人力资源开发公约》（第 142 号）都有专门条款针对这一问题；还有针对特定类别的工人来追求这一目标，如 1975 年《农村工人组织公约》（第 141 号）。可以说，消除就业和职业歧视的原则，贯穿于所有的国际劳工标准中。

　　第 111 号公约和第 100 号公约属于获批最多的国际劳工公约。2003 年，国际劳工组织以《工作中平等的时代》为题发布了综合情况报告。报告除作出评估外，还提出今后四年的技术合作重点项目和行动计划。2007 年国际劳工组织再次对全球促进工作中平等的成功与失败进行了全面评估，发布全球报告《工作中的平等：应对挑战》。2011 年，国际劳工组织发布《工作中的平等：不断的挑战》，[①] 以回应全球经济和金融危机以来就业和职业歧视领域的变化趋势。截至 2016 年 11 月 18 日，在国际劳工组织 187 个成员国中，已有 173 个国家批准了第 111 号公约，172 个国家批准了第 100 号公约。[②]

目前，我国还未制定专门的反就业歧视法律，规制就业歧视的相关法律条文散见于各类法律规范之中。我国已于 1990 年和 2006 年分别批准了 1951 年《对男女同等价值的工作付予同等报酬公约》（第 100 号）和 1958 年《（就业和职业）歧视公约》（第 111 号）。批约行为表明，我国政府向国际劳工组织，向国际社会作出郑重承诺，决定承担由于批准公约而产生的国家义务。根据《国际劳工组织章程》规定，国家义务包括对内和对外两个方面：对内国家要履行尊重、促进和实现本国国民机会均等与待遇平等，消除就业和职业歧视的义务；对外国家要履行接受国际社会监督的一系列义务，包括定期向国际劳工组织提交国家报告，接受国际劳工组织监督机制的监督，接受其他国家、国际组织和个人的监督等。[③]

---

① 国际劳工大会：《第 100 届会议报告 I（B）. 工作中的平等：不断的挑战》，日内瓦：国际劳工局，2011 年。

② http://www.ilo.org/dyn/normlex/en/f? p ＝ NORMLEXPUB：1：0：：No.

③ 林燕玲：《反就业歧视是我们的国际承诺》，载《法制日报》2007 年 9 月 20 日。

近年来在促进社会公平消除歧视方面，我国发生了明显的变化。这些变化和进步可以归纳为以下几个方面：初步建立起反就业歧视的法律制度；在农民工就业歧视上，国家从歧视的制造者变为反歧视的领导者；公民的权利意识和平等观念得到了提升；反就业歧视从理论研究进入到实际推进阶段；直接歧视依然存在，但正在向间接歧视转化。

同时，我国消除就业和职业歧视的制度建设与国际劳工标准还存在差距，包括：国家政策不够清晰，制度建设不完善；法律确立的就业歧视范围过窄，缺乏可操作性；缺乏专门的反就业歧视机构；工人组织和雇主组织的作用未能很好发挥；反歧视教育计划的覆盖面比较窄。为了促进实施第 111 号公约，推动工作中的平等，中国在反就业歧视方面亟须制度建设，即进一步明确国家在消除就业和职业歧视方面的政策，促进制定和完善反就业歧视的法律法规，推动构建完整的反就业歧视机制，培育和提升公民的权利意识和平等观念。

## 一、平等就业国际劳工标准的历史沿革

在就业和职业领域，要想实现社会公正和平等就业，就必须努力消除就业歧视。实现社会公正是国际劳工组织成立的目标和宗旨，这一目标和宗旨在 1944 年国际劳工大会通过的《费城宣言》更加明确地表述为："全人类不分种族、信仰和性别，都有权在自由和尊严、经济有保障和机会均等的条件下，谋求其物质福利和精神发展。为实现上述目的而创造条件应构成各国和国际

政策的中心目标。"因此，社会公正的思想成为一条清晰的主线，贯穿于国际劳工标准之中。但是，在国际劳工公约中，明确地对"就业和职业歧视"进行界定是在1958年国际劳工大会通过的《（就业和职业）歧视公约》（第111号公约）中。就业和职业歧视，是指"根据种族、肤色、性别、宗教、政治观点、民族血统或社会出身所作出的任何区别、排斥、优惠，其结果是剥夺或损害在就业和职业上的机会和待遇上的平等"。事实上，基于性别、种族或宗教的区别是国际社会首先谴责和禁止的。此后，一方面，旧的歧视继续以新的形式表现出来；另一方面，新的歧视如基于年龄、国籍、基因、残疾、艾滋病毒/艾滋病状况等歧视已引起了人们的广泛关注，并导致越来越多的国家和国际行动。消除就业和职业歧视的原则和具体内容，不仅反映在第111号和第100号这两个核心公约中，而且贯穿于所有的国际劳工标准中。

（一）联合国人权公约的引领作用

国际劳工组织作为联合国处理劳工和社会事务的专门机构，其工作的宗旨与联合国保护人权的目标是一致的，联合国人权公约对国际劳工组织消除工作中的歧视有引领作用。随着1945年《联合国宪章》（以下简称《宪章》）①的制定，对每个人的不歧视原则才成为普遍

---

① 1945年6月26日，来自50个国家的代表在美国旧金山签署了《联合国宪章》。《联合国宪章》于同年10月24日起生效，联合国正式成立。

承认的国际法。《宪章》第 1 条即申明联合国宗旨之一是"不分种族、性别、语言或宗教，增进并激励对全体人类之人权及基本自由之尊重"。1948 年 12 月联大通过的《世界人权宣言》（以下简称《人权宣言》）充满了平等的观念，它详尽地列举了《宪章》中平等权的内容。其通过反复使用"人人"二字，包含了平等的内容，例如《人权宣言》第 7 条规定的"法律面前人人平等并有权享受法律的平等保护，不受任何歧视"。在《宪章》和《人权宣言》之后，又产生了两个重要的国际人权公约，即《公民权利和政治权利国际公约》和《经济、社会及文化权利国际公约》。这两项公约以明确的法律形式将不歧视原则编纂成具体的条约法规范。[①]

（二） 消除种族歧视的劳工标准

种族主义和种族歧视过去是国际社会首先关注的歧视形式。19 世纪末奴隶制和奴隶买卖已被废除，但直到 20 世纪 20 年代，殖民统治政权仍广泛征用土著居民从事强迫或强制劳动。这导致国际联盟在 1926 年通过了《禁奴公约》。国际劳工组织通过了 1930 年《强迫劳动公约》（第 29 号），该公约要求国际劳工组织成员国承诺"在最可能短的期限内禁止使用一切形式的强迫或强制劳动"[②]。随着殖民统治时期的完结，人们开始关注因

---

① 李薇薇：《联合国人权公约与禁止就业歧视》，载李薇薇、Lisa Stearns 主编：《禁止就业歧视：国际标准和国内实践》，法律出版社 2006 年版。

② 《强迫劳动公约》（第 29 号公约），第 1 条 （1）。

意识形态原因的强迫劳动或作为种族、社会、民族或宗教歧视手段的强迫劳动。1957 年《废除强迫劳动公约》（第 105 号）明确将强迫劳动与"种族、社会、民族或宗教歧视"[①]联系起来。

20 世纪 50 年代和 60 年代，在国际劳工组织和联合国，都是有关在劳动世界内外非歧视和平等原则方面开展标准制定活动的一个强化阶段。1951 年《对男女同等价值的工作付予同等报酬公约》（第 100 号）和 1958 年《（就业和职业）歧视公约》（第 111 号）是最早的专门针对在劳动世界促进平等和消除歧视的文件，也对起草其后的联合国有关公约产生了影响。将"种族"歧视列入第 111 号公约中，反映了国际社会反对种族主义斗争的决心。这一时期，种族主义和种族歧视，包括种族隔离的问题继续吸引国际和各国不断做出反应，联合国于 1965 年通过了《消除一切形式种族歧视国际公约》，重申了对种族主义的谴责。

（三）消除性别歧视的劳工标准

第二次世界大战以来，引起国际社会关注的另一种主要的歧视形式是基于性别的歧视，特别是对妇女的歧视。妇女在"二战"期间大量进入劳动力市场，以弥补男性在前线打仗所造成的劳动力供给不足。"二战"结束后，当男性回到工作岗位时，妇女在劳动力市场的存在，就被视为对男性就业和总体工作条件质量的一种威胁：一方面担心女性廉价劳动力会限制可供男性选择的

---

[①] 《废除强迫劳动公约》（第 105 号），第 1 条（e）。

工作岗位的数量和范围；另一方面，担心这种状况会导致女性从事不太重要的职业，甚至在受剥削的工作条件下工作。

在反对性别歧视的问题上，国际劳工组织也是先锋，而且一直是其重大的议题。在 1919 年的《国际劳工组织章程》中，已有"同工同酬"的概念。但 1951 年第 100 号公约保证了"同等价值工作"同等报酬，而不单单是同样或类似工作。这一原则以后在 1975 年《欧共体同酬指令》[①] 和 1979 年《联合国消除对妇女一切形式歧视公约》中也予以采纳。1975 年，国际劳工大会通过的《国际劳工组织女工机会和待遇平等宣言》和为此目的通过的《关于行动计划的决议》，再次强调了国际社会在促进性别平等方面的承诺。1981 年，国际劳工大会通过了《有家庭责任的男女工人享有同等机会和同等待遇公约》（第 156 号公约），该公约反映了国际劳工组织对进一步促进工作中和其他领域性别平等的决心。近年来，人们对性骚扰这一性别歧视现象的重视和认识程度正在逐步提高。

（四）对弱势群体进行保护的劳工标准

20 世纪 60 年代和 70 年代，人们日益关注贫困问题，刚从殖民地统治下解放出来的国家，这个问题尤为严重。歧视和劳动力市场隔离是造成长期贫困的重要原因，因为某些群体的成员全部被排除在劳动力市场之外

---

① 欧共体委员会：《关于使成员国的与实施男女同酬原则有关的法令相接近的 75/117/EEC 委员会指令》1975 - 02 - 10。

或者只被允许在不利条件下工作。① 因此，消除歧视是消除贫困的先决条件。② 1964 年《就业政策公约》（第 122 号）提供了旨在通过无歧视的就业政策、达到消除贫困和促进发展目的的政策干预指导框架。对脆弱和弱势群体的关注始终包含在国际劳工组织的标准制定活动和就业与社会政策中。

1. 保护不在本国就业的工人的利益

在《国际劳工组织章程》的序言和 1949 年《移民就业公约》（第 97 号）中，都有反映。1998 年《国际劳工组织工作中的基本原则和权利宣言》中重申了对移民工人需求的特别关注。2004 年，第 92 届国际劳工大会讨论了《在全球经济中为移民工人谋求公平待遇》的大会报告，并通过了一项保障全球移民工人权益的行动计划。

2. 保护土著和部落民族的权利

1957 年《土著和部落人口公约》（第 107 号）和 1989 年《土著和部落民族公约》（第 169 号），仍是仅有的涉及土著和部落人口权利的国际法律文书。

3. 关注老年工人的特殊需要

1980 年《老年工人建议书》（第 162 号）涉及了这些工人在寻找工作或重新进入劳动力市场时面临的一些障碍，建议在工作时间和社会保障事务中应考虑老年工人的特殊需要。2002 年 4 月，《马德里老龄化国际行动

---

① J. B. Figueiredo, Z. Shaheed 编：《分析贫困的新方法与政策——II：通过劳动力市场政策减少贫困》，日内瓦：ILO/IILS1995。

② 国际劳工大会第 91 届会议：《工作中的平等时代》2003，第 32 段。

计划》要求各国政府采取积极行动。

4. 关注对其他群体的歧视现象

如残疾人和患有艾滋病毒/艾滋病的人的状况正受到包括国际劳工组织在内的国际层面上越来越多的关注。1983 年《（残疾人）职业康复和就业公约》（第 159 号）和《（残疾人）职业康复和就业建议书》（第 168 号）帮助残疾人平等进行有收益的就业。2001 年 10 月，国际劳工组织通过了《工作场所残疾人管理实用准则》。国际劳工组织于 2001 年 6 月专门制定了《关于艾滋病毒/艾滋病与劳动世界行为准则》，强调要同对实际或怀疑携带艾滋病毒/艾滋病的工人歧视的现象作斗争；2001 年 10 月，国际劳工组织成为"联合国艾滋病毒/艾滋病联合计划"的八个联合发起人之一。联合国人权委员会也于 2002 年出版了第三版的《艾滋病毒/艾滋病与人权国际指导方针》作为全球性的指导。

此外，国际劳工组织认为，国内移民和国际间移民的加剧，揭示出在宗教和文化多样性方面实现社会和谐包容目标的困难。在过去的十年间，国际社会基于宗教的歧视似乎有更大的发展，需要我们更好地关注和理解。

## 二、消除就业和职业歧视国际劳工标准的主要内容

在就业领域消除歧视的基本国际劳工标准，又称核心劳工公约，是 1958 年国际劳工大会通过的《（就业和职业）歧视公约》（第 111 号）和 1951 年《对男女同等价值的工作付予同等报酬公约》（第 100 号）和同名建

议书。

（一）《（就业和职业）歧视公约》及同名建议书

《（就业和职业）歧视公约》（第 111 号公约）及同名建议书的主要内容有以下几个方面：

1. 对就业歧视的界定

第 111 号公约对就业和职业歧视的含义进行了界定。第一，歧视是指"基于种族、肤色、性别、宗教、政治见解、民族血统或社会出身等原因，具有取消或损害就业或职业机会均等或待遇平等作用的任何区别、排斥或优惠"；第二，"有关会员国经与有代表性的雇主组织和工人组织（如存在此种组织）以及其他适当机构协商后可能确定的、具有取消或损害就业和职业机会均等和待遇平等作用的其他此种区别、排斥或优惠"。①

目前，国际劳工组织正在试图扩展第 111 号公约第 1 条中禁止歧视所依据的理由。2004 年 3 月，国际劳工组织理事会召开第 289 届会议，其中第一个建议就是"针对就业和职业歧视的新措施——扩展第 111 号公约第 1 条中禁止歧视所依据的理由"②。在该建议中，建议理事会考虑通过一项议定书，此议定书并不修订第 111 号公约本身，而是使各国能通过批准议定书，正式接受禁止歧视的补充理由。这将加强国际劳工组织在反对歧

---

① 《（就业和职业）歧视公约》（第 111 号公约）第 1 条。

② 国际劳工组织理事会：《第 289 届会议第二项议程：国际劳工大会第 95 届会议（2006 年）的日期、地点和议程》，日内瓦：国际劳工局，2004。

视方面的保护，并使国际劳工组织文书同其他组织最近通过的国际人权文书和正在发展的国家管理更加一致。

2. 对歧视与非歧视的界限进行说明

下述三种情况不应被认为是就业和职业上的歧视：（1）"根据工作本身固有的特殊要求，对这种特定工作在就业上实行有所区别、排斥或优惠"，不应被认为是歧视。① （2）"对从事危害国家安全活动的人，或者有理由怀疑其从事危害国家安全活动的人，在就业上采取任何措施"，不应被认为是实行歧视。② （3）"国际劳工大会通过的其他公约或建议书中规定的各种特殊的保护性措施或者帮助，不应被认为是实行歧视"。③ 比如，关于妇女就业、土著居民就业的公约或建议书里对这些特定类别人的就业，规定了一些保护性措施或帮助。

3. "就业"和"职业"的含义

第111号公约指出，就本公约而言，"就业"和"职业"二词所指包括获得职业培训、获得就业和特定职业，以及就业条款和条件。④ 对此，《（就业和职业）歧视建议书》（第111号建议书）专门作了具体的补充说明。建议书指出，所有的人员都应在下列各方面无歧视地享有机会均等和待遇平等：（1）获得职业指导和安置服务；（2）在个人适合该种培训或就业的基础上获得自己选择的培训和就业；（3）根据个人的特点、经验、

---

① 《（就业和职业）歧视公约》（第111号公约）第1条。
② 《（就业和职业）歧视公约》（第111号公约）第4条。
③ 《（就业和职业）歧视公约》（第111号公约）第5条。
④ 《（就业和职业）歧视公约》（第111号公约）第1条。

能力和勤勉程度得到晋升；（4）享有就业保障；（5）等值工作等值报酬；（6）工作条件，包括工时、休息时间、带薪年休假、职业安全和卫生措施，以及与就业有关的社会保障措施、福利设施和津贴。①

4. 制定和实施国家政策

第 111 号建议书指出，各会员国应制定一项国家政策以防止就业和职业歧视。该项政策应通过立法措施、有代表性的雇主组织和工人组织间的集体协议、或符合国家条件和实践的任何其他方式予以实施，并应考虑下述原则：（1）促进就业与职业机会均等和待遇平等是公众关心的问题；（2）所有人员都应无歧视地享有机会均等和待遇平等；（3）政府机构应在其一切活动中实施非歧视性就业政策；（4）雇主对任何人进行招聘或就业培训时，在提升或留任此种人员，或在确定就业条款和条件时，不应实施或赞同歧视；任何个人或组织也不得直接或间接阻碍和干涉雇主遵循这一原则；（5）在集体协商和劳资关系方面，各方应尊重就业与职业机会均等和待遇平等的原则，并应保证在集体协议中不包含有关就业机会、就业培训、提升或留任，或有关就业条款和条件的歧视性规定；（6）雇主组织和工人组织不得在接纳和保持成员资格或参与其事务方面实施和赞同歧视。②总之，批准国不仅要消除本国法律中规定的那些歧视，而且要努力消除在实际生活中存在的各种歧视。应通过

---

① 《（就业和职业）歧视建议书》（第 111 号建议书）。
② 《（就业和职业）歧视建议书》（第 111 号建议书）。

公布和执行一项旨在消除就业和职业歧视的国家政策，以实现促进机会均等和待遇平等的根本目标。

5. 为消除歧视采取有效措施

为使上述政策得以推行，公约提出了一些具体要求，包括：（1）为推动这项政策得到接受和遵守，寻求雇主组织和工人组织及其他适当机构的合作；（2）以这项政策得到接受和遵守为目标，制定法律法规，推进教育计划；（3）废止不符合这项政策的任何法律规定，修改不符合这项政策的任何行政指令或惯例等。①

6. 为消除歧视建立适当机构

建议书指出，应建立适当机构，在可行情况下由雇主组织和工人组织（如存在此类组织）的代表和其他有关部门的代表组成的咨询委员会给予支持，以便在一切公共和私人就业方面推动实施该项政策，特别是：（1）采取一切可行措施促进公众对非歧视原则的理解和接受；（2）接受、审议和调查有关不遵守该项政策的申诉，如有必要，通过调停来纠正任何被认为与该项政策相冲突的做法；（3）对任何无法通过调停有效解决的申诉作进一步考虑，并对已暴露的歧视性做法应通过何种方式加以纠正，提出意见或作出决定。②

7. 协调一切领域内防止歧视的措施

就业和职业领域的歧视是歧视领域的重要方面，因此，第 111 号建议书指出，负责采取行动反对就业和职

---

① 《（就业和职业）歧视公约》（第 111 号公约）第 4 条。
② 《（就业和职业）歧视建议书》（第 111 号建议书）。

业歧视的当局，应和负责采取行动反对其他领域内的歧视的当局密切和持续合作，以便使一切领域中反对和防止歧视所采取的措施得以协调。[①]

## （二）《对男女同等价值的工作付予同等报酬公约》及同名建议书

第 100 号公约规定，批准国应当以适当的手段，保证在一切工人中实行男女工人同工同酬的原则。这里的"报酬"是指通常的、基本的或最低的工资或薪金以及雇主因雇用工人直接或间接付给工人的现金或实物报酬。同工同酬原则的实施，可以通过国家的法律或条例；或者通过依法建立或依法承认的决定工资的机制；或者通过雇主与工人之间的集体协议；或者通过以上方法的某种结合。

"同工同酬"意味着同等价值的劳动应当得到同等的报酬，而不论劳动者的性别如何。但在实际应用中，会遇到对不同的工作如何评估其价值的难题。因此，第 100 号公约要求采取措施，根据所从事的工作对各种职位作出客观的评估。评估的方法可以由负责规定报酬率的当局作出决定；在报酬率由集体协议规定的地方，则由签订集体协议的有关各方作出决定。工人之间报酬率的差别，如果是通过对他们所做的不同工作做了客观评估而确定的，与工人的性别无关，就不应被视为违背第

---

① 《（就业和职业）歧视建议书》（第 111 号建议书）。

100 号公约的原则。[①]

《对男女工人同等价值的工作付予同等报酬建议书》（第 90 号建议书）对公约作了更详细的补充，强调为便于根据对男女工人同等价值的工作付予同等报酬的原则来确定标准或报酬，各会员国应在征得有关的雇主组织和工人组织的同意后，建立和鼓励建立对工人所做的工作进行客观评估的方法。建议书还指出，应当尽一切努力促使公众理解实行同工同酬原则的理由；如果需要，应进行促进实施该原则的调查研究。同时，为了有利于实行同工同酬原则，应当采取适当的措施提高女工的生产效率。

（三）为不同类别工人谋求公平待遇的劳工标准

在国际劳工组织活动中，消除就业和职业歧视，主要表现在为不同类别工人，特别是弱势劳工群体，谋求就业机会均等和待遇平等。弱势劳工群体是指工人队伍中那些在就业和报酬待遇问题上，或者是遭受歧视和不公正对待，或者是竞争力不强的群体。目前构成弱势劳工群体的大体上有九类：童工和未成年工人；女工；残疾工人；移民工人；年龄较大工人和退休工人；非规范就业工人，包括非全日制工、家庭工、临时工和劳动承包工；非技术工人；失业工人；非正规经济部门工人。

---

① 《对男女工人同等价值的工作付予同等报酬公约》（第 100 号公约）第 3 条。

而且这九类工人又互有交叉。① 国际劳工组织认为，弱势劳工群体之所以处于易受损害的弱势地位，是由于其性别、种族、年龄、国籍、健康以及就业方式等原因，不同程度地受到歧视，导致就业机会上和报酬待遇上的不平等。非规范性就业工人很少享有甚至不能享有社会保障、福利和职业培训的机会。非正规经济中的工人处在法律保护之外，同样受到不平等待遇。因此，保护弱势劳工群体的中心问题是反对歧视，争取就业领域中的平等权利。为此，国际劳工组织制定了大量的公约和建议书。

1. 《有家庭责任的男女工人享有同等机会和同等待遇公约》

1965 年，国际劳工大会通过了《雇用有家庭责任的妇女建议书》（第 123 号建议书），目的在于保障有家庭责任的女工在就业和职业上不受歧视，发展能使她们协调地履行两种职责的服务业，并为她们投身于社会劳动创造良好的条件。

1979 年联合国大会通过了《消除对妇女一切形式歧视公约》，进一步肯定妇女在家庭和社会中的作用，要求达到男女之间充分的平等。这样，问题自然涉及：不应当把家庭责任看成是妇女单方面的责任，而应当提倡男女双方适当分担家庭责任；有必要把有家庭责任工人的问题作为广泛的社会和家庭事务的一个方面，要求从

---

① 王家宠、钱大东著：《市场经济国家的劳动关系》，中国工人出版社 2004 年版。

国家政策上予以考虑；应当在有家庭责任的男工与女工之间，以及这些工人和其他工人之间，创造切实的机会均等与待遇平等。因此，1981 年，国际劳工大会又通过了《有家庭责任的男女工人享有同等机会和同等待遇公约》（第 156 号公约）及同名建议书（第 165 号建议书），用以取代已过时的第 123 号建议书。

在第 156 号公约中，"有家庭责任的工人"是指对其抚养的子女或赡养的直系亲属中需要照顾或帮助的其他成员负有责任的男女工人。这些责任限制他们就业前接受培训的可能性，限制他们接触和参加经济活动的可能性，或者限制她们在工作中谋求发展的可能性。至于什么人属于"抚养的子女"和"直系亲属中需要照顾或帮助的其他成员"，应根据每个国家的国情，由国家的法律或条例、集体协议、工厂厂规、仲裁裁决、法院判例或上述几种方法的某种结合，或者符合本国惯例的任何其他方法作出决定。该公约适用于一切经济活动部门和不同类别的工人。

在第 156 号公约中，对有家庭责任的工人的保护措施包括：（1）制定相关的国家政策。为了确立男女工人的机会均等与待遇平等，各成员国都要有这样的国家政策，其目的是使已经就业或希望就业的有家庭责任的人，都能够行使他们的就业权利而不受到歧视，并且尽可能避免就业与家庭责任之间的冲突。（2）采取必要的措施，使有家庭责任的男女工人能获得同没有家庭责任的男女工人一样的平等机会和平等待遇，自由行使其选择职业的权利；考虑他们在就业期限和就业条件、社会保障和社区计划等方面的需要；发展公办或民办的社区服务工作。（3）各国主管机关应采取适当措施，开展宣传和教育工作，使公众更好地理解男女工人机会和待遇平等的原则以及有家庭责任的工人的特殊问题，从而形成有利于妥善解决这些问题的舆论。（4）实行职业指导和训练，使有家庭责任的工人成为社会劳动力的组成部分，并在因履行家庭责任而中断工作后重新就业。家庭责任不能成为终止劳动关系的理由。

2.《非全日工作公约》

国际劳工组织考虑到在就业机会、工作条件及社会保障领域对非全日制工人予以保护的必要性，于1994年通过了《非全日工作公约》（Part–Time Work Convention）（第175号公约）及同名建议书（第182号建议书）。这两个文件对非全日制工人的就业、劳动报酬、职业安全卫生及社会保障问题作了原则规定，目的在于使非全日制工人能按其工时比例在这几方面享受与全日制工人的同等待遇。

非全日制工作是国际上新出现的一种就业形式。伴随着非全日制就业的增加，各种灵活的就业方式，如短期就业、季节就业、承包就业等从业方式日趋多样化。特别是从事设计、财会、医务、法律及各类咨询服务的专业人员以自营就业的方式独立就业的日趋增加。由于其在工作上的灵活性适应了部分劳动者的特殊需要；同时，由于其是解决失业和就业不足问题的途径之一，也受到各国的日益重视。目前存在的主要问题是非全日制工人在工作条件和待遇方面缺乏保障。

在第 175 号公约中，"非全日制工人"是指其正常工时少于可比全日制工人的受雇人员。其中，"正常工时"得按每周或以一定就业时段的平均值计算；"可比全日制工人"是指与有关非全日制工人相比的下列全日制工人：具有相同类型的就业关系；从事相同或相似类型的工作和职业，并在相同的部门、企业或行业就业。但是，受部分失业影响的全日制工人，即其正常工时因经济、技术或结构原因被集体或临时性削减的工人，不视为非全日制工人。

第 175 号公约不影响根据其他国际劳工公约对非全日制工人实行的更为有利的规定。如果条件允许，应采取措施，保证根据国家法律和实践从全日制工作到非全日制工作的，或相反的转移均为自愿实行。该公约适用于所有非全日制工人，但应明确，成员国经与有代表性的雇主组织和工人组织协商，对将公约的适用会造成特殊实质性问题的特定类别的工人或部门予以全部或部分排除。

在第 175 号公约中，规定了对非全日制工人的保护条款，如：（1）在组织权利、集体谈判权利和担任工人代表的权利方面；在职业安全与卫生方面；在就业和禁止职业歧视方面，保证非全日制工人得到给予可比全日制工人的同样保护。（2）保证非全日制工人得到的基本工资，不是仅由于其从事非全日制工作，而低于按同样方法计算的可比全日制工人的基本工资。（3）应对以职业活动为基础的法定社会保障体制进行修改，以使非全日制工人享受与可比全日制工人的同等条件。（4）在生育保护、终止就业、带薪年休假和公共假日以及病假方面，保证非全日制工人得到与可比全日制工人同等的条件。但应明确，涉及金钱的各项权利得按工时或收入比例确定。

第 175 号公约也强调，对上述非全日制工人的保护条款应予保证，其措施应包括：（1）审查可能阻碍使用或接受非全日制工作的法律和法规；（2）利用现有的职业介绍机构，在职业介绍活动中确认和公布非全日制工作机会；（3）在就业政策中，要特别关注失业人员、有家庭责任的工人、老年工人、残疾工人和正在接受教育或培训的工人等特殊群体的需要；（4）研究和发布有关非全日制工作满足雇主和工人的经济与社会目标程度的信息。

3.《家庭工作公约》

家庭工作，是指工人按照雇主的交派在自己家中所从事、并从雇主处领取报酬的工作。国际劳工组织认为，从事家庭工作的工人在就业和工作条件各方面，应享有与其他工人尽可能同等的待遇。为此，国际劳工大会于 1996 年通过了《家庭工作公约》（*Home Work Convention*）（第 177 号公约）及同名建议书（第 184 号建议书）。这两个文件适用于家庭工作定义范围内的家庭工作的所有人员。

家庭工作是近年来国际上新出现的一种就业形式。由于其在工作上的灵活性适应了部分企业和劳动者的特殊需要，因而受到各国的日益重视。目前存在的主要问题是家庭工人在工作条件和待遇方面缺乏保障。

第 177 号公约规定，批准国应同最有代表性的雇主组织和工人组织，以及与家庭工人有关的组织和家庭工人的雇主有关的组织，协商、制定、实施并定期审议旨在改善家庭工人状况的有关家庭工作的国家政策。而且，这些政策应当根据法律和条例、集体协议、仲裁裁决或是以符合国家惯例的其他适当方式予以实施。此外，符合国家法律和惯例的监察制度，应当保证适用于家庭工作的法律和条例得以遵守，并规定和实施适当的纠正措施，包括惩罚。

第 177 号公约规定，有关家庭工作的国家政策，应当在考虑家庭工作的特点，考虑适用于在企业中从事的相同或类似类型工作条件的情况下，尽可能在下列方面促进家庭工人和其他工资劳动者之间的待遇平等：（1）家庭工人建立或参加他们自行选择的组织的权利及参与此种组织活动的权利。（2）防止就业和职业方面的歧视。（3）职业安全与卫生方面的保护。在考虑家庭工作的特点情况下，国家关于安全与卫生的法律和条例应当适用于家庭工作，并应规定在家庭工作中，限制和禁止某些类型的工作和某些物质的使用。（4）报酬。（5）法定社会保障的保护。（6）获得培训机会。（7）允许就业或工作的最低年龄。（8）以及生育保护。

第 177 号公约规定，各国应制订适合本国国情的国家政策，以促进家庭工人在建立组织、职业安全卫生、劳动报酬、社会保障、职业培训、最低就业年龄以及生育保护等方面与其他工人的同等权利，并通过法律手段保证国家政策的实行。184 号建议书对如何贯彻实施公约各项条款作了具体规定。

总而言之，各国应制定适合本国国情的国家政策，以促进家庭工人在建立组织、职业安全卫生、劳动报酬、社会保障、职业培训、最低就业年龄以及生育保护等方面与其他工人的同等权利，并通过法律手段保证国家政策的实行。184 号建议书对如何贯彻实施公约各项条款作了具体规定。

4. 关于移民工人的劳工公约

制定关于移民工人的劳工公约，旨在消除国籍歧视。① 国际劳工组织在两个不同的政治背景下，先后制定了专门针对移民工的标准：第一次是在第一次世界大战后的 1949 年，第二次是在 1973 年石油危机之后的 1975 年。1949 年第 97 号公约制定的理由之一，是为了促进富余劳动力从欧洲流向世界的其他地区。因此，1949 年《就业移民公约》（修订本）（第 97 号公约）及其同名建议书（第 86 号建议书），强调的是适用于招聘移民就业及其工作条件的标准。到 1975 年，各国政府对失业和非正规移民的增长变得越来越关切。因此，重点由促进富余劳动力移民转变为对移民活动进行控制。这种情况促使国际劳工组织制定了两项新标准：《非法条件下的移民和促进移民工人机会及待遇平等公约》（第 143 号公约）及同名建议书（第 151 号建议书）。有

---

① 在第 143 号公约《非法条件下的移民和促进移民工人机会及待遇平等公约》中，提及制定公约的背景和理由时指出，1958 年关于歧视公约（就业和职业）中"歧视"一词的定义未把以国籍为基础的区别强制包括进来。

关移民工人的劳工标准为移民工人的保护提供了一个框架，它们涉及保护的最低标准；提供就业国状况的准确信息；帮助移民适应就业国的生活和工作条件的措施；移民收入转移机制的特别规定；就业机会；获得社会服务；医疗服务以及合理住房等。第 143 号公约的有关条款还要求有关国家制定一项政策，以促进和保障正常地为移民与本国公民在就业和职业方面，在获得就业报酬、社会保障、工会权利、文化权利和人身自由、就业税和使用法律程序等领域享有平等待遇和机会等。

根据第 143 号公约第 11 条规定，移民工人是指仅为个人目的从一国移往另一国以便获得一个就业机会的人员；该定义包括一切作为移民工人被正常接受的人员。不适用于下列人员：边界地区工人；短期进入该国的艺术家和从事自由职业的人员；海员；单纯为培训和教育目的而入境的人员；在某国领土上开展活动的组织和企业所雇用的人员，这些人员被该国应其雇主的要求临时接纳，以便执行专门的使命和任务，期限短暂并已确定，在完成这些使命和任务后必须离开该国。

第 143 号公约第 1 条规定，凡本公约业已生效的会员国，承诺尊重所有移民工人的基本人权。2004 年第 92 届国际劳工大会的报告《在全球经济中为移民工人谋求公平待遇》中指出，工作中基本原则和权利普遍适用于所有国家的所有人民，不论其经济发展水平如何。因此，它们应不加区别地适用于所有移民工人，不论他们是临时还是长期移民工人，也不论他们是正常移民还是非正常状态的移民。①

第143号公约第10条规定：凡本公约业已生效的会员国，承诺对作为移民工人或其家属合法处于该国领土的人员制订并实施一项国家政策，以便通过符合国情和习惯的方式，促进和保障其就业、职业、社会保障、工会和文化权利、个人和集体自由方面的机会和待遇平等。这些符合国情和习惯的方式包括：（1）尽力取得雇主组织、工人组织及其他恰当组织的合作，以便于接受并实行第143号公约第10条规定的政策；（2）颁布法律，并鼓励旨在保证接受并实行这一政策的教育计划；（3）采取措施，鼓励教育计划，并开展其他有关活动，以使移民工人尽可能全面了解制定的政策，了解他们的权利和义务，以及旨在帮助他们得到有效保护并有效行使自己权利的活动；（4）简化一切法律规定，改变一切与这一政策相违背的行政规定或做法；（5）在与有代表性的雇主组织和工人组织协商的基础上，制定并实行符合本国条件和做法的社会政策：以使移民工人及其家属得以享受给予本国公民的待遇，同时在不损及机会和待遇平等原则的前提下，考虑到移民工人在其适应雇佣国社会之前可能具有的特殊需要；（6）一切可能帮助和鼓励移民工人及其家属保持自己民族和种族特点以及与原籍国文化联系的努力，包括其子女接受母语教育的可能性；（7）保证从事相同工作的所有移民工人在工作条件

---

① 国际劳工局：《在全球经济中为移民工人谋求公平待遇》，第92届国际劳工大会报告，2004年，第229段。

方面待遇平等，不论他们各自的就业条件如何。①

除了工作中基本原则和权利以及专门的移民工人标准之外，所有其他的国际劳工标准在原则上也都适用于移民工人。例如，1997 年私人就业机构公约（第 181 号公约）包含有旨在防止私人就业机构在招聘和安置活动中侵害移民工人的重要规定。1988 年《促进就业和防止失业公约》（第 168 号公约）的规定，在促进充分的、生产性的和自由选择的就业方面，（合法居留的）移民工人应该享有平等待遇和非歧视原则，而无论其种族、肤色、性别、国籍或民族出身如何。1949 年《工资保护公约》（第 95 号公约）同样与所有工人相关，并且适用于他们，而不论其身份如何。1991 年《旅馆和餐馆工作条件公约》（第 172 号公约）对于该部门常常雇用的移民工人来说也是一项重要文书。

1990 年，联合国通过了一项规范国际移民诸多方面问题的综合文书：《保护所有移民工人及其家庭成员权利国际公约》，该公约 2003 年 7 月 1 日生效。从总的目标来看，国际劳工组织和联合国特别涉及移民工人的文书都是相似的，那就是要增进就业移民人员的权利和保护，阻止和最终消除非正常移民活动。联合国公约对"移民工人"的定义比国际劳工组织公约的定义更为宽泛（联合国公约的定义包括边境工人、海员和自营就业人员），其对"家庭"的定义也比国际劳工组织公约的

---

① 国际劳工组织：《非法条件下的移民和促进移民工人机会及待遇平等公约》（第 143 号公约），1975 年。

定义更为宽泛。与联合国公约相比，在返还社会保障缴费的权利方面：国际劳工组织文书规定的移民工人权利更为明确，国际劳工组织公约为移民工人成立工会规定了更明确的权利，在获得教育、住房、职业和社会服务等方面规定了平等待遇权利。

## 三、消除就业和职业歧视国际劳工标准的实施

### （一）促进工作中的基本原则和权利的实现

1998 年国际劳工大会通过的《关于工作中基本原则和权利宣言及其后续行动》（*Declaration on Fundamental Principles and Rights at Work*）（以下简称《宣言》）指出，作为劳工组织成员国，即使尚未批准有关公约，仅从作为劳工组织成员这一事实出发，所有成员都有义务真诚地并根据《国际劳工组织章程》要求，尊重、促进和实现关于作为这些公约之主题的基本权利的各项原则。实际上，基本权利的促进是由这一宣言的后续机制来保证的。[1] 后续机制由两部分组成：一是从 2000 年开始，国际劳工理事会每年要求未批准核心公约国家向国际劳工组织报告。报告包括该国法律和实际与国际劳工公约的差距，以及希望得到国际劳工组织哪些方面的技术援助。2003 年，国际劳工理事会就消除就业和职业歧视的主题，对未批准《（就业和职业）歧视公约》（第

---

[1] Tim De Meyer：《国际劳工组织、国际劳工标准及基本国际劳工公约》，载《全球化背景下的国际劳工标准与劳动法研究》，中国劳动社会保障出版社 2005 年版。

111 号公约）的 16 个国家的报告①进行了审议。二是对已批准这些公约和未批准这些公约的国家在过去四年期间所取得的进展情况进行审议，并提出一份全球综合情况报告。

2003 年，国际劳工组织以《工作中平等的时代》为题发布了综合情况报告。报告除作出评估外，还提出今后四年的技术合作重点项目和行动计划。2007 年国际劳工组织再次对全球促进工作中平等的成功与失败进行了全面评估，发布全球报告《工作中的平等：应对挑战》。2011 年，国际劳工组织发布《工作中的平等：不断的挑战》，② 以回应全球经济和金融危机以来就业和职业歧视领域的变化趋势。截至 2016 年 8 月 12 日，在国际劳工组织 187 个成员国中，已经有 173 个批准了第 111 号公约，172 个成员国批准了第 100 号公约。③ 可以说，世界上的绝大多数国家都已经批准了这两项公约，我国已于 1990 年批准了第 100 号公约。2005 年 8 月 28 日，第十届全国人民代表大会常务委员会第 17 次会议又批准了第 111 号公约，2006 年 1 月 12 日，在国际劳工局备案，正式批准第 111 号公约。

---

① 这些国家是：巴林、中国、爱沙尼亚、日本、基里巴斯、科威特、马来西亚、毛里求斯、缅甸、纳米比亚、阿曼、卡塔尔、新加坡、苏里南、泰国、美国。参见 The Elimination of Discrimination in Respect of Employment and Occupation，DISC - COMPILED - 2003 - 02 - 0157 - 1 - EN. DOC。

② 国际劳工大会第 100 届会议报告 I（B），《工作中的平等：不断的挑战》，日内瓦：国际劳工局，2011 年。

③ http：//www.ilo.org/dyn/normlex/en/f? p = NORMLEXPUB：1：0：：No。

根据1998年《宣言》的后续措施，三个"综合报告"展示了一幅消除就业和职业歧视的动态全球图景。第一份报告《工作中的平等时代》，强调的是工作场所——不论是一家工厂、一间办公室、一个农场或者街道——是使社会摆脱歧视的一个战略切入点。报告表明，容忍工作中歧视可能带来高昂的经济、社会和政治代价，并指出更加包容性工作场所产生的好处要超过纠正歧视所花的代价。

第二份报告《工作中平等：应对挑战》指出，尽管在反对工作场所中长期被认可的歧视形式的斗争中取得了令人鼓舞的进展，但是问题依然存在。另外，基于年龄、残疾、移民身份、艾滋病毒和艾滋病、性取向、基因倾向、不健康生活方式等因素的其他歧视形式变得更加突出。为使反对一切形式的工作场所歧视的斗争更加有效，报告除其他方面外倡导由政府和企业加强对立法以及非法规措施的执行，加强社会伙伴纠正和克服歧视的能力。

全球经济和金融危机，已转变成重大就业危机，构成了有关歧视的第三份综合报告《工作中的平等：不断的挑战》的背景。报告梳理了近期世界范围有关就业和职业歧视趋势好坏两个方面的情况：一方面，制定了更多的法律并采取了更多的机构举措，人们对克服工作中歧视的必要性的认识日益提高；另一方面，能力建设未能跟上政治意愿的步伐，而且经济滑坡暴露甚至加重了结构性歧视。工作中的歧视正在呈现出多样化趋势，旧的问题尚未得到解决，新的问题又提出挑战。

（二）帮助成员国起草和实施禁止歧视和促进平等的劳动立法

目前，就全球范围而言，法律在反对和消除就业歧视方面的作用有两个趋势：一是越来越多的国家已经从强制执行禁止歧视的消极义务的法律转向规定防止歧视并促进平等的积极义务的法律。二是越来越多的国家把对平等的关切纳入一般政策和法律制定的主流。由跨国机构或在地区贸易协议框架内通过的机会平等的相关规定可以影响相关国家立法的发展。例如，作为协调劳动立法项目的一部分，加勒比共同体通过了妇女就业与职业机会和待遇平等的示范性法律，以指导成员国的法律制定。

（三）建立专业化的执行机构来处理歧视和促进平等

这些机构一般可以分为两类，第一类是咨询和促进性的，包括提高妇女地位委员会、少数人群委员会和跨部委协调机构。它们通常收集、出版和传播信息，并为立法、政策和行动实施计划提供分析和咨询以及培训。第二类是专业化执行机构，这些机构有准司法权力，允许其审查有关歧视的投诉。这些专业化的执行机构可以以非正式和低成本方式协助歧视的受害者处理和解决投诉，如澳大利亚的人权和机会平等委员会，拥有促进和监控双重权力。

（四）开展技术合作，帮助成员国消除就业歧视

国际劳工组织开展技术合作的领域非常广泛。以

1999 年 12 月国际劳工组织通过的"性别平等和主流化行动计划"为例，其中运用的各种具体技术，包括各种培训、信息宣传和机制能力建设，开展为妇女争取更多更好工作的国际计划，为女企业家创造发展环境，通过小型贷款计划赋予妇女权利，等等。

## 四、我国禁止就业歧视立法的历史沿革

### （一）计划经济体制下隐性就业歧视的形成

新中国成立后，我国实行了相当平等的社会经济制度。1954 年《宪法》① 强调"公民在法律上一律平等"，赋予了每一位公民平等权。集体性有组织的劳动和生产、消费的统一分配，使人们在经济上非常平等。

但是在就业和社会领域，国家为了在工业化初期避免过多农村人口涌进城市，进而造成城市膨胀，工业化成本上升，就倾向于把剩余劳动力"稳定在农村"。到《中华人民共和国户口登记条例》② 施行，便将中国公民划分为农业户口和非农业户口，实行严格的身份户籍管理制度。国家严格地控制农村劳动力的自由流动③，使

---

① 1954 年 9 月 20 日第一届全国人民代表大会第一次会议通过，1975 年 1 月 17 日失效。

② 1958 年 1 月 9 日全国人民代表大会常务委员会第九十一次会议通过，1958 年 1 月 9 日中华人民共和国主席令公布，自 1958 年 1 月 9 日起施行。

③ 《条例》第十条第二款规定："公民由农村迁往城市，必须持有城市劳动部门的录用证明，学校的录取证明，或者城市户口登记机关的准予迁入的证明，向常住地户口登记机关申请办理迁出手续。"

城乡之间的户籍屏障难以逾越。另外，中国的户籍制度不仅担负着登记统计的功能，不同的户口性质还配套实行不同的福利待遇①，因此城乡不同身份的人没有平等可言，导致了户籍就业歧视的最初形成。

相比于对农村劳动力进城的严格限制，国家对城市劳动者就业实行"统包统配"的固定工政策，由国家来安排就业，劳动者根本没有选择职业的自由。在国企内部，又实行等级身份制，这对劳动者来说无疑是一种待遇差别歧视。由于政府行政管理的行政性分层，我国单位内部劳动者被分为管理人员、技术人员、工人各阶层，实行等级工资制，存在着待遇方面的身份等级差异。当时，还存在有学徒工和熟练工、普通工与勤杂工等的划分问题以及相对于正式工而言的临时工问题。这种劳动者的内部划分，使不同类别的劳动者享受不同的劳动待遇。②

这种差别对待造成计划经济时期的社会歧视现象，但是当时的人们并未意识到这是一种歧视，反而陶醉在"翻身当家作主"的良好感觉中，就业歧视处于隐性状态。

（二）劳动力市场初步形成过程中平等就业理念与就业歧视并存

改革开放初期，针对用工僵化的现状，国营企业进

---

① 林燕玲：《农民工就业歧视状况的报告》，载蔡定剑主编：《中国就业歧视现状及反歧视对策》，中国社会科学出版社 2007 年版。

② 刘昕杰：《国家劳动就业立法歧视问题研究》，载周伟等：《中国的劳动就业歧视：法律与现实》，法律出版社 2006 年版。

行了"用工多样化"改革。1981 年，中共中央、国务院《关于广开门路、搞活经济，解决城镇就业问题的若干决定》中指出，国营企业"要实行合同工、临时工、固定工等多种形式的用工制度，逐步做到人员能进能出"。当时实行"双轨制"是为了打破"铁饭碗"，但在 1986 年 7 月国务院颁布《国营企业实行劳动合同制度暂行规定》以后，规定企业在国家劳动工资计划指标内招用常年性工作岗位上的工人，统一实行劳动合同制，不管是长期工、短期工、定期轮换工，还是临时工、季节工，都应该签订劳动合同。直至 1995 年，《劳动法》[①] 颁布实施后，建立了全员劳动合同制度。国家对劳动者所属"身份"开始平等相待，但是在实施过程中，始终存在偏差，临时工、集体工依然存在，他们与"正式工"、"全民工"同工不同酬的现象仍然非常严重。

在对待农村劳动力方面，国家对其自由流动的限制并未解除。1984 年国家开始支持农民进城务工[②]，以繁荣城乡经济。而一旦意识到"民工潮"的出现给城市带来了巨大压力，政府从控制"盲目流动"到引导"有序流动"，制定了一系列对"流动人口"加强管理的办法，

----

① 1994 年 7 月 5 日第八届全国人民代表大会常务委员会第八次会议通过，1994 年 7 月 5 日中华人民共和国主席令第二十八号公布，自 1995 年 1 月 1 日起施行。

② 1984 年 1 月 1 日，中共中央发布《关于 1984 年农村工作的通知》，文件要求允许务工、经商、办服务业的农民自理口粮到集镇落户。

1994 年劳动部颁发《农村劳动力跨省流动管理暂行规定》①，更强化了对农民工的歧视性就业限制。

1995 年 1 月《劳动法》开始施行，它是我国第一部综合调整劳动关系的法律，并单独列出了"促进就业"一章，确立了平等就业的理念，对禁止就业歧视作出了原则性规定："劳动者就业，不因民族、种族、性别、宗教信仰不同而受歧视。"《劳动法》也成为我国禁止就业歧视的基本法。另外，1988 年国务院颁布并实施的《女职工劳动保护规定》② 规定了对女职工就业的特殊保护；1990 年《中华人民共和国残疾人保障法》③ 中"劳动就业"一章，不仅禁止了残疾人就业歧视，还给残疾人就业很多优惠政策；1992 年《中华人民共和国妇女权益保障法》④ 中"劳动权益"一章，对妇女享有与男子平等的劳动权益作了详细规定。

---

①　1994 年 11 月 17 日劳部发〔1994〕458 号《关于颁布〈农村劳动力跨省流动管理暂行规定〉的通知》，1994 年 11 月 17 日开始实施，2005 年 2 月 7 日被劳社部发〔2005〕18 号文废止。

②　1988 年 6 月 28 日国务院第十一次常务会议通过，国务院令第 9 号公布，自 1988 年 9 月 1 日起施行。

③　1990 年 12 月 28 日第七届全国人民代表大会常务委员会第十七次会议通过，1990 年 12 月 28 日中华人民共和国主席令第三十六号公布，自 1991 年 5 月 15 日起施行，2008 年 7 月 1 日失效。

④　1992 年 4 月 3 日第七届全国人民代表大会第五次会议通过，1992 年 4 月 3 日中华人民共和国主席令第五十八号公布，自 1992 年 10 月 1 日起施行，2005 年 12 月 1 日失效。

（三）追求"以人为本"的社会，推动公平就业立法规范

随着市场化程度的加深和企业竞争意识的增强，劳动力市场中各色各类的歧视开始出现，甚至愈演愈烈，如户籍歧视，性别歧视，健康歧视，年龄歧视，身高、相貌、学历歧视等。就业歧视作为一种普遍现象已经影响到了社会的和谐发展，引起了社会的不稳定和不公正。人们逐渐意识到保护公民平等权的重要性，在倡导"以人为本"的当今社会，国家对就业歧视现象开始进一步立法规范。

2004 年，国家将人权保障写入宪法。《宪法》① 第 33 条规定："中华人民共和国公民在法律面前一律平等。国家尊重和保障人权。"

我国在向市场经济转型的过程中，工人就业中的歧视问题始终存在，与我国社会发展的进程密不可分。为搞活市场经济，企业破产、下岗职工成为我国社会的特有现象。国家对职工的"不公正辞退"，成为一种就业

---

① 1982 年 12 月 4 日全国人民代表大会公告公布施行，根据 1988 年 4 月 12 日第七届全国人民代表大会第一次会议通过的《中华人民共和国宪法修正案》、1993 年 3 月 29 日第八届全国人民代表大会第一次会议通过的《中华人民共和国宪法修正案》、1999 年 3 月 15 日第九届全国人民代表大会第二次会议通过的《中华人民共和国宪法修正案》和 2004 年 3 月 14 日第十届全国人民代表大会第二次会议通过的《中华人民共和国宪法修正案》修正。

保障方面的歧视。① 而工人在再就业的过程中，也因自己的身份遭受歧视。2002 年《中共中央国务院关于进一步做好下岗失业人员再就业工作的通知》，2005 年《国务院关于进一步加强就业再就业工作的通知》，为工人在企业中享有一定的就业保障提供了标准，并为工人在劳动力市场中享有平等择业权和相同待遇规定了相关优惠政策。但这仅停留在政策层面，对企业的约束力还有待考量。

在农民工歧视方面，自 2003 年温家宝总理为农民工讨薪开始，农民工问题进入人们的视野，并引起了广泛重视。国家对农民工政策从歧视转向公平。2003 年 1 月，国务院发出《关于做好农民进城务工就业管理和服务工作的通知》，提出了"公平对待，合理引导，完善管理，搞好服务"的政策原则，取消了针对农民工的歧视性政策规定以及不合理收费等。同时，国家开始清理对农民工的歧视性法律法规。2003 年 3 月 1 日开始施行的《农业法》（修订）② 要求取消对农民工的不合理限制。2005 年 3 月 11 日，劳动和社会保障部发布了《关于废止〈农村劳动力跨省流动就业管理暂行规定〉及有关配套文件的通知》，决定废止原劳动部发布的规章和

---

① 冯同庆：《工人就业中若干歧视问题研究——劳动保障方面的歧视》，载蔡定剑主编：《中国就业歧视现状及反歧视对策》，中国社会科学出版社 2007 年版。

② 1993 年 7 月 2 日第八届全国人民代表大会常务委员会第二次会议通过，2002 年 12 月 28 日第九届全国人民代表大会常务委员会第三十一次会议修订，2002 年 12 月 28 日中华人民共和国主席令第八十一号公布，自 2003 年 3 月 1 日起施行。

规范性文件中关于限制外地劳动力的歧视性规定。2006年3月27日，国务院公布《关于解决农民工问题的若干意见》，指出农民工是我国就业大军中的一支重要力量，解决农民工问题要坚持"公平对待，一视同仁；强化服务，完善管理；统筹规划，合理引导；因地制宜，分类指导；立足当前，着眼长远"的政策原则。

在健康歧视方面，2003年因公务员录用中的乙肝"小三阳"而不符录用条件成为中国乙肝歧视第一案，引起社会广泛关注。2003年也被评价为中国乙肝病毒携带者的"反歧视年"。2006年，由中国政法大学宪政研究所发布的《中国十大城市就业歧视调查报告》显示，当前受歧视最严重的领域前三位是艾滋病患者、残疾人和乙肝病毒携带者①。面对如此严峻的歧视现状，国家也制定并修改了相关法律法规。2004年修订的《传染病防治法》②禁止了对传染病人及病毒携带者的歧视；2005年1月20日《公务员录用体检通用标准（试行）》颁布实行，取消了对乙肝病毒携带者进入公务员行列的限制；2006年国务院发布《艾滋病防治条例》，2007年劳动和社会保障部、卫生部发布《关于维护乙肝表面抗原携带者就业权利的意见》，强调了对特殊群体的平等

---

① 参见中国政法大学宪政研究所：《中国十大城市就业歧视状况问卷调查 E6 综合表》，载蔡定剑主编：《中国就业歧视现状及反歧视对策》，中国社会科学出版社 2007 年版，第 534 页。

② 1989 年 2 月 21 日第七届全国人民代表大会常务委员会第六次会议通过，2004 年 8 月 28 日第十届全国人民代表大会常务委员会第十一次会议修订，中华人民共和国主席令第十七号公布，自 2004 年 12 月 1 日起施行。

就业、禁止歧视原则。

　　《中国妇女发展纲要》确立的 2001 年至 2010 年"妇女与经济"领域的主要目标之一就是"消除就业性别歧视，实现男女平等就业，保障妇女劳动权利"。2005 年 12 月 1 日起施行的《妇女权益保障法》（修正）① 对妇女在劳动和社会保障方面享有的平等权利作了更为具体的规定；由于基于性别的歧视产生了更加多样的形式，工作场所中性骚扰问题有日趋严重的趋势，在修正案中我国首次将"性骚扰"一词写入法律。2007 年国务院专门制定颁布《残疾人就业条例》，2008 年 7 月 1 日起施行的《残疾人保障法》（修订）② 扩大了"禁止歧视残疾人"的内涵。同时，2007 年《未成年人保护法》（修订）③、2008 年《禁毒法》④ 也有涉及禁止就业歧视的条款。

---

　　① 1992 年 4 月 3 日第七届全国人民代表大会第五次会议通过，2005 年 8 月 28 日第十届全国人民代表大会常务委员会第十七次会议《关于修改〈中华人民共和国妇女权益保障法〉的决定》修正，中华人民共和国主席令第四十号公布，自 2005 年 12 月 1 日起施行。

　　② 1990 年 12 月 28 日第七届全国人民代表大会常务委员会第十七届会议通过，2008 年 4 月 24 日第十一届全国人民代表大会常务委员会第二次会议修订，中华人民共和国主席令第三号公布，自 2008 年 7 月 1 日起施行。

　　③ 1991 年 9 月 4 日第七届全国人民代表大会常务委员会第二十一次会议通过，2006 年 12 月 29 日第十届全国人民代表大会常务委员会第二十五次会议修订，中华人民共和国主席令第六十号公布，自 2007 年 6 月 1 日起施行。

　　④ 2007 年 12 月 29 日第十届全国人民代表大会常务委员会第三十一次会议通过，中华人民共和国主席令第七十九号公布，自 2008 年 6 月 1 日起施行。

目前，我国没有对禁止就业歧视进行专门立法，也没有形成法规体系，但我国的就业立法越来越多地关注到了就业歧视。2008 年《劳动合同法》[①]虽然是对劳动合同关系的法律规范，但也涉及了就业歧视，特别是对劳务派遣等灵活就业群体的同工同酬权利作了规定。2007 年 11 月 5 日由劳动和社会保障部公布，并于 2008 年 1 月 1 日起施行的《就业服务与就业管理规定》[②]，禁止用人单位及职业中介机构对劳动者的歧视行为。2008 年 1 月 1 日开始施行的《中华人民共和国就业促进法》[③]第一次将"就业歧视"概念写入法律。第三章"公平就业"对保障所有劳动者享有平等的劳动权利意义深远，它不仅保障了妇女、残疾人和各民族的平等劳动权，禁止健康、户籍歧视，而且规定了劳动者受到就业歧视时的权利救济渠道——劳动者遭遇就业歧视，可以向人民法院提起诉讼。

---

[①] 2007 年 6 月 29 日第十届全国人民代表大会常务委员会第二十八次会议通过，中华人民共和国主席令第六十五号公布，自 2008 年 1 月 1 日起施行。

[②] 2007 年 10 月 30 日劳动和社会保障部第二十一次部务会议通过，2007 年 11 月 5 日劳动和社会保障部令第二十八号公布，自 2008 年 1 月 1 日起施行。

[③] 2007 年 8 月 30 日第十届全国人民代表大会常务委员会第二十九次会议通过，中华人民共和国主席令第七十号公布，自 2008 年 1 月 1 日起施行。

## 五、我国禁止就业歧视法律法规的主要内容

### （一）《宪法》确立了公民享有的平等劳动权

消除就业歧视，保障劳动者的平等就业权，其实就是对劳动者基本人权的保障，对劳动者平等权的肯定。《宪法》是我国的根本大法，2004 年宪法修正案已将人权保障写入其中。《宪法》第 33 条规定："中华人民共和国公民在法律面前一律平等。国家尊重和保障人权。"第 42 条第 1 款规定："中华人民共和国公民有劳动的权利和义务。"由此，我国从根本大法的形式确立了公民享有的平等劳动权，为反就业歧视确立了宪法上的依据。

同时《宪法》第 4 条、第 25 条、第 48 条分别对禁止民族、宗教信仰、性别歧视作了原则性规定。第 4 条规定："中华人民共和国各民族一律平等。国家保障各少数民族的合法的权利和利益，维护和发展各民族的平等、团结、互助关系。禁止对任何民族的歧视和压迫。"第 36 条规定，"不得歧视信仰宗教的公民和不信仰宗教的公民"。第 48 条规定，"中华人民共和国妇女在政治的、经济的、文化的、社会的和家庭的生活等方面享有同男子平等的权利。国家保护妇女的权利和利益，实行男女同工同酬，培养和选拔女干部"。《宪法》的规定为保障平等就业、禁止就业歧视，奠定了原则和精神基础。

（二）《劳动法》明确了平等就业权是其他权利的基础

《劳动法》作为我国第一部综合调整劳动关系的法律，单独列出了"促进就业"一章。《劳动法》总则第3条规定了劳动者所享有的权利，而"平等就业和选择职业的权利"为第1条，可见劳动者的平等就业权是享有其他任何权利的基础。

《劳动法》第12条和第13条对就业歧视作了原则性规定，并强调了禁止对女性的就业机会歧视。第12条规定："劳动者就业，不因民族、种族、性别、宗教信仰不同而受歧视。"第13条规定："妇女享有与男子平等的就业权利。在录用职工时，除国家规定的不适合妇女的工种或者岗位外，不得以性别为由拒绝录用妇女或者提高对妇女的录用标准。"第46条对禁止就业待遇歧视作了规定。《劳动法》第46条明确规定："工资分配应当遵循按劳分配原则，实行同工同酬。"

（三）《妇女权益保障法》（修正）和《女职工劳动保护特别规定》

为了减少和解决女职工在劳动中因生理特点造成的特殊困难，保护女职工健康，2012年4月28日国务院公布《女职工劳动保护特别规定》，明确规定用人单位不得因女职工怀孕、生育、哺乳降低其工资，予以辞退，与其解除劳动或者聘用合同。同时，还有一系列禁止女职工从事劳动的规定，对经期、孕期、产期、哺乳期妇女加以特殊保护。

2005 年在对《妇女权益保障法》的修改中，强化了对妇女劳动权益的保护，增加了反歧视和促进平等的规定。该法第 2 条对平等作了全面的规定："妇女在政治的、经济的、文化的、社会的和家庭的生活等各方面享有同男子平等的权利。实行男女平等是国家的基本国策。国家采取必要措施，逐步完善保障妇女权益的各项制度，消除对妇女一切形式的歧视。国家保护妇女依法享有的特殊权益。禁止歧视、虐待、遗弃、残害妇女。"

《妇女权益保障法》（修正）对妇女在劳动和社会保障方面享有的平等权利作了详尽的规定。包括：各单位在录用职工时，除不适合妇女的工种或者岗位外，不得以性别为由拒绝录用妇女或者提高对妇女的录用标准；签订劳动（聘用）合同或者服务协议，不得规定限制女职工结婚、生育的内容；实行男女同工同酬，包括享受福利待遇方面的平等权利；在晋职、晋级、评定专业技术职务等方面，不得歧视妇女；任何单位不得因结婚、怀孕、产假、哺乳等情形，降低女职工的工资，辞退女职工，单方解除劳动（聘用）合同或者服务协议；各单位在执行国家退休制度时，不得以性别为由歧视妇女。

《妇女权益保障法》（修正）第一次以基本法律的形式明确禁止对妇女的性骚扰。第 40 条规定："禁止对妇女实行性骚扰。受害妇女有权向单位和有关机关投诉。"第 58 条规定："违反本法规定，对妇女实施性骚扰……构成违反治安管理行为，受害人提出请求的，由公安机关对违法行为人依法给予行政处罚。受害人也可以依法向人民法院提起民事诉讼，请求侵权损害赔偿。"虽然法律还没有规定性骚扰的法律概念、诉讼中当事人的举证责任，法律的可操作性还有待增强，但是"性骚扰"一词为我国法律所接受仍是划时代的。

（四）《残疾人保障法》（修订）和《残疾人就业条例》

1991 年，我国就开始施行《残疾人保障法》，为残疾人平等充分地参与社会生活提供法律保障。2008 年《残疾人保障法》（修订）扩大了"禁止歧视残疾人"的内涵，更加明确了残疾人反就业歧视的法律规定。

《残疾人保障法》（修订）第 3 条规定："残疾人在政治、经济、文化、社会和家庭生活等方面享有同其他公民平等的权利。残疾人的公民权利和人格尊严受法律保护。禁止基于残疾的歧视。禁止侮辱、侵害残疾人。禁止通过大众传播媒介或者其他方式贬低损害残疾人人格。"修订后的《残疾人保障法》将原来法律规定的"禁止歧视残疾人"修改为"禁止基于残疾的歧视"，这就不仅仅是针对残疾人本人的歧视，而且还包括对残疾人在教育、就业、文化生活等方面的歧视，同时不作为也可以视为对残疾人的歧视。该法第 4 条规定："国家采取辅助方法和扶持措施，对残疾人给予特别扶助，减轻或者消除残疾影响和外界障碍，保障残疾人权利的实现。"法律规定了大量的特别措施以保证残疾人的平等就业权。

1. 促进就业的积极措施

政府和社会举办残疾人福利企业、盲人按摩机构和其他福利性单位，集中安排残疾人就业。① 国家实行按比例安排残疾人就业的制度。国家机关、社会团体、企业事业单位、民办非企业单位应当按照规定的比例安排残疾人就业，并为其选择适当的工种和岗位。达不到规定比例的，按照国家有关规定履行保障残疾人就业义务。国家鼓励用人单位超过规定比例安排残疾人就业。② 在 2007 年国务院公布实施的《残疾人就业条例》中规定："用人单位安排残疾人就业的比例不得低于本单位在职职工总数的 1.5%。具体比例由省、自治区、直辖市人民政府根据本地区的实际情况规定。"③ 并规定达不到规定比例的用人单位，应当缴纳残疾人就业保障金。

2. 优惠扶持创业的积极措施

国家对安排残疾人就业达到、超过规定比例或者集中安排残疾人就业的用人单位和从事个体经营的残疾人，依法给予税收优惠，并在生产、经营、技术、资金、物资、场地等方面的扶持。国家对从事个体经营的残疾人，免除行政事业性收费。县级以上地方人民政府及其有关部门应当确定适合残疾人生产、经营的产品、项目，优先安排残疾人福利性单位生产或者经营，并根据残疾人福利性单位的生产特点确定某些产品由其专产。政府采购时，在同等条件下应当优先购买残疾人福利性单位的产品或者服务。④

---

① 《残疾人保障法》（修订）第三十二条。
② 《残疾人保障法》（修订）第三十三条。
③ 《残疾人就业条例》第八条第二款。
④ 《残疾人保障法》（修订）第三十六条第一款、第二款和第三款。

## 3. 特殊保护的措施

在职工的招用、转正、晋级、职称评定、劳动报酬、生活福利、休息休假、社会保险等方面，不得歧视残疾人。残疾职工所在单位应当根据残疾职工的特点，提供适当的劳动条件和劳动保护，并根据实际需要对劳动场所、劳动设备和生活设施进行改造。①

## （五）《民族区域自治法》（修正）②

《民族区域自治法》（修正）完善了民族区域自治制度的规定，同时强化了民族团结平等的理念，增加了第 22 条第 2 款规定："民族自治地方的自治机关录用工作人员的时候，对实行区域自治的民族和其他少数民族的人员应当给予适当的照顾。"第 23 条修改为："民族自治地方的企业、事业单位依照国家规定招收人员时，优先招收少数民族人员，并且可以从农村和牧区少数民族人口中招收。"第 67 条第 1 款规定："上级国家机关隶属的在民族自治地方的企业、事业单位依照国家规定招收人员时，优先招收当地少数民族人员。"

2005 年国务院实施的《〈中华人民共和国民族区域自治法〉若干规定》第 28 条规定：上级人民政府及其工作部门领导人员中应当合理配备少数民族干部；民族自治地方人民政府及其工作部门应当依法配备实行区域

---

① 《残疾人保障法》（修订）第三十八条第二款和第三款。
② 1984 年 5 月 31 日第六届全国人民代表大会第二次会议通过，根据 2001 年 2 月 28 日第九届全国人民代表大会常务委员会第二次会议《关于修改〈中华人民共和国民族区域自治法〉的决定》修正，中华人民共和国主席令第四十六号公布，自公布之日起施行。

自治的民族和其他民族领导干部，在公开选拔、竞争上岗配备领导干部时，可以划出相应的名额和岗位，定向选拔少数民族干部。

（六）《就业促进法》和《就业服务与就业管理规定》

《就业促进法》和《就业服务与就业管理规定》都于 2008 年 1 月 1 日施行，着重强调平等就业的立法理念，为中国的劳动力市场带来了新的氛围。

《就业促进法》中"公平就业"一章对反就业歧视作了系统性规定，并把平等就业提升为该法的基本原则。要求各级人民政府创造公平就业的环境，消除就业歧视，制定政策并采取措施对就业困难人员给予扶持和援助；用人单位招用人员、职业中介机构从事职业中介活动，应当向劳动者提供平等的就业机会和公平的就业条件，不得实施就业歧视。① 《就业服务与就业管理规定》具体要求用人单位发布的招用人员简章或招聘广告、职业中介机构发布的就业信息不得包含歧视性内容。

同时，《就业促进法》还为保障妇女、残疾人和各民族劳动者享有平等的劳动权作了原则性规定，并规定农村劳动者进城就业享有与城镇劳动者平等的劳动权利，不得对农村劳动者进城就业设置歧视性限制②。

该法第 30 条规定，用人单位招用人员，不得以是传染病病原携带者为由拒绝录用。但是，经医学鉴定传

① 《就业促进法》第二十五条、第二十六条。
② 《就业促进法》第三十一条。

染病病原携带者在治愈前或者排除传染嫌疑前，不得从事法律、行政法规和国务院卫生行政部门规定禁止从事的易使传染病扩散的工作。此条款为消除就业中的健康歧视有很重要的法律和现实意义。而《就业服务与就业管理规定》要求，用人单位招用人员，除国家法律、行政法规和国务院卫生行政部门规定禁止乙肝病原携带者从事的工作外，不得强行将乙肝病毒血清学指标作为体检标准[①]。违反此条规定，在国家法律、行政法规和国务院卫生行政部门规定禁止乙肝病原携带者从事的工作岗位以外招用人员时，将乙肝病毒血清学指标作为体检标准的，由劳动保障行政部门责令改正，并可处以一千元以下的罚款；对当事人造成损害的，应当承担赔偿责任[②]。

《就业促进法》第 62 条规定，"违反本法规定，实施就业歧视的，劳动者可以向人民法院提起诉讼"。这就明确规定了受害劳动者的权利救济渠道。

## （七）《劳动合同法》

2008 年 1 月 1 日开始施行的《劳动合同法》是对劳动合同制度的专门立法，但是这其中也涉及了就业歧视。其中，第 8 条关于用人单位知情权的规定："用人单位招用劳动者时，应当如实告知劳动者工作内容、工作条件、工作地点、职业危害、安全生产状况、劳动报酬，以及劳动者要求了解的其他情况；用人单位有权了

---

① 《就业服务与就业管理规定》第十九条第二款。
② 《就业服务与就业管理规定》第六十八条。

解劳动者与劳动合同直接相关的基本情况，劳动者应当如实说明。"这对保护劳动者的隐私权，对每个劳动者获取平等就业的待遇都是十分必需的。特别是对于用人单位可能实施的健康歧视，这条规定确实很好地保护了劳动者的合法权益。但是，该法"与劳动合同直接相关的基本情况"还是没有具体的说明，容易引起理解上的分歧。

第 11 条、第 18 条和第 63 条都对同工同酬的情况作了具体说明。第 11 条规定："用人单位未在用工的同时订立书面劳动合同，与劳动者约定的劳动报酬不明确的，新招用的劳动者的劳动报酬按照集体合同规定的标准执行；没有集体合同或者集体合同未规定的，实行同工同酬。"第 18 条规定："劳动合同对劳动报酬和劳动条件等标准约定不明确，引发争议的，用人单位与劳动者可以重新协商；协商不成的，适用集体合同规定；没有集体合同或者集体合同未规定劳动报酬的，实行同工同酬；没有集体合同或者集体合同未规定劳动条件等标准的，适用国家有关规定。"第 63 条规定，"被派遣劳动者享有与用工单位的劳动者同工同酬的权利"。

（八）其他法律、法规及行政规范性文件

1. 与下岗失业人员再就业相关的政策文件

2002 年，《中共中央国务院关于进一步做好下岗失业人员再就业工作的通知》中规定，鼓励下岗失业人员自谋职业和自主创业，包括对其从事个体经营的三年内免各类税收和各项行政事业性收费，建立下岗失业人员贷款担保基金；鼓励下岗失业人员通过非全日制、临时工、季节性、弹性工作等灵活多样的形式实现就业；鼓励服务型企业吸纳下岗失业人员，包括对吸纳下岗失业人员达到一定比例的服务性企业免征企业所得税、营业税等；同时改进就业服务，向其提供免费再就业培训和免费的就业培训。

2005 年，《国务院关于进一步加强就业再就业工作的通知》中规定，对下岗失业人员发放《再就业优惠证》，提供相应的政策扶持；并将就业困难对象（包括"4050"人员、享受城市居民最低生活保障、就业确有困难的长期失业人员）作为就业援助的重点，如在政府投资开发的公益性岗位要优先安排就业困难对象并给予社会保险补贴和适当的岗位补贴。政府希望通过促进就业的各项工作，帮助下岗失业人员理解和支持企业改革，转变观念，自强自立，在国家政策扶持和社会帮助下依靠自身努力实现再就业①。

2. 与健康歧视相关的法律规定

2006 年 3 月实施的《艾滋病防治条例》第 3 条规定："任何单位和个人不得歧视艾滋病病毒感染者、艾滋病病人及其家属。艾滋病病毒感染者、艾滋病病人及其家属享有的婚姻、就业、就医、入学等合法权益受法律保护。"对艾滋病病毒感染者、艾滋病病人及其家属的就业权提供了原则上的保护。

2007 年 5 月，劳动保障部和卫生部联合下发了《关

---

① 冯同庆：《工人就业中若干歧视问题研究》，载蔡定剑主编：《中国就业歧视现状及反歧视对策》，中国社会科学出版社 2007 年版。

于维护乙肝表面抗原携带者就业权利的意见》。该意见不仅仅规定，除国家法律、行政法规和卫生部规定禁止从事的易使乙肝扩散的工作外，用人单位不得以劳动者携带乙肝表面抗原为理由拒绝招用或者辞退乙肝表面抗原携带者；而且要求保护乙肝表面抗原携带者的隐私权。各地劳动保障部门要加强企业劳动用工管理和劳动争议处理工作，维护劳动者的合法就业权利。各级劳动保障部门和卫生部门要加强协调配合，共同维护劳动者的合法权益，指导用人单位树立公平就业的观念，消除就业歧视现象，营造公平就业的良好氛围。

3. 对其他特殊群体的法律规定

《教育法》第五章对受教育者作了相关规定。受教育者在入学、升学、就业等方面依法享有平等权利。学校和有关行政部门应当按照国家有关规定，保障女子在入学、就业、授予学位、派出留学等方面享有同男子平等的权利。①

《未成年人保护法》第 57 条规定："解除羁押、服刑期满的未成年人的复学、升学、就业不受歧视。"

《禁毒法》第 52 条规定："戒毒人员在入学、就业、享受社会保障等方面不受歧视。有关部门、组织和人员应当在入学、就业、享受社会保障等方面对戒毒人员给予必要的指导和帮助。"

---

① 《教育法》第三十六条。

## 六、我国就业歧视的主要现象及产生原因

### （一）主要现象

#### 1. 基于性别的歧视

我国在《宪法》、《劳动法》、《妇女权益保障法》、《就业促进法》中都规定男女平等、男女享有平等的就业权利，但女性在现实中仍然受到严重歧视，具体表现在以下几个方面：

（1）就业机会不平等[①]。1995—2005 年间，对上海和成都两市 30 万份招聘广告的分析显示，在用人单位提供的职位总数中，以性别为条件的高达 1/3 左右。[②]根据上海市妇联对女性就业问题的一项调查，高学历女性就业难于同等学力的男性，就业成功率平均低 10%。在 20—29 岁女大学生中，就业成功率要比男性低 14.4%。[③]不只是一些企业以种种理由拒招女生，在招聘国家公务员和事业单位人员的过程中，也存在性别歧视。由于拒招女性的原因趋于隐性，我国法律的原则性规定对此束手无策。

（2）退休年龄及退休金待遇不平等。虽然在退休制

---

[①] 王新宇：《女性就业歧视现状调查报告》，载蔡定剑主编：《中国就业歧视现状及反歧视对策》，中国社会科学出版社 2007 年版，第 48、59 页。

[②] 周伟：《我国就业中性别歧视的实证研究——以 1995—2005 年上海和成都两市 30 万份招聘广告为例》，载 http：//www.fanqishi.com/detail.asp？type＝4&ID＝90。

[③] 史红：《女性"资本"与"美女经济"》，载 http：//www.bass.gov.cn/。

度建立之初，为保护妇女，规定了提前退休制度。但是随着市场经济的推进，妇女的健康状况和受教育程度都有了很大提高；退休金待遇计算也与原来有了很大区别。女性提前退休已经成为对女性平等参与社会发展权利的剥夺，也使女性的经济利益受损，几乎成了保护性歧视。《妇女权益保障法》中规定，在实行退休制度时，不得以性别为由歧视妇女，但是并未给出同龄退休的实质性规定。国际上男女同龄退休已成主流，而且在规定同龄退休的同时给予女性选择退休年龄的权利，这应成为退休制度的发展趋势。

（3）男女同工不同酬。据劳动和社会保障部2002年进行的企业单位年平均工资水平统计，女性最高的平均工资只占同行业男性平均工资的88.5%，而最低的仅为74.5%。[①] 经过十余年反就业歧视的推进，这一现象得到一定程度的削弱和减少，但问题依然十分明显。据BOSS直聘发布的《2016年中国性别薪酬差异报告》称，现在的中国女性平均月薪仅为男性的77%。其中，一线城市男女薪酬差异最小，三四线城市差异拉大。2016年，中国女性劳动者平均税前月薪为4449元，比男性平均工资低22.3%。随着薪酬增加，差异也不断增大，其中女性劳动者更多分散在低薪区间。当月薪超过5000元时，女性人数开始明显低于男性。报告指出，由行业和城市导致的男女薪酬差距占到了总差异的38%，

---

① 国家统计局人口和社会科技统计局编：《中国社会中的男人和女人——事实和数据（2004）》，中国统计出版社2004年版。

另有 18% 源于劳动者的学历和工作经验差异。在加入了行业和城市因素控制后，男女薪酬差异从 22.3% 降至 13.8%，继续加入工作经验和学历因素后，差异降低至 9.8%。尽管如此，薪酬差异中 44% 的不可解释因素，反映出我国目前男女"同工不同酬"的性别歧视问题依然比较严重①。

（4）岗位性别隔离，包括横向隔离与纵向隔离。横向隔离主要是指在就业结构上，女性主要集中于第三产业，工作简单重复、没有过高技术含量且收入较低。在国际社会中，也存在同样的现象，在非全日制工作中，女性通常占有很高的比例②。纵向隔离主要是指女性在高层级的职位中比例过低，多数被排斥在领导层之外，缺乏决策权。对女性的这种隐性歧视很难被发现和消除，需要采取行动给予进一步的规范。因像职业隔离等更微妙形式的歧视，基于禁止歧视的做法的反歧视模式并不能得到很好的效果。

（5）性骚扰。在国际劳工标准中，实施公约与建议书专家委员会在关于第 111 号公约的一般意见（2003）中，将性骚扰界定为使被骚扰者反感并受到伤害的调戏行为或性行为。《妇女权益保障法》（修正）中将"性骚扰"一词写入法律，表明我国对于性骚扰这一性别歧视现象的重视和认识程度在逐步提高，但是法律原则性

---

① 中国青年网：《性别薪酬差异报告职场男女薪酬有哪四大差距》，载 http：//d. youth. cn/sk/201611/t20161111_ 8837467. htm。

② 国际劳工组织：《工作中的平等时代》，日内瓦：国际劳工大会第 91 届会议，2003.134。

的规定依旧无法解决操作中的难题。2013 年，一家劳工 NGO 对深圳工厂女工性骚扰的调查发现，有七成的女工曾经在厂内遭遇过不同程度的性骚扰，超过六成的性骚扰者为同班组同事或附近岗位同事。有超过六成半的受访者表示，曾对遭受性骚扰做过不同程度的反抗，但46％的处理结果是不了了之。①

2. 健康歧视

依据国际劳工组织《（就业和职业）歧视公约》，我们可以将健康歧视界定为：在法律规定的条件之外，基于个人的健康状况，且与执行工作所需要的身体状况和条件无关，而作出的任何区别、排斥或优惠，而导致的剥夺或损害在就业和职业上的机会或待遇上的平等。②传统的就业健康歧视主要表现为基于残疾的歧视，而在现代社会表现形式更为多样，主要是针对病毒感染者的歧视，诸如对于艾滋病毒感染者、乙肝病毒感染者的健康歧视问题。据中国政法大学进行的"中国十大城市就业歧视状况问卷调查"显示，公众在观念上最严重的歧视是健康歧视，最受歧视的三大群体为残疾人、艾滋病患者和乙肝病毒携带者。③

---

① 深圳手牵手工友活动室：《看见性骚扰》，载 http：//blog. sina. com. cn/u/1789105180。

② 叶静漪、魏倩：《健康就业歧视若干法律问题研究》，载叶静漪、周长征主编：《社会公正的十年探索》，北京大学出版社 2007 年版。

③ 中国政法大学宪政研究所：《"中国十大城市就业歧视状况问卷调查"E6（多选题）、E6 综合表》，载蔡定剑主编：《中国就业歧视现状及反歧视对策》，中国社会科学出版社 2007 年版，第 534 页。

（1）残疾人

我国在保障残疾人就业的问题上一贯积极主动，采取特别措施，在法律的实践中也有所成效。在全国推行的按比例安排残疾人就业工作，已成为残疾人就业的一个重要途径。如常州市是全国按比例安排残疾人就业工作先进地区，到 2004 年底，其城镇有劳动能力的残疾人就业率达 92.5%。[①] 但安排残疾人按比例就业只作为用人单位的一项义务，不能强制执行，对不执行的单位也只能采取民事措施或行政措施，而不能强制其安排某一个残疾人就业。因此，不少用人单位宁愿缴纳残疾人就业保障金，也不愿意安排残疾人就业。

目前，我国的残疾人还面临着各种各样形式的歧视。同健全人相比，残疾人的就业率还存在很大差距；有些用人单位打着招收残疾人的旗号，却不让残疾人上岗劳动，将残疾人"白养"起来，目的是享受福利企业的免税优惠：这与国家促进残疾人就业、发挥残疾人价值的就业政策是相违背的。国家公务员的录用方面，在2005 年《公务员录用体检通用标准（试行）》（以下简称《标准（试行）》）实施之前，几乎所有的残疾人都不符合报考公务员的条件，或不符合公务员体检标准；《标准（试行）》实施之后，部分残疾人可以通过公务员录用体检，但仍有部分残疾人依体检标准规定为不合格，无法被录用为公务员。如所有视力、听力残疾人和

---

① 马玉娥：《就业残疾歧视研究报告》，载蔡定剑主编：《中国就业歧视现状及反歧视对策》，中国社会科学出版社 2007 年版。

有精神残疾史的人均为体检不合格①，不能被录用为公务员，而不管公务员的有些岗位是否必须要求良好的视力、听力，也不管有精神病史的人是否已经康复。

（2）乙肝歧视

我国对乙肝歧视的关注始于近年来频发的乙肝歧视案，直至2003年被媒体评价为中国乙肝病毒携带者的"反歧视年"。2002年，成都女青年张某在公司体检时被查出是乙肝而被辞退，在绝望之下，她吞下安眠药自杀②；浙江大学2003年应届毕业生周某参加公务员考试由于检出乙肝落聘而刺杀招考人③；大学毕业生曾某因乙肝携带毕业三年没工作，在家中一直处于心理压抑的状态，竟挥刀砍向生母④；我国第一例因乙肝歧视引发的行政诉讼，却因原告举证不足导致请求未获支持，引起社会巨大反响⑤。我国有1.2亿乙肝病毒携带者，已经是一个巨大的社会群体，对他们的歧视会造成严重的社会问题。

乙肝携带者们渴望被平等相待，他们建立的"肝胆

---

① 《公务员录用体检通用标准（试行）》第十一条："有癫痫病史、精神病史、癔病史、夜游症、严重的神经官能症（经常头痛头晕、失眠、记忆力明显下降等），精神活性物质滥用和依赖者，不合格。"第十九条："双眼矫正视力均低于0.8（标准对数视力4.9）或有明显视功能损害眼病者，不合格。"第二十条："双耳均有听力障碍，在佩戴助听器情况下，双耳在3米以内耳语仍听不见者，不合格。"

② 《乙肝女遭辞退绝望自杀》，载《华商报》2002年4月11日。

③ 《大学毕业生周一超受歧视杀人案》，载《南方周末》2003年4月17日。

④ 《歧视比乙肝病毒更可怕》，载《成都晚报》2003年9月25日。

⑤ 《聚焦"乙肝歧视第一案"》，载《燕赵都市报》2003年11月17日。

相照"论坛被誉为"乙肝携带者的精神家园",众多乙肝携带者在网络上互相鼓励、支持和提供援助。目前,国家公务员的招收已经对乙肝携带者解除了禁令;2007年,劳动和社会保障部专门发布《关于维护乙肝表面抗原携带者就业权利的意见》,在乙肝携带者平等就业权保护问题上是一个里程碑式的文件,但是因其法律效力和约束力不够,因此并不能成为法院判案的依据。

（3）艾滋病病毒/艾滋病歧视

自 1985 年我国发现第一例艾滋病患者至今,艾滋病已经波及中国 31 个省（自治区、直辖市）。根据卫生部疾病预防控制局报告,截至 2012 年 10 月,我国累计报告艾滋病病毒感染者及艾滋病病人 492191 例;存活的感染者和病人 383285 例。① 我国不仅艾滋病毒实际感染人数众多,而且正处于不断蔓延的状态,联合国《中国艾滋病报告》中指出,中国已成为世界艾滋病感染率增长最快的国家之一。

面对如此严峻的形势,我国对其劳动就业该采取何种态度呢? 一份调查数据显示,在对艾滋病感染者参加就业所持的态度上,只有 47.7% 的人肯定其平等就业的资格,更多的人（48.8%）认为不应该允许其平等就业,另有 4.5% 的人对此问题没有表态。而在总数为 200 人的企业主受访者中,有 130 人（占 65.0%）认为,不应允许其平等就业。一些雇主甚至表示,即使艾滋病感

---

① 《我国累计报告艾滋病病毒感染者及病人近 50 万例》,载 http://www.gov.cn/jrzg/2012 - 11/29/content_ 2278584. htm。

染者能够正常工作，他们也不会雇用这样的"严重疾病病人"。可以看到，我国艾滋病毒感染者的平等就业权正受到严重侵害。

3. 基于社会出身的歧视

社会出身是个体的先赋身份，即个人出生时所处的社会阶层、经济地位、种族、民族、地域等。对基于社会出身的歧视，反映了这一地区的固有偏见，与该地区的历史文化、风俗民情息息相关，消除此类歧视必定要经过长期的历史磨合过程。

在我国，户籍和地域歧视是基于社会出身的歧视中最为突出的歧视形式，而农民工群体是歧视的最大受害者。目前，我国的农民工已经从80年代中期的200万人口增至现在的2.6亿。农民工群体规模巨大，地域分布广阔，广泛分布在国民经济的各个行业。而且，他们已经成为有自己独特利益诉求的社会群体。

政府这几年在对农民工问题上已经有了很大的政策转变，除了取消一系列就业限制性规定，还提供各项就业服务、培训，政府追求公平正义之趋势可见，但是各地区部门的长期制度性歧视和当地人心中形成的偏见却难以在短期内消除，具体分析参见本书第三章。

以上三大类就业歧视是我国当下表现最为突出和广泛的歧视现象。除此之外，年龄歧视、地域歧视、性取向歧视、政治面目歧视、学历歧视等多种歧视现象，也在就业领域有不同程度与数量的表现，由于不是本书讨论的重点，故不一一赘述。

## (二) 就业歧视产生的原因

我国已经批准了消除就业和职业歧视国际劳工标准两个核心公约。近年来，在反歧视领域，中国社会取得了明显进步，但在某些方面以国际劳工标准反观中国制度实践，还存在差距。歧视根植于最深层的人性因素，这是它的普遍原因；歧视产生的现实原因主要是经济的因素；歧视产生的特殊原因主要是各国历史文化的因素。[1]

### 1. 人性和道德决定歧视的存在[2]

歧视产生于偏见。每个人都有一定的偏见（偏好），个人的情绪或态度是一种自由，但是如果个人偏好汇合成一种社会的主流意识，就会产生社会偏见。如果这种主流社会偏见上升为法律、政策或政府企业的行为，就构成了社会歧视问题，造成了当今社会中的种种制度歧视。个人的偏见根植于人的本性之中，可能难以避免；但是这些本性应该得到理性的克制，一旦表露出来就会冒犯伤害他人。文明平等的社会应当是一个理性的社会。

歧视也源自我们的愚昧无知。我们对艾滋病人和乙肝病毒携带者的无知，产生对他们的恐惧和排斥；我们对人的尊严的无知，表现自己的偏见。由于一些人的无

---

① 蔡定剑：《反就业歧视综合研究报告》，载蔡定剑主编：《中国就业歧视现状及反歧视对策》，中国社会科学出版社 2007 年版。

② 蔡定剑：《反就业歧视综合研究报告》，载蔡定剑主编：《中国就业歧视现状及反歧视对策》，中国社会科学出版社 2007 年版。

知，把本来与工作无关的因素纳入到录用和工作考量中，把一些有才能的人拒之门外，给企业和社会带来人力资源的浪费。

歧视也源于人性的贪婪。有些企业以经济利益为唯一追求目标，肆无忌惮地不公正地对待弱者。反歧视有时要求企业牺牲一定的经济利益承担社会责任。只要不是过分的贪婪，企业都应该公平地对待每个人，尊重他们的权利。

2. 社会改革发展模式的特殊性导致歧视的生成

在我国，歧视受到两种经济体制的影响：一方面，歧视是计划经济的遗产，诸如城乡二元结构产生的社会身份歧视，体现在对农民工的户籍歧视、劳动用工中的临时工待遇等；另一方面，市场经济的自由竞争虽然会抹平计划体制下的身份差别，但是竞争的强弱之分与追求利益最大化的价值取向必然导致更多不平等手段和不平等后果的产生。我国正处于从计划经济体制向市场经济体制转变的社会转型过程中，旧的封建的和计划经济下不平等的制度没有完全消除，市场经济的平等意识和制度还没有建立起来。当前的中国社会，两种体制下的歧视叠加，是当前歧视现象相当严重的原因。[①]

在西方市场经济国家，随着制度的完善和社会的进步，市场经济体制已经比较成熟，建立起了完善的法律体系，培育出了平等的公民权利意识。平等的社会环

---

① 蔡定剑：《反就业歧视综合研究报告》，载蔡定剑主编：《中国就业歧视现状及反歧视对策》，中国社会科学出版社 2007 年版。

境，为反歧视行动提供很好的执行条件。国际劳动标准是在"人人生而平等"和"社会正义"的理念和价值观下设立的，这与西方社会经历过彻底的资产阶级革命密不可分，其追求平等自由，崇尚公平正义是社会的必然，而非要求。我国的市场经济由计划经济转轨而来，缺少社会运动，因此处于"集体无意识"的边缘。因此，我国社会发展的模式也是歧视现象产生的重要原因。

3. 我国劳动力市场供大于求为就业歧视创造了条件

我国是一个人口大国，劳动力市场面临巨大的人口压力。由于 20 世纪六七十年代的人口生育高峰，形成了当前和未来 20 年劳动年龄人口占总人口的比重维持在 65% 以上的较高水平。从"十一五"期间看，城乡新增长劳动力年均达 2000 万人。全国城镇每年新增劳动力 1000 万人，加上需要就业的下岗失业人员和其他人员，每年需要安排就业的达 2400 万人。从劳动力的需求看，按照经济增长保持 8% 至 9% 的速度计算，每年可新增 800 万—900 万个就业岗位，加上补充自然减员，可安排就业 1200 万人左右，年度劳动力供求缺口在 1200 万人左右。在农村，虽然乡镇企业和进城务工转移了 2 亿人，然而由于土地容纳的农业劳动力有限，按 1.7 亿计算，农村富余劳动力还有 1.2 亿以上。[1]

因劳动力市场供过于求现象突出，客观上为用人单

---

① 劳动和社会保障部培训就业司：《关于当前劳动力市场供求状况的分析报告》，载 http：//www.molss.gov.cn/gb/news/2007 – 06/13/content_ 182044.htm。

位提供了抬高就业门槛、"择优录用"的空间,使求职者在求职过程中处于明显被动的地位,特别是对劳动者年龄、学历、容貌、身高等歧视方面表现突出。因此,劳动力市场供大于求的现实为用人单位随意确定用人标准提供了条件。

4. 不同的历史文化背景产生歧视形式的差异

历史文化的积淀决定了各国歧视形态的产生,我国社会关注的就业歧视形式与国际劳工组织所关注的有很大差别。不同的历史文化背景会产生不同的歧视形式。在历史上,每个民族都有过不平等的政治和歧视性的文化传统。我国有两千年的封建专制历史,等级森严;计划经济时代,实行的"平均主义"并非"平等的制度",职位等级差别还是存在,并遗留到现代社会。

在文化方面,身份的歧视是源远流长的。国际社会中关注的对种族、民族、移民工人等的歧视,就是身份歧视的表现。我国传统文化中"重男轻女"的思想在现代社会仍有遗存;同时,中华民族以吃苦耐劳为优秀传统,但是这种隐忍的心态却给歧视留下了隐患。

## 七、消除就业歧视、促进平等就业在我国的变化和进步

从 1999 年开始,由劳动和社会保障部牵头,会同外交部、中华全国总工会、中国企业联合会等单位,与国际劳工组织就第 111 号公约开展了 5 年的合作,对公约内容及其批准问题进行了全面深入的研究。在中国批准了第 111 号公约以后,中国人力资源和社会保障部积

极地同国际劳工组织合作，开展"促进实施第 111 号公约项目"，并且取得了积极的成果。从某种意义上说，批准和实施第 111 号公约，将有利于进一步明确国家在消除就业和职业歧视方面的责任。[①]

（一）初步建立起反就业歧视的法律制度

法律是消除就业歧视最重要的手段，也是国际劳工公约得以实施的重要保证。中国在 2006 年正式批准第 111 号公约之后，不断完善反歧视和平等就业法律框架，进一步推动了在就业和产业关系等方面的立法过程中融入平等原则。

《宪法》规定，公民在法律面前人人平等，公民具有劳动的权利和义务。平等权即作为公民的一项基本权利。《劳动法》、《就业促进法》、《劳动合同法》、《残疾人权益保障法》（修订）、《妇女权益保障法》（修正）等，对就业和职业平等各方面问题都作了规定。

2008 年 1 月 1 日实施的《就业促进法》用专章规定了公平就业，明确提出"就业歧视"一词，对消除就业和职业歧视作了系统性规定，并将平等就业提升为该法的基本原则。该法扩大了《劳动法》中规定的基于歧视的理由，在列举了"民族、种族、性别、宗教信仰"歧视后加了"等"字兜底，借鉴了第 111 号公约的立法形式，并特别规定了妇女、少数民族劳动者、残疾人、传

---

[①] 林燕玲：《国际劳工组织消除就业歧视的劳工标准》，载李薇薇、Lisa Stearns 主编：《禁止就业歧视：国际标准和国内实践》，法律出版社 2006 年版。

染病原携带者、农村劳动者享有平等的劳动权。该法还规定各级人民政府应创造公平就业的环境，消除就业歧视，制定政策并采取措施对就业困难人员给予扶持和援助。用人单位招用人员、职业中介机构从事职业中介活动，应当向劳动者提供平等的就业机会和公平的就业条件，不得实施就业歧视。对实施就业歧视的，劳动者可以向人民法院提起诉讼，从而明确了受害劳动者的权利救济渠道。

消除现有法律中的歧视规定，也是禁止就业歧视的重要环节。2004 年全国人大法工委增设了一个法规备案审查室，对规范性文件的合宪性进行审查。这一审查采取被动审查和主动审查相结合的方式，有关国家机关、组织和公民都可以向全国人大常委会提请审查。经审查，如果确认法规违法、违宪，按照法定程序，可以撤销相应的规定，也可以要求制定机关改正。[①] 建立专门的法规备案审查机关，有利于加强对违宪、违法的法规、规章和文件的清理，撤销或修改不符合非歧视原则的规定。

（二）农民工就业歧视——国家从歧视的制造者变为反歧视的领导者

中国曾经是一个身份等级十分严格的国家，在对农民工的就业歧视中，国家曾经扮演着关键的角色。在中国特定的历史时期，国家出台的一系列法律、法规、政

---

① 邓蓓蓓：《我国反就业歧视法律制度研究》，西南政法大学 2008 年硕士学位论文。

策，使歧视行为"合法化"。20世纪90年代中期，国家对农民工的政策进入规范流动的时期。这期间出台的许多关于农民工流动的法律、法规，虽然解决了劳动力流动中的一些问题，但是也存在明显的不合理与直接歧视之处，包括设立行政审批、划定农民进城的从业范围、对企业收取使用农民工的管理费、规定企业用工以城镇户口为优先、城市公共就业服务不对农民工开放，等等。① 政府有意或无意成为就业歧视的制造者。

在消除农民工就业歧视方面，国家角色的转变，可以从三个方面加以观测：

一是农民工政策转变：从歧视向公平的变化。党的十六大以来，中央政府出台一系列有利于农民工的政策。这些政策对改变农民工弱势地位，促进社会公平与社会稳定，起到了积极的作用。2003年《国务院办公厅关于做好农民进城务工就业管理和服务工作的通知》（国办发〔2003〕1号）提出"公平对待、合理引导，完善管理，搞好服务"的政策原则，要求"对农民工和城镇居民应一视同仁"。2004年中央1号文件首次提出，"进城就业的农村劳动力已经成为产业工人的重要组成部分"。作为中央政府第一份全面系统研究农民工问题的重要指导性文件，2006年3月27日发布的《国务院关于解决农民工问题的若干意见》涉及了农民工工资、就业、技能培训、劳动保护、社会保障、公共管理和服

---

① 宋洪远：《关于农村劳动力流动的政策问题分析》，载 http://www.unirule.org.cn/symposium/c205.htm。

务、户籍管理制度改革、土地承包权益等各个方面的政策措施，指出解决农民工问题要坚持"公平对待，一视同仁；强化服务，完善管理；统筹规划，合理引导；因地制宜，分类指导；立足当前，着眼长远"的政策原则。

二是政府职能转变：对待农民工——从"管制"到"服务"。[①] 长期以来被称为"城市劳动部"的国家劳动行政部门开始将农民工的就业和相关权益作为其主要工作内容之一。地方政府在农民工工作思路上逐步从"以管为主"向"管理服务并重"转变，把农民工视为城市居民的一部分，并将其纳入公共管理和公共服务体系。

三是全面清理对农民工的歧视性法律和法规。自20世纪90年代以来，一些农民工流入比较集中的省市开始以地方法规、文件的形式出台管理农民工的政策。国务院办公厅于2003年和2004年下发了《关于做好农民进城务工就业管理和服务工作的通知》、《关于进一步做好改善农民进城就业环境工作的通知》，从此开始了对农民工歧视性法律和法规的全面清理。上述措施对切实保护农民工合法权益，改善其生活和就业环境，发挥了重要的引导作用。

（三）公民的权利意识和平等观念得到了提升

在认识上，中国人从不认识歧视到开始发现歧视；从认为不平等是天经地义的，到对不平等的行为感觉志

---

[①] 岳经纶：《农民工的社会保护：劳动政策的视角》，载《中国人民大学学报》2006年第6期。

忐不安。以农民工问题为例，曾几何时，主流媒体称他们"盲流"，无论是法规，还是政府或市民，都认为他们给城市和社会带来了负面影响。今天，给农民工以工人待遇、市民待遇的呼声一浪高过一浪。中国社会对农民工的认识经历了从视歧视为天经地义到彷徨犹豫，再到决定采取补救行动的过程。正是在这一过程中，人们的权利意识和平等观念得到培育和提升：农民工逐步意识到他们的权利，雇主开始懂得尊重工人的权利，而政府开始保障和监督工人权利的实现。①

我国批准该公约后，利用媒体的影响力，曝光歧视，宣传平等，允许各方面对歧视问题进行充分的讨论和对话，使整个社会了解歧视的不同形式，歧视的社会危害性，让公民来决定什么不应该被歧视，使公民权利意识和平等观念深入人心。同时，促进政府和民众双向互动，即社会大众的呼声通过多种渠道传达到决策层面，政府的承诺通过国内立法、宣传和监督工作落实到对公民权利的保护。

（四）从理论研究进入到实际推进阶段

中国在批准第 111 号公约后，反就业歧视逐渐从理论研究进入到实际推进阶段，在消除健康歧视和农民工歧视方面的进展最为显著。

以消除乙肝歧视为例，近年来，在乙肝携带者及其组织的积极推动下，一方面，个别乙肝携带者提起司法

① 林燕玲著：《改革开放 30 年中国工人权利意识的演进和培育》，中国社会科学出版社 2009 年版。

诉讼，积极主张自己平等就业的权利，使这这些案件成为社会广泛关注的影响性诉讼；另一方面，一些反歧视机构，如北京益仁平中心，积极参与到国家的立法、修法工作中，对《就业促进法》、《食品安全法》和《劳动合同法》的制定做出了积极的贡献。[①]《就业促进法》规定，用人单位招用人员，不得以是传染病病原携带者为由拒绝录用。2007 年，劳动和社会保障部发布《关于维护乙肝表面抗原携带者就业权利的意见》（劳社部发〔2007〕16 号），指出要"保护乙肝表面抗原携带者的就业权利。除国家法律、行政法规和卫生部规定禁止从事的易使乙肝扩散的工作外，用人单位不得以劳动者携带乙肝表面抗原为理由拒绝招用或者辞退乙肝表面抗原携带者。"2011 年初，《卫生部办公厅关于进一步规范乙肝项目检测的通知》（卫办政法发〔2011〕14 号），强调各级各类医疗机构在就业体检中，无论受检者是否自愿，一律不得提供乙肝项目检测服务，并保护受检人的隐私权。

（五）就业歧视现象逐步得到遏制，由直接歧视向间接歧视转化

通过政府和社会多方面努力，我国各类就业歧视现象已经得到不同程度的遏制，就业歧视已经由过去赤裸裸的直接歧视转向比较隐蔽的间接歧视。直接歧视属于歧视的"初级阶段"，过去我国最常见的例子即各种就业招聘广告中，性别、年龄、身高、外貌、学历、户口

---

① 参见 http://yirenping.org/article.asp? id = 35。

等与该职位无关的限制性条件比比皆是，经过性别平等的立法进步及执法推动，如今各种招聘广告中，"只招男性"或者"男性优先"等明显的性别歧视语言已经鲜见。再如，"平等就业"成为我国《就业促进法》中的一个专章内容后，立法的进步有力地推动了平等就业施行，这对招聘录用过程广泛存在的就业歧视行为无疑是当头一棒。伴随我国《就业促进法》的实施，越来越多的就业歧视诉讼开始出现，过去用人单位随意设置各种不合理门槛、妨碍公平就业的现象受到遏止。在健康歧视领域，最典型的进步是通过 2010 年对国家《公务员录用体检通用标准》和《公务员录用体检操作手册》的修订，取消了对于乙肝病毒携带者的入职限制，放宽了对于某些疾病的判断标准，使公务员录用条件更加科学合理、更加公平。

## 八、我国平等就业制度建设与国际劳工标准的差距及改进对策

### （一）我国平等就业制度建设与国际劳工标准的差距

1. 国家政策不清晰，制度建设不完善

第 111 号公约要求，批准公约的国家，承诺宣布和遵循一项国家政策，旨在促进就业和职业机会均等和待遇平等，消除歧视。国际劳工组织认为，无论歧视的形式是什么，都需要一整套政策手段予以消除，包括法律、监控、肯定行动、相关数据、教育培训、就业服务

以及平衡工作和家庭负担等，所不同的只是如何合理地组合和使用这些政策手段。① 这里的国家政策或一整套政策手段，指的是反歧视的制度建设。

可是，我国反歧视的国家政策是什么？目前仍不甚明确。虽然《就业促进法》规定了政府促进就业创造公平就业环境的职责，包括制定公平的就业政策、建立与完善劳动力市场体系、规范和监督劳动力市场行为。但是，从整体上看，我国关于反就业歧视的国家政策仍不够清晰：从纵向上，反就业歧视的近期、中期和长期的目标不明确，缺乏整体规划；从横向上，各个部门的规章、政策性文件和地方性法规没有统筹兼顾；地方法规具有鲜明的地方特征，地区差别比较大，没有充分有效的手段和方法来保证国家政策的实现。

2. 法律确立的就业歧视范围过窄，缺乏可操作性

虽然我国法律明确反对就业歧视，但是相关规定更多的是原则性规定，对什么是就业歧视，如何判断就业歧视，有关就业歧视的举证责任如何分配，以及违反禁止就业歧视有关规定应承担的法律责任等问题都缺乏具体规范，这使得受歧视的劳动者根本无法依据这些规定主张权利，获得救济。

首先，我国宪法明确禁止民族和宗教歧视；《劳动法》第 12 条规定，劳动者就业不因民族、种族、性别、宗教信仰不同而受歧视，将禁止歧视的范围扩充到了种

---

① 国际劳工组织：《工作中平等的时代》，日内瓦：国际劳工大会第 91 届会议，2003 年。

族和性别；《就业促进法》针对妇女、少数民族、残疾人、传染病病原携带者，以及农村劳动者这些人群的平等就业问题作了有针对性的规定。可见，目前我国立法明确禁止的就业歧视包括民族、种族、性别、宗教信仰、残疾、健康以及不得对农村进城务工劳动者设置歧视性障碍。然而，我国劳动力市场上大量存在的身高、年龄等歧视现象在法律上并没有被明确禁止。这就使得在现实生活中极为泛滥的各种歧视现象仍处于法律调整之外。

其次，我国现有法律中禁止的就业歧视是直接歧视，缺少关于间接歧视的相关规定。现有的法律法规对直接歧视作了不少规范，禁止用人单位在招用、报酬、晋升、就业服务等方面对某些特殊群体差别对待；但对间接歧视却缺乏规范。因此，当用人单位利用一些看似中性条件，对不同群体给予相同对待时，遭受歧视的个人和群体无法获得有效保护。

再次，由于劳动者在劳动关系中处于弱势地位，为充分保障劳动者的利益，各国有关就业歧视的法律法规都对就业歧视纠纷中的举证责任分配作了特殊规定，但在我国现有就业歧视相关法律中，举证责任分配问题并未得到足够重视。虽然相关法律法规明确禁止就业中的各种歧视现象，却没有对违反规定的用人单位所应承担的责任进行规定。

最后，根据我国《劳动法》和《劳动争议调解仲裁法》的规定，发生劳动争议后，劳动者必须先向劳动争议仲裁委员会申请仲裁，对仲裁决定不服，才可以提起诉讼。基于《劳动争议调解仲裁法》或者《就业促进法》的规定，在实践中，法律适用上将会出现这样的问题：如果因歧视的原因发生了上述的劳动争议纠纷，劳动者是必须先向劳动争议仲裁委员会申请仲裁，对仲裁决定不服，才可以提起诉讼呢？还是可以直接向法院诉讼？出现这个问题的原因是法律没有对就业歧视诉讼问题进行明确的规定，导致实践当中各行其是，难以统一。

### 3. 缺少专门的反就业歧视机构

建立专业化的执行机构来处理歧视和促进平等，是国际劳工组织倡导的，但我国尚未建立这种机构。各国反歧视的专业化执行机构可以分为两类，第一类是咨询和促进性的；第二类有准司法权力，有权审查有关歧视的投诉。与通过法律或司法途径处理歧视相比，专业化的执行机构可以以非正式和低成本方式，协助歧视的受害者处理和解决投诉。①

根据我国现有的禁止就业歧视法律规定，当劳动者遭遇不公平对待的时候，可以进行处理的行政机构主要有三个：一是由《劳动法》规定的各级人民政府的劳动行政主管部门，具体是指各级劳动和社会保障局；二是由《妇女权益保障法》和《残疾人保障法》规定的责任人员的所属单位的主管部门或上级机关；三是由《公务员法》和《事业单位公开招聘人员暂行规定》所规定

---

① 国际劳工组织：《工作中平等的时代》，日内瓦：国际劳工大会第91届会议，2003年。

的上级机关或者有关的专门机关。

乍看起来，我国对于反就业歧视都有了相应的行政执法机构。但如果仔细思考就会发现，这种体制存在着诸多问题：首先，除了《劳动法》规定的劳动行政主管部门明确是指各级劳动和社会保障局之外，其他的所谓"有关主管部门和上级机关"都是一些指代不明的机关，（一旦发生了就业不公平行为，往往不知道究竟该找谁，而且因为指代不明也）容易发生相互推诿的情况；其次，即使是各级劳动和社会保障局作为明确的执法机关，但是，它一方面对于涉及到公务员和事业单位工作人员的就业不公平行为没有管辖权，另一方面，由于它隶属于各级人民政府，因此对于各级人民政府及其职能部门所实施的就业歧视行为也无能为力。而且，如果该雇主的行为是依据政府规定的话，还将直接影响到对一些雇主的具体就业歧视行为的执法。

4. 工人组织和雇主组织的作用未能充分发挥

国际劳工组织倡导各国寻求雇主组织和工人组织的合作，以符合国家条件和实践的方法实施该公约。在国际上，工人组织和雇主组织越来越多地通过制订和实施平等机会和待遇政策，担负起促进对就业和职业中平等机会和待遇的理解和认可的重要责任，以此确保工作场所的平等。

国际劳工组织认为，工作场所是消除就业和职业歧视现象、打造更具多样性和更加平等的劳动队伍的一个战略平台。雇主组织和工人组织，以及管理层和工会是这方面的主力。但在我国，工会组织和雇主组织的发展极不平衡，缺乏真正能与同级工会组织进行协商谈判的雇主组织，这种状况制约了工人组织和雇主组织在反就业歧视上作用的发挥。

在强资本弱劳工的局面下，雇主组织缺乏主动承担消除工作场所中就业歧视现象的责任意识。企业（用人单位）是用人一方，往往是对劳动者施加歧视的一方，工作中的歧视不会自行消失，市场本身也不会对自身的歧视加以处理。而基层工会在工作场所中也较少关注就业歧视现象，更不用说动员受歧视人进行集体抗争，与雇主或雇主组织进行协调谈判以消除工作场所中的就业歧视现象。因此，工人组织和雇主组织的主体缺位，使他们难以通过合作的方式消除工作场所中的就业歧视现象。

5. 反歧视教育计划的覆盖面比较窄

歧视往往是社会上流传的偏见的延伸，而教育是解决此问题的最有效措施之一。国际劳工组织与人力资源和社会保障部合作，就实施第 111 号公约开展了一定规模的培训。来自中央和地方的劳动人事、工会、企联、民委和妇女代表参加了培训，并就所在省在推进公平就业、保障农民工平等权利、促进残疾人就业等方面的积极政策和行动进行了经验交流。[①]

这些培训效果是好的，但是，这些反歧视教育计划的覆盖面比较窄，仅限于劳动人事、工会、企联、民委和妇联等政府部门与事业单位，学员也仅限于这些机构

----

① 国际劳工组织、人力资源和社会保障部：《平等工作在中国简报》2009 年第 2 期。

的代表性成员。相比较而言，在就业歧视经常发生的工作场所中更需要进行反歧视的宣导和教育，促进工作场所中的就业机会均等和待遇平等。让就业机会均等和待遇平等的观念深入工人心中，让他们知道什么是就业歧视，遭遇就业歧视后应如何应对，依法维护自己的合法权益。同时，应对雇主进行反歧视的宣导和教育，强调企业应承担社会责任，主动开展反就业歧视的各项工作，在工作场所中为工人提供就业歧视的申诉和救济渠道。

（二）消除就业歧视、促进平等就业的对策建议

近年来，国际劳工组织正在通过技术合作项目，通过宣传、知识共享以及机构能力建设帮助中国工人、雇主和政府官员更好地理解和执行第 111 号公约和相关国际劳工标准所确立的非歧视和平等的原则。为了制定协助有效实施该项公约的战略，在挪威政府的财政援助下，国际劳工组织实施了"在中国工作中的平等"项目，将提高认识作为该项目运作的主要渠道之一，出版了培训材料，并建立网站（www. equalityatworkinchina. org）。该项目按季度发行了多期《在中国工作中的平等》通讯，重点报道了最近有关歧视，尤其是对立法发展的关注、歧视案件和新的出版物等事件。该项目的亮点是开发了一套完整的有关针对不同歧视形式，包括性别，移民工人和残疾人歧视的培训指南。①

为了促进实施第 111 号公约，推动工作中的平等，

---

① 国际劳工组织：《工作中的平等：不断的挑战》，日内瓦：国际劳工大会第 100 届会议，2011 年。

中国在反就业歧视方面亟须制度建设，进一步明确国家在消除就业和职业歧视方面的政策，促进制定和完善反就业歧视的法律法规，推动构建完整的反就业歧视机制，培育和提升公民的权利意识和平等观念。[①]

1. 明确国家在消除就业歧视方面的政策

国家采取什么形式来尊重、促进和实现劳动者平等劳动的权利？第 111 号公约及同名建议书强调，国家要制订和实施专门的国家政策，旨在消除任何形式的就业和职业歧视，促进劳动者在就业和职业方面享有机会均等和待遇平等。在制订和实施国家政策时，要特别注意以下几点：

一是每个国家要根据自己的国情确定采取哪些措施，促进机会均等和待遇平等。国际劳工组织认为，该项政策应通过立法措施、有代表性的雇主组织和工人组织之间的集体协议、或符合国家条件和实践的任何其他方式予以实施。在这些措施中，法律和集体协议是消除歧视、促进机会均等和待遇平等的重要手段。教育活动是培育执行国家政策的进一步手段。此外，消除就业歧视还需要建立适当机构，以及肯定行动措施等。

二是这项政策提供的保护既适用于公共也适用于私营的所有就业和职业部门，并扩展到以下方面：获得教育、职业指导和培训；获得就业和职业；得到安置服务；加入工人组织和雇主组织；职业晋升；雇用期保

---

① 林燕玲：《批准和实施〈1958 年消除就业和职业歧视公约〉对中国社会的影响》，载《中国劳动关系学院学报》2006 年第 2 期。

障；集体谈判；同工同酬；与就业有关的社会保险、福利设施和津贴；以及职业安全卫生、工时休息休假。

三是在制定和实施国家政策时充分运用三方性机制。消除就业和职业歧视，一般都涉及各国工人、雇主的权利和义务。在对这些事务讨论和决策时，吸收工人代表和雇主代表，以平等的地位同政府代表一起研究、协商并作出决定，体现了对劳动关系各方的尊重以及谋求通过协商讨论达成共识的意愿。这样作出的决定能够兼顾有关各方，便于付诸实施。

中国政府目前的工作还集中体现于法律政策的颁布，法律的规定倾向于反歧视原则，但积极政策意见的实践却缺乏效力。根据国际劳工标准的规定，明确政府的责任不仅仅是颁布政策法规，还要保证这些政策得以推行，包括寻求社会力量的合作、为推动政策执行而制定法律法规、推进教育计划等。政府的主动性对消除就业歧视至关重要，舆论的导向影响社会发展的趋势。如果政府通过采取实际行动和诉讼案件来宣传，那政府查处一件反歧视案件和支持一个反歧视司法诉讼，比上一百堂普法讲座都更有效。[①] 政府揭露严重歧视的事件和案例，能够很好地启发民众平等就业的权利意识。

2. 制定和完善反就业歧视的法律法规

消除就业和职业歧视国际劳工立法是一个完整的法律体系：有人权理念作为立法的宗旨，有核心劳工标准

---

① 蔡定剑：《反就业歧视综合研究报告》，载蔡定剑主编：《中国就业歧视现状及反歧视对策》，中国社会科学出版社 2007 年版。

作为原则规定，有特殊保护对象和就业政策等领域的一般劳工标准作为具体规定。其立法内容包括：对歧视的明确界定，反歧视的范围，歧视受害者的救济渠道等。就全球范围而言，法律在反对和消除就业歧视方面的作用有两个趋势：一是越来越多的国家已经从强制执行禁止歧视的消极义务的法律，转向制定防止歧视并促进平等的积极义务的法律。二是越来越多的国家把对平等的关切纳入一般政策和法律制定的主流。

我国反就业歧视的法律中需要对一些基本问题进行规定。如：（1）什么是歧视？法律禁止哪些歧视？（2）歧视由谁来认定？法律明确规定反歧视专门机构的设立、组成、地位与职权等。（3）如果歧视成立，施加歧视的一方会受到什么惩罚？除了明确规定违反者应承担的法律责任，制定具体的包括量化标准在内的可操作性制裁、惩罚条款。

同时，首先应该加强对违宪、违法的法规、规章和文件的清理。针对有些地方政府从局部利益出发而颁布的歧视性法规、规章和决定，法制部门应当加强清理工作，对与《宪法》和《劳动法》相抵触的规范性文件，要有计划、有步骤地予以废止，必要的时候由全国人大常委会启动宪法审查机制。其次，在清理的过程中要加强对各种劳动就业行政立法的监督。加强对各种劳动就业行政立法的监督，就是要在源头上防止各种引发"制度歧视"的因素出现。要及时发现立法冲突，并采取有效办法加以解决。最后，为了消除就业歧视，保证劳动者的平等就业权的实现，我国有必要在现行《劳动法》、

《就业促进法》的基础上，制定《反就业歧视法》或《促进公平就业法》。

3. 推动我国构建完整的反就业歧视机制

法律是消除就业歧视最重要的手段，但不是全部手段。就业和职业歧视的特点，遭受歧视的人的弱势和特殊困境，决定了不仅要建立和完善反对就业和职业歧视的法律制度，而且要构建完整的反对就业和职业歧视的机制。

目前，中国反就业歧视机制比较滞后。在我国，构建完整的反就业歧视机制，除了法律制度以外还应该包括：（1）建立专业化的执行机构来处理歧视和促进平等，解决由谁认定和处理歧视的问题，为受歧视人提供更为便利的救济途径；（2）制定扶助弱者或弱势群体的相关政策和措施，这些政策措施的目的是要使代表性不足的群体成员在获得工作、教育、培训和提升等方面参与的机会。这些措施包括，当求职者之间差别很小时，给予目标群体一些有利条件，或对指定群体成员给予实质性的优先权；（3）在强资本弱劳工的局面下，强调企业或用人单位承担的社会责任，对用人单位的用人自主权进行界定，对其行为加以限制，减少和消除歧视，实现劳动者的平等就业权；（4）动员遭受歧视的弱势群体组织起来，进行抗争，争取平等，动员遭受歧视的人并将其组织起来，是促使国家和国际公共政策采取反歧视对策的主要动力；（5）进行反就业歧视的教育和宣导，特别需要在工作场所中对雇主和工人进行反就业歧视的宣导和教育。

### 4. 培育和提升公民的权利意识和平等观念

以第 111 号公约为核心的消除就业歧视的劳工标准，是一种建立在主张"人人生而平等"的理念和主张"社会正义"的价值取向。这种理念清晰地表述在国际劳工组织的《费城宣言》中，即"全人类不分种族、信仰和性别，都有权在自由和尊严、经济有保障和机会均等的条件下，谋求其物质福利和精神发展"。如果我们在实施该公约时，未能很好地把握这种理念，也就丢掉了消除就业和职业歧视的灵魂。

中国批准和实施第 111 号公约，不仅仅是为了实现国家的承诺，而且表明，中国社会正在追求平等价值理念的道路上前进。在中国，让平等的理念深入人心，是艰巨、漫长的过程。目前，我国封建等级观念还很严重，计划经济时期不平等的观念和制度尚未完全消除，市场经济需要的平等意识又没有完全确立起来，这也是我国就业歧视比较严重且较为普遍的原因之一。提高我国公民的权利意识和平等观念需要长期的社会宣导和教育，甚至需要一些社会运动。但是这种宣导和教育并不只是书本上的、知识性的，而是通过政府在实施反就业歧视的政策和法律过程中的教育，以及包括工会、雇主组织和非政府组织在内的各种社会组织进行的宣导教育工作，特别是对工作场所中的雇主和工人，集合各种社会力量来培育和提升我国公民的权利意识和平等观念。

# 第二章 农民工平等就业及其法律救济机制的完善

"截至 2015 年末，全国就业人员 77451 万人，其中农民工总量 27747 万人，比上年增长 1.3%。外出农民工 16884 万人，增长 0.4%；本地农民工 10863 万人，增长 2.7%。"——国家统计局《2015 年国民经济和社会发展统计公报》

"加快改革户籍制度，有序推进农业转移人口市民化，努力实现城镇基本公共服务常住人口全覆盖。"——2012 年中共十八大报告

2014 年，仅有 38% 的外出农民工与雇主或用人单位签订了劳动合同，超过 85.4% 的外出农民工周工作时间超过 44 小时，农民工参加"五险一金"的比例没有超过 30%，欠薪案件依然存在。——国家统计局《2014 年全国农民工监测调查报告》

农民工是中国过去三十多年来诞生的一个特殊群体，其形成的根本原因在于我国的城乡二元户籍制度。改革开放以来，农民工作为工业化、城镇化进程中涌现的一支新型劳动大军，对我国的社会主义市场经济以及现代化建设做出了巨大贡献，然而由于历史与现实的原因，农民工群体自产生以来一直处于城市的边缘状态，

受到社会的排斥，基本权益得不到切实保障，特别是在劳动就业领域，受到劳动力市场准入限制、就业限制、不签劳动合同、同工不同酬、缺乏基本社会保险乃至大范围的工资拖欠等种种歧视，其平等就业权利一度受到普遍甚至严重侵害，以至于 2003 年"总理为农民工讨薪"。农民工就业歧视不仅影响到上亿农民工及其家庭的生存和幸福，而且关乎社会的和谐与稳定，因此引起党和国家的高度重视。2003 年以来，多个中央一号文件都强调统筹城乡劳动就业，加强农民工权益保护。2006年，国务院印发《关于解决农民工问题的若干意见》，把"公平对待，一视同仁"作为做好农民工工作的基本原则，规定要"尊重和维护农民工的合法权益，消除对农民进城务工的歧视性规定和体制性障碍，使他们和城市职工享有同等的权利和义务"，提出要"逐步实行城乡平等的就业制度"，"为城乡劳动者提供平等的就业机会和服务"。2008 年，国家推出《就业促进法》，明确禁止对进城农民工的就业歧视，广大学者以及社会公益组织更是不遗余力地开展反就业歧视的宣传和倡导，为农民工平等就业呼吁奔走。

我国《宪法》第 33 条规定"中华人民共和国公民在法律面前一律平等"，从而确定了我国公民享有的平等权。《宪法》规定"国家尊重和保障人权"，尊重和保障公民的平等就业权是其应有之义。2005 年 8 月 28日，第十届全国人民代表大会常务委员会第十七次会议批准了《1958 年消除就业和职业歧视公约》（第 111 号公约），这是我国政府试图解决日渐严重的就业歧视问题的一大举措。可见，消除农民工就业歧视，保护农民工受到平等对待是政府的义务和责任。随着我国经济的快速发展，农民工规模、结构、观念等也发生了新的变化，农民工工作所面临的形势任务更加复杂艰巨，因此，解决好农民工平等就业问题，推动农民工融入城市（市民化），不仅关系到我国正在进行的城镇化建设和未来的经济发展，而且关系到依法治国的推进与社会公平正义的实现，关系到社会的和谐稳定，意义重大。

## 一、我国农民工就业歧视的历史形成

### （一）计划经济下培植出的"歧视"土壤

如前所述，我国的农民工就业歧视肇始于城乡有别的户籍制度和企业内部不同身份的劳动者之间的区别待遇制度。新中国成立后的工业化初期，为避免过多农村人口涌进城市而造成城市膨胀，1958年开始实施《中华人民共和国户口登记条例》，将中国公民划分为农业户口和非农业户口，实行严格的身份户籍管理制度。国家严格地控制农村劳动力的自由流动①，使城乡之间的户籍屏障难以逾越。况且中国的户籍制度不仅担负着登记统计的功能，不同的户口性质还配套实行不同的福利待

---

① 《条例》第十条第二款规定："公民由农村迁往城市，必须持有城市劳动部门的录用证明，学校的录取证明，或者城市户口登记机关的准予迁入的证明，向常住地户口登记机关申请办理迁出手续。"

遇①，因此城乡之间没有平等可言，这直接导致了户籍就业歧视的最初形成。与此同时，由于政府行政管理的行政性分层，我国单位内部劳动者被分为管理人员、技术人员、工人各阶层，并实行等级工资制，存在着待遇方面的身份等级差异。特别是相对于正式工而言的临时工，其待遇与正式工有天壤之别。这种不同身份的劳动者享受不同的劳动待遇的制度，也为后来的农民工就业歧视提供了土壤。②

（二）改革开放后对人口流动的"解禁"与"限制流动"

20 世纪 80 年代起，伴随我国改革开放政策的实施，国家开始逐步解除对农村劳动力自由流动的限制，1984年国家开始支持农民进城务工③，繁荣城乡经济。而一旦意识到"民工潮"的出现给城市的就业以及管理带来了巨大压力，政府又从控制"盲目流动"到引导"有序流动"，制定出一系列对"流动人口"（主要是农民工）加强管理的办法，1994 年劳动部颁发《农村劳动力跨省流动管理暂行规定》④，强化了对农民工的歧视性就业限

①　林燕玲：《农民工就业歧视状况的报告》，载蔡定剑主编：《中国就业歧视现状及反歧视对策》，中国社会科学出版社 2007 年版。

②　刘昕杰：《国家劳动就业立法歧视问题研究》，载周伟等著：《中国的劳动就业歧视：法律与现实》，法律出版社 2006 年版。

③　1984 年 1 月 1 日，中共中央发布《关于 1984 年农村工作的通知》，文件要求允许务工、经商、办服务业的农民自理口粮到集镇落户。

④　1994 年 11 月 17 日劳部发〔1994〕458 号《关于颁布〈农村劳动力跨省流动管理暂行规定〉的通知》，1994 年 11 月 17 日开始实施，2005年 2 月 7 日被劳社部发〔2005〕18 号文废止。

制。与此同时，各地方也先后出台了各种限制农民工就业、保护本地城镇职工优先就业的各种政策与规定，进一步加剧了农民工进城务工的难度，一定程度上为各地农民工就业歧视的"合法化"提供了依据。

1994 年劳动部颁布《农村劳动力跨省流动就业管理暂行规定》，对农民工流动作了许多限制性规定。在劳动力市场准入方面，该《规定》要求被用人单位跨省招收的农村劳动者，外出之前，须持身份证和其他必要的证明，在本人户口所在地的劳动就业服务机构进行登记并领取外出人员就业登记卡；到达用人单位后，须凭出省就业登记卡领取当地劳动部门颁发的外来人员就业证；证、卡合一生效，简称流动就业证，作为流动就业的有效证件①。同时，各省市更加设置行政许可，要求外地劳动力在其户籍所在地办理外出务工证明、在就业地办计划生育证、暂住证、务工证、健康证等行政许可。在职业准入方面，《规定》第 5 条作了严格限制，只有经劳动就业服务机构核准，本地劳动力无法满足需求时，才可考虑。一些大城市把行业工种划分为农民工禁止进入、限制进入、允许进入的三种类型②，使农民进城就业限制在脏、累、重、险行业及工种的极小范围

---

① 《农村劳动力跨省流动管理暂行规定》第十二条。

② 1995 年，上海市劳动局发布《上海市单位使用和聘用外地劳动力分类管理办法》，将行业工种分为三类：A 类为可以使用外地劳动力的行业工种，B 类为调剂使用外地劳动力的行业工种，C 类为不准使用外地劳动力的行业工种。而此举却是作为推进再就业工程的重要举措，并作为推进再就业工作的成功经验在全国许多城市产生了示范效应。

内，保留大量行业、工种，作为有城市户口居民的就业特权。同时，在招用时实行"先城镇、后农村，先本市、后外地"的原则①，而解雇时外来务工人员却又成为"最先解雇"②的群体，这无疑是对农民工最大的歧视。

（三）对农民工消除就业准入之外的其他差别对待

由于政策作用、就业压力以及传统偏见等各种因素的综合作用，农民工在劳动过程中，往往因其农村户籍或非正式工身份而受到与城镇职工不一样的（差别）对待，在签订劳动合同、获取劳动报酬、享受社会保险及福利以及参与工会和企业民主管理方面，都难以做到与城镇职工同权，其各种劳动权利常常被"忽视"或者受到不同程度的缩减。比如在社会保险方面，2011 年《中华人民共和国社会保险法》实施之前，多数城市对农民工社会保险实行不同于城市职工的政策，农民工的社会保险种类普遍少于本地职工、待遇标准普遍低于本地职工，甚至不给农民工缴纳社会保险，依然将其视为"农民"而非与城市职工平等身份的产业工人。这些政策中

---

①　例如，《上海市单位招工、退工管理办法》（沪劳保就发〔2001〕13 号）第四条规定："招工应遵循'先城镇，后农村；先本市，后外地'"的原则。

②　例如，《深圳市经济特区企业经济性裁减员工办法》（1996 年 11 月 15 日深圳市人民政府令第 56 号发布施行，2004 年 9 月 13 日深圳市人民政府令第 136 号公布失效）第三条规定："在同样能胜任同岗位工作前提下，企业裁员顺序为：（一）非深圳市户籍员工；（二）深圳市户籍员工。"

虽有对农民工工资普遍较低、家庭负担重、将来有可能回农村养老等人性化的考虑，但也不能排除其含有一定的歧视因素，在对农民工与城市职工平等对待方面，难以做到"一视同仁"。此外，2008 年《劳动合同法》出台之前，农民工同工同酬等劳动权利受损也十分严重，因农民工讨薪而爆发的各种社会事件此起彼伏，以至于2003 年"总理为农民工讨薪"，将农民工权益受损的严酷社会现实推向社会热点问题的顶峰。

## 二、农民工平等就业的积极推进

（一）城镇化背景下政府态度积极转变，对农民工政策从歧视转向公平

进入 21 世纪以来，解决"三农"问题成为我国政府工作的重中之重。自 2003 年时任国务院总理的温家宝为农民工讨薪开始，农民工歧视问题开始进入人们的视野，并引起了国家和社会的广泛关注。国家的态度由此发生了积极的转变，开始从歧视的制造者变为反歧视的领导者[①]。2003 年 1 月 5 日，国务院办公厅发布《关于做好农民进城务工就业管理和服务工作的通知》，要求取消对农民进城务工就业的不合理限制。各地要取消针对用工单位使用外地劳动力就业的行政许可和对外地劳动力就业的职业限制，审核和清理农民进城务工就业的手续，认可现行的其他证件的执行，但逐步实行暂住

---

① 林燕玲：《农民工就业歧视现状的报告》，载蔡定剑主编：《中国就业歧视现状及反歧视对策》，中国社会科学出版社 2007 年版。

证一证管理。"各行业和工种尤其是特殊行业和工种要求的技术资格、健康等条件，对农民工和城镇居民应一视同仁。"2004年国务院办公厅发布《关于进一步做好改善农民进城就业环境工作的通知》，提出要"探索建立城乡一体化的劳动力市场"，消除农村与城镇劳动力市场的二元分割体制。要求"推进大中城市户籍制度改革，放宽农民进城就业和落户的条件。要研究进城就业农民的住房问题"。2006年3月公布的《国务院关于解决农民工问题的若干意见》（以下简称《意见》），是中央政府第一份全面系统研究解决农民工问题的重要指导性文件。其原则之一便是"公平对待，一视同仁"。《意见》要求各地区、各部门要进一步清理和取消各种针对农民工进城就业的歧视性规定和不合理限制，清理对企业使用农民工的行政审批和行政收费，不得以解决城镇劳动力就业为由清退和排斥农民工。同时，深化户籍管理制度改革，中小城市和小城镇要适当放宽农民工落户条件；大城市要积极稳妥地解决符合条件的农民工户籍问题，对农民工中的劳动模范、先进工作者和高级技工、技师以及其他有突出贡献者，应优先准予落户。

近些年，随着我国城镇化进程的加快，农民工市民化成为其中一项重要内容。在此有利社会背景下，政府对农民工平等待遇问题的关注也提升到一个新的高度。2012年，中共十八大报告中首次用"农业转移人口"取代了"农民工"，并且明确将"加快改革户籍制度，有序推进农业转移人口市民化，努力实现城镇基本公共服务常住人口全覆盖"作为党和国家今后工作的重要任务，把"农业转移人口"真正变为享有平等社会权利的"城镇居民"，这反映出执政党的决策层对中国发展趋势的深刻把握，具有重大战略意义①。

（二）以"平等就业"为宗旨的立法跟进

一方面，国家开始清理对农民工的歧视性法律法规。2003 年 3 月 1 日开始施行的《农业法》（修订）②要求取消对农民工的各种不合理的限制。2005 年 3 月 11 日，劳动和社会保障部发布了《关于废止〈农村劳动力跨省流动就业管理暂行规定〉及有关配套文件的通知》，决定废止原劳动部发布的规章和规范性文件关于限制外地劳动力的歧视性政策规定。为响应国家的号召，各农民工流入比较集中的地区和城市纷纷开始清理过去不合理的立法及政策文件，为广大农民工以及其他外地务工人员的合理流动扫清障碍。以北京为例，1995 年颁布实施《北京市外地来京务工经商人员管理条例》后，逐渐形成了以管理和控制为主要政策导向的流动人口管理政策法规体系。但自 2003 年以来，从停止收取外地来京务工人员管理服务费、废止收容遣送规定开始，政策导向向"管理服务并重"转变，废除了《北京市外地来京务工经商人员管理条例》，逐步清理涉及农民工的歧视

---

① 《十八大报告不再用农民工称呼改称农业转移人口》，载《新京报》2012 年 11 月 10 日。

② 1993 年 7 月 2 日第八届全国人民代表大会常务委员会第二次会议通过，2002 年 12 月 28 日第九届全国人民代表大会常务委员会第三十一次会议修订，2002 年 12 月 28 日中华人民共和国主席令第八十一号公布，自2003 年 3 月 1 日起施行。

性和不合理的政策规定，并陆续出台涉及务工人员教育、社会保险、住房、拖欠工资等问题的保护性政策文件，切实保护其合法权益，改善其生活和就业环境。

另一方面，我国越来越多劳动就业领域的立法关注到了就业歧视。2008 年《劳动合同法》① 虽然是对劳动合同关系的规范立法，但也涉及到了就业歧视，特别是其中关于劳务派遣等灵活就业群体的同工同酬权利规定，对于广大农民工具有特别重要的保障意义。2007 年 11 月 5 日由劳动和社会保障部公布，并于 2008 年 1 月 1 日起施行的《就业服务与就业管理规定》②，禁止了用人单位及职业中介机构对劳动者的歧视行为。2008 年 1 月 1 日开始施行的《中华人民共和国就业促进法》③ 第一次将"就业歧视"这个概念写入法律，而且以"公平就业"为专章，对禁止就业歧视作出了系统性规定。《就业促进法》第 31 条还明确规定"农村劳动者进城就业享有与城镇劳动者平等的劳动权利，不得对农村劳动者进城就业设置歧视性限制"。《就业促进法》第 62 条规定，"违反本法规定，实施就业歧视的，劳动者可以向人民法院提起诉讼"。这就明确规定了受害劳动者的权利救济渠道。2011 年《社会保险法》实施后，农民工

---

① 2007 年 6 月 29 日第十届全国人民代表大会常务委员会第二十八次会议通过，中华人民共和国主席令第六十五号公布，自 2008 年 1 月 1 日起施行。

② 2007 年 10 月 30 日劳动和社会保障部第 21 次部务会议通过，2007 年 11 月 5 日劳动和社会保障部令第 28 号公布，自 2008 年 1 月 1 日起施行。

③ 2007 年 8 月 30 日第十届全国人民代表大会常务委员会第二十九次会议通过，中华人民共和国主席令第七十号公布，自 2008 年 1 月 1 日起施行。

的各项社会保险权利也在逐步走向与城市职工一体化。

（三）执法部门的严格执法与监督

进入 21 世纪以来，伴随我国社会主义市场经济的建立和法治建设的进步，我国在劳动立法领域进步明显，继 2008 年《劳动合同法》、《就业促进法》推出后，2009 年又对劳动领域的基本法《劳动法》进行了修订，使保护劳动者合法权益成为一系列立法的核心价值取向，劳动和社会保障领域的执法力度也空前加强，劳动监察、社会保障中心等行政执法机构的权力更加明确有力，落实相关立法更加积极主动。在广大执法部门的积极作用下，我国的劳动合同签订率有了大幅度提高，社会保险的强制性更加突出、社会保险普及率特别是逐年明显上升；在政府的监督和推动下，企业的各项用工制度更加规范，企业在追求经济效益的同时，对企业应当承担的社会责任也有了不同程度的认识和重视，对内部良好企业文化的建设更加重视，在此良好势头下，我国广大劳动者特别是农民工群体的公平就业环境得到明显改善与提升。

（四）社会组织帮助维权与农民工自身觉悟的提高

改革开放多年来，在经济发展与法制进步的推动下，我国公民社会也有了明显发展，各类民间草根社团、公益组织脱颖而出，为推动各项社会进步做出重要贡献，这其中也不乏致力于农民工服务的社会组织，既有农民工自己成立的如"打工妹之家"一类的社团组织，也有各种社会志愿者成立的社工事务所。他们"出身于"草根民间，在活跃农民工业余生活、提高农民工文化和技术水平、解决农民工各种切身困难、帮助农民工积极融入城市生活等多方面，起到了单位或政府都无法替代的作用，成为广大农民工融入城市生活的"润滑剂"、政府与农民工之间积极互动的桥梁和管道。在这些为弱势群体服务的社会组织中，帮助农民工维护自身合法权益是其一项重要的工作内容。此外，自 2004 年我国《宪法》作出"国家尊重与保障人权"的庄严承诺后，在政府的支持和帮助下，我国农民工法律援助专业机构也得到良好发展，其典型如北京市致诚农民工法律援助与研究中心（详细内容见第四章）以及其他各城市的农民工法律援助中心等。作为专业的法律服务机构，各地农民工法律援助中心的律师在帮助农民工解决法律难题、维护农民工合法权益、解决劳资纠纷、化解社会矛盾与维护社会稳定方面，发挥了重要作用。

从农民工自身来说，一方面，进入城市后经过城市生活与文化的熏陶，农民工的见识有了很大提高，接受到越来越多的法律意识、平等意识等新观念，对于自身权利的认识不断提高，逐步形成自身的群体性诉求①

① 作为本书的一个重要环节，2015 年 1 月，我们利用学生寒假时间，组织山东、河北、河南的部分回乡学生完成了针对其家乡外出农民工，开展了"农民工平等就业问题"调查问卷，共发放问卷 400 份，收回 370 份，其中有效问卷 347 份。通过本次问卷的数据统计，以小见大，对农民工平等就业的现状特别是遭受歧视后的救济手段与途径，取得了一份较为客观的认识依据。

（见下面问卷图表，农民工对"平等就业"问题，回答"知道且认同"与"比较认同"的，占全部问卷的73.50%，可见，绝大多数农民工在平等就业权利问题上已经有了较为明确的认识）；另一方面，与第一代农民工文化水平低、生活方式传统、生活压力大、思想保守等特点不同，第二代农民工与城市青年在接受教育、生活方式以及思想观念等方面已无明显差异，他们不仅在权利主体意识、个人尊严方面的要求更强，而且由于其生存压力已不像父辈那样大，因而在选择就业方面也更加自由，工作中更加重视职业发展、人格发展等多种价值的实现，而非单一的高工资薪水多。总的来说，就是"80后"、"90后"新生代农民工对维护自己的权益产生了新的诉求："从过去老一代农民工挣钱回乡发展，到现在新生代农民工进城融入城市发展。从过去老一代农民工要求足额支付工资，向新生代农民工要求参加社会保险转变；从过去老一代农民工要求改善劳动条件，向新生代农民工要求分享企业和城市发展成果转变。"① 这些都无形之中对企业的用人态度与招工制度形成压力与制衡，迫使企业更加关注和满足新一代农民工的需求，为其提供更加公平的就业条件和劳动环境。

---

① 人社部副部长杨志明：《国务院将积极稳妥地推进农民工进城落户》，载 http://news.workercn.cn/c/2012/11/12/121112171556578263335.html。

**表 2 - 1 农民工对平等就业的认识**

| 描述 | 回应 | |
|------|------|------|
| | 数量 | 百分比 |
| 不知道 | 69 | 19.90% |
| 知道且认同 | 221 | 63.70% |
| 知道，比较认同 | 34 | 9.80% |
| 知道但不认同 | 17 | 4.90% |
| 系统遗漏 | 6 | 1.70% |
| 合计 | 347 | 100% |

（五）经济快速发展形成的"用工荒"客观上促进了农民工公平就业

近年来，在农民工流入集中的很多地方如珠三角等地多次发生的"用工荒"，以及各大城市春节过后服务行业的"用工荒"，如物流、快递、配送等新兴行业频繁发生的"跳槽"①与家政、装修行业的"抢人大战"等，使得过去长期强势的劳动力买方市场开始发生转变，特别是在不少行业有一定技术含量的工人长期处于

---

① 据 2016 年 5 月北京交通大学、阿里巴巴研究院、菜鸟网络共同发布的《全国社会化电商物流从业人员研究报告》所称，我国 118.3 万快递员中，近八成是农村人口，近八成的站点从业人员每天的平均工作时长在 8 小时以上，电商促销旺季甚至工作超过 12 小时。从业人员工作强度大，收入偏低，社会认可度不高，"流动性较强，近一半站点员工工作在一年以下"。载 http://www.aliresearch.com/。

短缺状态，这也在一定程度上倒逼地方政府在合理利用人力资源方面做出积极的改进，以更加公平的态度和优惠政策措施吸引劳动力资源的流入，以保障本地经济的持续稳定发展；同时也迫使企业在招工领域采取更加公平的措施、给予农民工平等的福利待遇，以吸引包括农民工在内的广大劳动者就业，保障企业的正常运行与持续发展。

## 三、农民工平等就业现状及法律救济机制评价

（一）农民工流动就业的歧视性政策障碍已基本上消除，就业环境得到很大改善

十几年来，在政府的积极推动以及全社会的共同努力下，农民工平等就业的大环境得到了很大改善，各种针对农民工就业准入的歧视性政策已经基本消除。主要改变和进步表现如下：

1. 各种不合理证卡及收费制度被取消

2003 年 3 月国务院办公厅发布《关于做好农民进城务工就业管理和服务工作的通知》以后，除保留暂住证实行"一证管理"外，其他针对农民工流动就业的"证卡"制度已经基本取消，对农民工就业的各种不合理的乱收费现象也基本得到禁止，各行业和工种尤其是特殊行业和工种要求的技术资格、健康等条件，对农民工和城镇居民已经基本做到一视同仁。

2. 限制农民工进城务工的各种歧视性政策被清理和废除

2005 年 3 月，劳动和社会保障部发布《关于废止〈农村劳动力跨省流动就业管理暂行规定〉及有关配套文件的通知》后，原劳动部发布的规章和规范性文件中关于限制外地劳动力的歧视性政策规定被清理和废除，各地方也随之对本地方政策法规中的"歧视性内容"进行修正，包括农民工进城务工、流动就业的歧视性政策障碍已基本上得以消除，就业准入的问题基本得到解决。

3. 政府主动为农民工免费提供公共就业服务，促进农民工平等就业与融入城市

伴随我国政府对平等就业认识的提高，对待农民工流动就业也从"管制"转变为"服务"，长期以来被称为"城市劳动部"的国家劳动行政部门开始将农民工就业的促进和相关权益的保护作为其主要工作内容之一，地方政府在农民工工作思路上逐步从"以管为主"向"管理服务并重"转变，把农民工视为城市居民的一部分，并将其纳入公共管理和公共服务体系，为促进农民工平等就业提供各种公益性就业服务与培训，积极引导和促进农民工就业。

4. 同工不同酬情况得到明显改善，社会保险等待遇比过去有明显提高

2008 年《劳动合同法》和《就业促进法》实施后，劳动领域包括广大农民工在内的劳动者的权利受到比以往更加强有力的法律保障，农民工的劳动合同签订率获

得明显提升。《劳动合同法》强调以劳动合同而不是身份实施劳动管理，取消了"临时工"、非正式工等身份，过去十分突出的农民工（临时工、非正式工）与城市工、正式工同工不同酬的现象得到很大扭转，农民工的劳动报酬得到明显提高，长期拖欠农民工工资的严重局面也在一定程度上得到遏制并得到逐步改善。

2010 年推出的《社会保险法》是我国社会保障制度发展史上的里程碑，其中第 95 条规定："进城务工的农村居民依照本法规定参加社会保险"，此举意味农民工在社会保险方面从过去的与城镇职工有别而向城镇职工看齐，实现无差别待遇。2011 年该法实施后，我国农民工的各类社会保险覆盖率有了明显提高，越来越多的农民工从缺乏社会保险或者是享受低于城镇职工的社会保险正在逐步转向与城镇职工社会保险一体化。

此外，随着劳动合同的普及化以及全社会平等就业的推进，企业内部的身份差别逐渐削弱、减少，平等就业环境得到明显改善，农民工参与工会以及行使企业民主管理的权利也比过去有所改善。

（二）农民工就业歧视依然存在，形式上更多地由直接歧视转为间接歧视

任何问题的解决都需要一个逐渐削减和转变的过程，不能奢望一蹴而就。据国家统计局《2014 年全国农民工监测调查报告》显示，2014 年，仅有 38% 的外出农民工与雇主或用人单位签订了劳动合同，超过 85.4% 的外出农民工周工作时间超过 44 小时，农民工参加

"五险一金"的比例没有超过 30%，欠薪案件依然存在[①]。在推动城乡统一的劳动力市场建设和实现城乡劳动者平等就业的过程中，农民工就业歧视问题一方面已经得到明显遏制并逐步减少；但另一方面，各地区和部门已经长期形成的对农民工的制度性歧视难以完全清除，不少人心目中对农民工的偏见以及落后意识更难以在短期内彻底消除。这在 2015 年我们对农民工所做调查问卷中也得到进一步印证[②]：（如表 2 - 2 所示）农民工对是否存在就业歧视问题，回答"非常严重"的，占问卷的 10.10%，回答"比较严重"的，占 22.50%，二者合计 32.60%，可见从农民工的切身感受而言，在劳动就业领域，多种歧视现象在不同程度上依然存在。

表 2 - 2 是否存在农民工就业歧视

| 种类 | 回应 | |
| --- | --- | --- |
| | 数量 | 百分比 |
| 非常严重 | 35 | 10. 10% |
| 比较严重 | 78 | 22. 50% |
| 不严重 | 89 | 25. 60% |

① 《2014 年全国农民工监测调查报告》，载 http：//www. stats. gov. cn/tjsj/zxfb/201504/t20150429_ 797821. html。

② 作为本课题的一个重要环节，2015 年 1 月，我们利用学生寒假时间，组织山东、河北、河南的部分回乡学生完成了针对其家乡外出农民工，开展了"农民工平等就业问题"调查问卷，共发放问卷 400 份，收回 370 份，其中有效问卷 347 份。通过本次问卷的数据统计，以小见大，对农民工平等就业的现状特别是遭受歧视后的救济手段与途径，取得了一份较为客观的认识依据。

| 种类 | 回应 | |
|------|------|------|
|  | 数量 | 百分比 |
| 不了解 | 118 | 34.00% |
| 不存在 | 21 | 6.10% |
| 系统遗漏 | 6 | 1.70% |
| 合计 | 347 | 100.00% |

1. 以劳务派遣等用工方式存在的间接歧视比较普遍

农民工就业方面制度性歧视因素的消除，导致农民工就业歧视形式也发生了新的变化：即直接的歧视大大减少，直接歧视转向比较隐蔽的间接歧视[①]。与直接歧视有根本区别的是，间接歧视的受害者往往是一个群体，以劳务派遣、临时工等身份被录用的农民工即是典型。劳务派遣或者临时工从表面上看，表现为用工单位对劳务工与正式工用工方式的不同，但实际上，由于农

---

① 直接歧视指基于宗教、信仰、政治观点、种族、性别、国籍、性取向以及婚姻状况等因素而做出的区别对待。比如，企业的招聘广告中，直接标明"仅限男性或者男性优先"，一般情况下就构成对广大女性求职者的直接的性别歧视。间接歧视通常发生在这样的情况下，一个看似中立的要求或条件，却间接地导致对属于某种宗教、信仰、政治观点、种族、性别、国籍、性取向以及婚姻状况等人群（或个体）的歧视。假设同样是这家企业的招聘广告，要求应聘者必须身高175厘米、体重70公斤以上，那么在一般情况下，这一条件就构成对大多数女性求职者的间接的性别歧视，因为大多数女性很难达到这一身高和体重要求，因此这一条件貌似与性别无关，男女都适用，而其造成的实际效果却是广大女性直接被排斥在求职的可能性之外，属于间接歧视。

民工通过劳务派遣或者临时工方式就业所占的比重最大，因此，在劳务派遣或者临时工中，农民工所受到的权益侵害也是最严重的。这就在某种意义上已经构成了对农民工的间接歧视。据对某矿区的调查，劳务派遣在原煤一线生产人员中占80%以上，大多已成为熟练工人和中坚力量。[1] 但是派遣工的待遇与普通工有明显差别，突出表现为：同工不同酬、同工不同权以及同工不同时。他们在企业中只有干活的义务，而没有权利。临时工也是农民工歧视的形式之一，2008年《劳动合同法》实施前，国家机关、事业单位和社会团体中，大量使用的工勤人员（农民工或外来工，俗称临时工）与单位原有工人的工资和福利待遇差距悬殊；在企业中临时工面对"霸王条款"和"用工陷阱"，明知自己的权益受到了侵害但是为了能够继续干下去，只能忍气吞声。而用人单位，总是以"体制说"作为同工不同酬的挡箭牌；有的更是以招用"临时工"为借口，肆意侵害劳动者合法权益。可以说，对"临时工"的歧视是我国计划经济体制时身份等级制度的残余，与现代"平等"理念格格不入。[2]

近些年，随着《劳动合同法》、《就业促进法》、《社会保险法》等法律的推进，农民工就业直接歧视现

---

① 林燕玲：《农民工就业歧视状况的报告》，载蔡定剑主编：《中国就业歧视现状及反歧视对策》，中国社会科学出版社2007年版。

② 林燕玲：《工人就业中若干歧视问题的研究——"临时工待遇的歧视"和"劳务派遣工待遇歧视"》，载蔡定剑主编：《中国就业歧视现状及反歧视对策》，中国社会科学出版社2007年版。

象已经得到明显遏制，"临时工"已经不复存在，劳务派遣的使用也更加规范，劳务派遣工的劳动报酬以及社会保险等也有了相应改善，但是总体而言，采用劳务派遣方式对农民工实施间接歧视的情况依然存在。由于劳务派遣工不属于本单位，其工资待遇以及社会保险都由劳务（中介）公司决定，因此很多企业（特别是大中型企业，包括国有企业、外商投资企业）甚至国家机关和事业单位都更乐于通过劳务派遣方式使用农民工，一来可以免去签订劳动合同、缴纳社会保险等各种管理上的"麻烦"，二来可以降低用工成本，比如比单位正式职工较低的工资和社保等。由于很多劳务中介公司本身不够规范，或者属于异地派遣劳务工，使得劳动领域的执法难度加大，用人单位和劳务中介公司往往利用劳动监察不能一一到位的现状，钻劳务派遣的空子，对农民工同工不同酬、减少或降低农民工社会保险等福利待遇，以侵犯农民工利益的方式来降低用工成本。

此外，在一些边远偏僻地区，国有矿产开采行业仍然保留着农民"轮换工"制度，以"轮换工"是农民为借口，拒绝为其缴纳社会保险。可见，国有企业等体制内的单位，囿于传统的"体制"影响，对农民工的就业歧视现象依然不同程度地存在。

2. 基于地方保护、控制人口等原因而实施的户籍（地域）歧视未能完全杜绝

在对农民工就业的间接歧视中，除劳务派遣为代表的间接歧视外，一些地方或者单位在行业准入或者招工过程中，采用户籍排斥的方式对外来务工者进行限制，

由于在以体力劳动为主、技术含量低的行业里，农民工占据了外来务工者群体的绝大部分，因此此类限制也同样容易造成对农民工就业的间接歧视。比如在出租车行业，很多城市管理规章都将包括农民工在内的外来务工者排斥在外①。这种情况在经济发展快、外来人口激增而导致城市人口过分集中的地方更容易发生，2016 年的"网约车新政"② 即可见一斑。

最近两年，伴随城市化的发展和城市人口的增加，传统的出租车越来越难以满足城市交通的需要，于是"滴滴打车"、"优步"、"易到" 等多种网络约车公司应运而生，越来越多的外来务工者（其中，农民工占据了相当大的比重）加入到这一行业，极大地满足了城市交通需要，但也引起了传统出租车行业的不满与担忧。为规范出租车市场，引导企业正当有序竞争，2016 年 7

---

① 1997 年发布的《北京市出租汽车管理条例》第九条明确规定，"出租汽车驾驶员须有本市常住户口"。

② 2016 年 10 月 8 日，北京市交通委发布《北京市网络预约出租汽车经营服务管理实施细则（征求意见稿)》，其中对于网约车司机的户籍、车辆牌照，以及车辆排量与轴距均做出较为严苛的限制，引发外界争议。随后，北京市交通委发布文章，解读《北京市关于深化改革推进出租汽车行业健康发展的实施意见》等三个政策文件（征求意见稿)。在关于为什么规定网约车驾驶员和网约车为本市户籍、本市车辆问题上，北京市交通委解释称主要是出于治理"城市病"、疏解非首都功能等因素的考虑。出租汽车既是首都窗口行业，也是劳动密集型行业，其未来发展必然涉及人口规模调控和产业发展及就业导向，这也是治理"城市病"、实现首都四个中心功能定位的客观要求。2016 年 10 月 25 日《中国经济周刊》，"一名汽车租赁老板自述：网约车新政带来灭顶之灾"，载 http：//news. xinhuanet. com/fortune/2016 –10/25/c_ 129336333_ 2. htm。

月，交通部颁布了《网络预约出租汽车经营服务管理暂行办法》，在赋予网约车合法地位的同时，把制定管理细则的权力交给了各地方。2016 年 10 月，我国各大城市相继出台了严苛的网约车管理细则征求意见稿，大幅抬高网约车以及司机的准入门槛，其中，北京、上海等地网约车管理细则征求意见稿均要求网约车驾驶员必须具备本地户籍，从而将绝大部分网约车司机即外地户籍司机排斥在就业门槛之外，不仅对广大外来务工者构成歧视，更涉嫌以户籍（地域）歧视的方式对农民工构成了间接歧视。"网约车新政"在社会上引起巨大反响，也引起学者们的纷纷质疑。在社会的强大压力下，部分城市最终修改并放宽了网约车驾驶员资格，将"本地户籍"条件放宽甚至取消户籍限制，但是北京和上海在网约车管理细则正式实施后依然保留了原有条件，将以农民工为主的广大外来务工者排斥在这一行业大门之外。虽然政府制定这一政策包含有城市管理与发展统筹规划等因素的考虑，有其合理性的一面，但是依然难以摆脱"地方保护"下对外来务工者主要是农民工的就业歧视嫌疑。此外，至于这一政策是否能够真正起到限制外来人口的效果，目前也难以定论。

再比如最近两年政府推行的户籍改革中，许多地方都对外来人口提供了"积分入户、积分入学"的政策。但根据一份对广东佛山数百名农民工的调研，"只有 0.7% 利用了积分入学政策，53% 以上的人还是通过捐资入学的"①。积分入户、积分入学政策看似对外来人口进入城市、享受城市人口的福利带来了希望，但对于广大收入低、工作不稳定的农民工来说，符合这一政策的人微乎其微，对于绝大多数农民工而言，几乎没有任何实际意义。相反，农民工的孩子若想在城市上学，就必须花费比城市人更高的费用，这实际上加剧了农民工与城市人口之间的不平等。

3. 缺乏（或较低的）社会保险及福利待遇依然是农民工就业歧视中的重点问题

在我们对部分企业以及事业单位的调查中，采用劳务派遣方式使用农民工的情况非常普遍，而农民工的社会保险及福利待遇也因此而低于城市职工或正式职工。即使在采用计时或者计件工作制的情况下，同工同酬基本得以实现，但农民工的社会保险一般仍低于城市职工，住房公积金则基本没有。采用劳务派遣的企业尚且如此，那么许多直接雇用农民工的企业，情况就更加堪忧。据报道，在 2014 年中青年改革开放论坛（莫干山会议）农民工问题分论坛上，部分青年学者、NGO 调研者均指出，农民工社保和福利的壁垒亟待打破。由来自北京大学、清华大学、香港理工大学、南京大学等多所高校师生组成的"关注新生代农民工课题组"在调查中发现，农民工社保不足额缴纳的情况大量存在，"不足额"里面，企业还按照户籍壁垒，对员工分"三六九

① 《为什么农民工不愿意上社保？》，载 http：//www. cb. com. cn/index. php？m = content&c = index&a = show&catid = 20&id = 1084796&all。

等"缴纳不同种类的社会保险。比如，给外地农民工只缴养老、医疗、工伤保险三险，给本地农民工缴养老、医疗、工伤、失业、生育五险，但不缴住房公积金，而给本地城市户口的打工者，则五险一金全缴[①]。

事实上，农民工社会保险参保率低、缴费种类少的现象普遍存在。一般来说，农民工工伤保险参保率比较高，养老和医疗保险参保率比较低，失业和生育保险则基本没有或者严重缺乏[②]。以经济发达、各项社会保障制度都发展较好的上海市为例，这一问题至今也未能得到全面解决。2010 年《社会保险法》出台之前，上海市对农民工实行与城市职工有别的"外来从业人员综合保险（以下简称综保）"：一是保险种类不同，市民职保包含 5 种保险而外来农民工职保只包含医疗、养老、工伤 3 类保险，缺少生育、失业保险；二是参保基数和参保比例均低于城市职工。2011 年 7 月起，配合国家《社会保险法》的实施，上海市逐步取消实行了近 10 年的外来从业人员综合保险，实行"综保"转职保，保障水平大幅提升，2011—2015 年（过渡期）本市外来农民工

---

① 中国经营网《为什么农民工不愿意上社保？》，载 http：//www. cb. com. cn/index. php？ m = content&c = index&a = show&catid = 20&id = 1084796&all。

② 据浙江金华永康农民工 NGO《小小鱼劳工服务部》的调研报告，对 1643 名农民工的调查中，发现有"五险一金"的只有一人，不足千分之一；1%—2% 有养老保险；40% 有工伤保险，35% 没有工伤保险，20% 多回答不清楚有没有。参见《为什么农民工不愿意上社保？》，载 http：// www. cb. com. cn/index. php？ m = content&c = index&a = show&catid = 20&id = 1084796&all。

参保基数仅为市民水平的 40%—55%，但过渡期以后，外来农民工医疗保险的缴费比例仍为市民缴纳水平的一半①，相应地，农民工获得的医疗保险待遇依然明显低于本市职工。经济及社保制度发展较好的上海尚且如此，全国其他地区的情况就可想而知了。

比如今年春节过后爆出的圆通速递网点"爆仓"、快递员被外卖送餐"挖角"导致无人派件的事件引发社会广泛关注，企业"人心不稳"的背后，是快递员运费提成过低、社会保障不足等深层次原因。据业内人士"爆料"：100 多万快递从业人员中，有 90% 的人没有劳动合同、"五险一金"②。记者采访时发现，除了顺丰、EMS 等直营公司，大部分快递公司的网点都采取加盟模式，而在加盟网点工作的快递员，劳动权益往往很难得到保障。在快递业务量全国排名第一的广州，打开招聘网站查询当地快递员招聘信息，抽取的 50 条中仅有 11 条承诺提供社保，岗位主要来自京东、顺丰、德邦、世纪卓越等，其他公司一般仅提供吃住，无社保已经成为发展迅猛的快递业的"潜规则"。

党的十八大农民工代表康某某在接受记者采访时就曾坦言："在我们现在的城市，像建筑等一些行业几乎都被农民工给接管了，其中高危岗位比较多，很容易发生工伤事故和各种危险，而很多农民工没有享受各种特

---

① 《上海市外来农民工参加社会保障情况》，载 http://www.ask-ci.com/news/201307/02/0216471087202.shtml。

② 《人民日报揭露快递行业潜规则：90% 人没合同》，载 http://tech.qq.com/a/20170224/024358.htm。

殊工种的待遇。在其他像社会保障等方面，政府也应该多给一些政策，在现有基础上来完善农民工的保障，让在城市务工的农民工，享受到城市居民同等的待遇，兼顾公平"①。

4. 农民工参加工会和参与企业民主管理的权利依然难以落实

事关生存的工资、社会保险问题尚不能实现平等，农民工参加工会及行使企业民主管理的权利自然就更难以受到应有的重视。尽管多年来，全国总工会一直将吸收农民工加入工会作为重点工作之一，但由于许多农民工在私营企业、流动性大的企业工作或者被作为劳务派遣工使用，因此其加入工会及参与企业民主管理的机会依然渺茫，这也进一步加剧了农民工的被"排斥"感。

据本课题组 2015 年对农民工平等就业调查问卷显示，单位"没有工会"组织的占全部问卷的 57.40%，不清楚"有没有"的占 25.60%，明确表示"可以自由参加"的仅占 17.00%（见表 2 - 3）。在参与民主管理问题上，回答"没有职代会"的占全部问卷的 45.20%，"不清楚"的占 21.40%，明确表示"可以自由参加"的仅占 33.40%（见表 2 - 4）。

---

① 康某某代表：《当农民工代言人》，载《新京报》2012 年 11 月 5 日，第 1 版。

表 2 – 3 参加工会权利落实情况

| 种类 | 回应 | |
|---|---|---|
| | 数量 | 百分比 |
| 没有工会 | 199 | 57.40% |
| 可以自由参加 | 59 | 17.00% |
| 不清楚 | 89 | 25.60% |
| 合计 | 347 | 100.00% |

表 2 – 4 参与民主管理情况

| 种类 | 回应 | |
|---|---|---|
| | 数量 | 百分比 |
| 没有职代会 | 157 | 45.20% |
| 可以参加，参与 | 116 | 33.40% |
| 不清楚 | 74 | 21.40% |
| 合计 | 347 | 100.00% |

5. 农民工的社会地位依然低下，日常工作中经常得不到应有的尊重

按照马斯洛的心理学需求理论，解决了生存和安全需求后，人们更看重的是归属、尊重和自我实现。无论是在国外调研考察，还是国内问卷及实地调查访谈中，我们都发现，相比就业歧视中遭到就业排斥、拒签劳动合同、不上社会保险等明显且"严重"的歧视行为，日常工作及生活中的歧视行为和歧视语言更为经常和普

遍，也更容易给农民工带来心理上的"伤害"，这些歧视既有来自企业或单位内部的，也有来自社会的。单位内部常见的如日常管理中对农民工不自觉地使用一些歧视性的语言，或者内部发放各种小福利、举办各种评奖或文体活动时，将农民工排斥在外或者给予较低档的待遇，等等。虽然这些歧视行为和言语难以上升到法律层面或者用法律手段解决的高度，但正是这些看似微不足道的"小事"，极大地伤害了农民工的自尊心，时常令他们感受到与城市人的"不一样"，感觉被排斥在他们所服务的城市之外。

此外，农民工工作过程中来自社会的歧视行为更加常见也更为恶劣，比如前段时间网络上热议的"顺风快递员被打"[①] 以及"送餐晚8分钟外卖小哥被打骨折"[②] 等事件。农民工康某某自 2008 年当选第十一届全国人大代表，2005 年被评为全国劳动模范，目前任职重庆市城建控股集团第一市政工程公司路面处农工班班长，被称为农民工的"代言人"。在 2012 年 11 月党的十八大会议期间，康某某接受《新京报》记者采访时就曾表

---

① 2016 年 4 月 18 日，一位顺风公司的快递小哥不小心把一辆正在倒车的轿车剐了，之后车主下车又打又骂。根据网友上传的视频粗略统计，该车主一共扇了快递小哥六巴掌，此事引起社会的极大愤慨。参见《顺丰回应快递员被打事件：不会放弃追回尊严》，载 http：//news. sina. com. cn/c/2016 - 04 - 18/doc - ifxriqqx2885993. shtml。

② 2017 年 2 月 12 日，陕西咸阳美团外卖公司的送餐员刘师傅因送餐延误，被客户用棒球棍打成骨折，并因与客户争执而被逼迫自扇 4 耳光。参见《外卖员送餐迟到被打骨折，晚了 8 分钟被逼自扇 4 耳光》，载 http：//news. youth. cn/jsxw/201702/t20170217_ 9131908_ 1. htm。

示："印象最深的事情，并不是工作艰苦，而是因受到歧视的伤心。"[1] 因此，对于日常工作和生活中这些经常发生的歧视现象，更需要引起企业和社会的关注，并及时予以疏导和解决，才能建设平等友善的企业环境，增强企业的凝聚力，促进企业经济发展，也更有利于和谐社会大环境的建设。

（三）农民工遭受歧视后的法律救济机制及其实效分析

众所周知，无救济则无权利，面对农民工就业领域依然存在的直接歧视以及为数不少的隐蔽性间接歧视现象，探索有效健全的法律救济途径是关键之举与当务之急。

1. 现有法律救济机制

就业歧视实质上是对劳动者尊严以及劳动就业等权利的一种侵犯，在国外一般可以通过企业内部纠错机制、专业执法机构平等待遇委员会调解以及司法诉讼如民事诉讼、劳动诉讼、行政诉讼等途径解决。在我国，由于没有专门法律对就业歧视进行规范，因此过去一直将就业歧视视为劳动过程中的纠纷（统称劳动争议），按照我国《劳动法》的有关规定，主要有协商、调解、仲裁、诉讼四种渠道。《中华人民共和国劳动法》第77

---

[1] "有一次路面施工，就在我身边，一辆轿车把一个工友给撞倒了，受了伤只能躺在地上，但是车里的人好长时间没下来看一下，后来下车对我们就是一顿臭骂，问我们怎么还不走"。康厚明代表：《当农民工代言人》，载《新京报》2012年11月5日，第1版。

条规定："用人单位与劳动者发生劳动争议，当事人可以依法申请调解、仲裁、提起诉讼，也可以协商解决。调解原则适用于仲裁和诉讼程序。"按照现行《劳动法》的规定，处理劳动争议实行一调、一裁、二审的制度。也就是说，发生劳动争议以后，首先是劳动者和用人单位协商通过工会进行调解和协商，如果协商不成，在劳动争议发生之日起 60 日内向劳动争议仲裁委员会申请仲裁。对于仲裁裁决不服，或者对劳动争议仲裁委员会裁定不予受理的，自收到仲裁裁决书之日起向人民法院提起民事诉讼。对一审判决不服，在收到判决书之日起 15 日内、在收到裁定书之日起 10 日内向上一级人民法院提起上诉。也就是说，劳动争议仲裁是诉讼的前置程序，只要是劳动争议纠纷，就必须先提起劳动争议仲裁，不经仲裁，法院不予受理。而且仲裁和诉讼都会产生费用。当然，如果符合法律援助条件，劳动争议仲裁委员会和法院经过审批，可以缓缴、减缴或免缴仲裁费和诉讼费。2008 年我国《就业促进法》出台之前，劳动过程的就业歧视如拒签劳动合同、不缴或少缴社会保险等，主要依靠劳动仲裁和司法诉讼渠道解决，而招聘阶段的就业歧视则基本上处于"无法可依"状态。劳动者的就业歧视主要体现在两个环节，一是招聘，二是劳动过程中。因为"招聘"阶段还没有正式进入劳动环节，因而不能采取劳动仲裁方式解决；若提起诉讼，法院也大多以缺乏法律依据为由拒绝受理。2008 年《就业促进法》出台后，明确规定招聘歧视也可以直接进入诉讼渠道，这应该说是平等就业领域的一大进步。

此外，针对劳动争议以及劳动者权益受侵害的情况，我国法律还规定了以劳动监察为保障的行政救济制度。按照我国《劳动保障监察条例》的规定，劳动违法案件发生后 2 年内可以向劳动局下属的劳动监察大队举报，劳动监察大队不收取费用。而且按照法律规定，应该为举报者保密。按照《劳动保障监察条例》及其他法律的规定，如果被拖欠工资可以直接到打工所在地的劳动监察部门举报用人单位，劳动监察部门对用人单位进行查处并责令用人单位支付所拖欠民工的工资。按照《社会保险费征缴暂行条例》以及《劳动保障监察条例》等相关法规的规定，如果企业不给农民工上保险，农民工可以向劳动监察大队举报，由劳动监察大队予以查处，责令企业为农民工上保险，并可责令其交付滞纳金。

2. 现有法律救济机制实效分析

应当说，在《劳动法》等一系列劳动领域法律的实施下，我国已经建立起包括就业歧视在内的有关劳动争议一整套法律救济机制，从主体上，有企业内部调解委员会、劳动争议仲裁委员会、人民法院以及行政方面的劳动监察机构；从程序上，有（企业内部）协商、调解、仲裁、诉讼以及举报（申诉），制度设计较为全面，在以往的劳动执法以及劳动争议处理中也发挥了主要和积极作用。但是从现有法律救济机制运行的实际效果看，结果并不尽如人意，主要表现为救济机制效率低，特别是在农民工就业歧视领域，现有法律救济机制与农民工所受侵权现状以及广大农民工的期待尚有相当距离，如我国著名的农民工法律援助组织——北京致诚农民工法律援助与研究中心 2007 年就曾发布报告称，我国农民工"维权成本巨大"①，许多农民工不愿意通过劳动监察、劳动仲裁及诉讼等合法方式解决劳动争议，而选择绑架、堵路、跳楼、爬塔吊等暴力、极端手段维权，原因之一便是维权成本过高。此外，"程序烦琐"和"处理时限长"也是造成农民工维权成本巨大的原因之一。因此，现有法律救济机制还存在相当的调整及改进空间。

（1）企业内部协商与调解，有一定成效但落实远远不够

根据我国《劳动法》及相关法律的有关规定，企业发生劳动争议后，协商与调解是解决争议的初步渠道，当事人可以自行与企业协商，也可以请工会或者其他组织或个人帮助协商②，或者向劳动争议调解委员会申请调解。我国《劳动法》第 79 条规定："劳动争议发生后，当事人可以向本单位劳动争议调解委员会申请调解。"第 80 条进一步明确："在用人单位内，可以设立劳动争议调解委员会。劳动争议调解委员会由职工代表、用人单位代表和工会代表组成。"此外，2011 年实

---

① 佟丽华、肖卫东：《中国农民工维权成本调查报告》，载 http：//www. cnlsslaw. com/list. asp？Unid = 2507。

② 《企业劳动争议协商调解规定》第八条："发生劳动争议，一方当事人可以通过与另一方当事人约见、面谈等方式协商解决。"第九条："劳动者可以要求所在企业工会参与或者协助其与企业进行协商。工会也可以主动参与劳动争议的协商处理，维护劳动者合法权益。劳动者可以委托其他组织或者个人作为其代表进行协商。"

施的人力资源和社会保障部《企业劳动争议协商调解规
定》对于企业如何建立劳动争议调解委员会以及如何开
展调解工作，都进行了更加详细的规定①。

目前，我国部分大中型企业建立了劳动争议调解委
员会，在建立劳资双方沟通对话机制，畅通劳动者利益
诉求表达渠道以及协调和解决劳动争议方面，发挥了一
定的积极作用，但从企业整体看，效果并不突出，主要
问题在于：第一，法律本身的态度不够明确与刚性。在
要求企业建立劳动争议调解委员会以及劳动争议预防预
警机制方面，都是使用"可以"或"应当"，而非"必
须"，对于劳动争议调解委员会的责任，更看重"重大

---

①　《企业劳动争议协商调解规定》第四条："企业应当建立劳资双方
沟通对话机制，畅通劳动者利益诉求表达渠道。劳动者认为企业在履行劳
动合同、集体合同，执行劳动保障法律、法规和企业劳动规章制度等方面
存在问题的，可以向企业劳动争议调解委员会（以下简称调解委员会）提
出。调解委员会应当及时核实情况，协调企业进行整改或者向劳动者做出
说明。劳动者也可以通过调解委员会向企业提出其他合理诉求。调解委员
会应当及时向企业转达，并向劳动者反馈情况。"第十三条："大中型企业
应当依法设立调解委员会，并配备专职或者兼职工作人员。"第十四条：
"小微型企业可以设立调解委员会，也可以由劳动者和企业共同推举人员，
开展调解工作。"第十五条："调解委员会由劳动者代表和企业代表组成，
人数由双方协商确定，双方人数应当对等。劳动者代表由工会委员会成员
担任或者由全体劳动者推举产生，企业代表由企业负责人指定。调解委员
会主任由工会委员会成员或者双方推举的人员担任。"第七条："人力资源
和社会保障行政部门应当指导企业开展劳动争议预防调解工作，具体履行
下列职责：（一）指导企业遵守劳动保障法律、法规和政策；（二）督促企
业建立劳动争议预防预警机制；（三）协调工会、企业代表组织建立企业
重大集体性劳动争议应急调解协调机制，共同推动企业劳动争议预防调解
工作；（四）检查辖区内调解委员会的组织建设、制度建设和队伍建设
情况。"

集体性劳动争议"而非全部劳动争议，如《企业劳动争议协商调解规定》第34条规定："企业未按照本规定成立调解委员会，劳动争议或者群体性事件频发，影响劳动关系和谐，造成重大社会影响的，由县级以上人力资源和社会保障行政部门予以通报；违反法律法规规定的，依法予以处理。"这就意味着，只要不出现"劳动争议或者群体性事件频发"的状况，即使企业未按照本规定成立调解委员会，也无须承担严肃的法律责任。第二，执法不严。由于我国劳动监察人力严重短缺、执法积极性不强等原因，行政机关不能做到对企业的严格监督，这就使得很多企业不愿履行法律义务建立劳动争议调解委员会，或者以一套纸面上的制度敷衍了事，并不能真正发挥作用，使得劳动争议当事人一方"欲告无门"。第三，由我国强资本、弱劳工的劳动状况所决定，劳动者对建立在企业内部的劳动争议调解委员会及其调解员是否能公正调解不能够完全信任，加上法律本身规定"劳动争议发生后，当事人可以向本单位劳动争议调解委员会申请调解；调解不成，当事人一方要求仲裁的，可以向劳动争议仲裁委员会申请仲裁。当事人一方也可以直接向劳动争议仲裁委员会申请仲裁[①]"，为缩短时间、精力等成本，劳动争议受害人往往更愿意选择直接向劳动争议仲裁委员会申请仲裁。

上述问题的存在，使得就业歧视的第一道防线——

---

① 《中华人民共和国劳动合同法》第七十九条："任何组织或者个人对违反本法的行为都有权举报，县级以上人民政府劳动行政部门应当及时核实、处理，并对举报有功人员给予奖励。"

"企业内部协商、调解"的可能性大打折扣，很多轻微的歧视行为因得不到及时沟通、化解而引起矛盾升级，本可以预防的冲突也无可避免地发生。

（2）劳动监察乏力[①]

依照我国《劳动保障监察条例》第 10 条的规定："劳动保障行政部门实施劳动保障监察，履行下列职责：（一）宣传劳动保障法律、法规和规章，督促用人单位贯彻执行；（二）检查用人单位遵守劳动保障法律、法规和规章的情况；（三）受理对违反劳动保障法律、法规或者规章的行为的举报、投诉；（四）依法纠正和查处违反劳动保障法律、法规或者规章的行为。"该条例第 14 条进一步规定："劳动保障监察以日常巡视检查、审查用人单位按照要求报送的书面材料以及接受举报投诉等形式进行。劳动保障行政部门认为用人单位有违反劳动保障法律、法规或者规章的行为，需要进行调查处理的，应当及时立案。"

但现实中，劳动监察部门执法乏力，执法不严，消极执法、行政不作为比较常见。究其原因主要有：第一，基层监察执法人员缺乏、劳动保障监察力量明显不足。我国目前共有劳动保障监察员约 2.8 万人，而全国共有用人单位 4364.8 万户，平均每名劳动保障监察员要监管 1500 余户用人单位[②]，人手不足一定程度上客观

---

① 佟丽华、肖卫东：《中国农民工维权成本调查报告》，载 http://www.cnlsslaw.com/list.asp? Unid=2507。

② 《人民日报揭露快递行业潜规则：90% 人没合同》，载 http://tech.qq.com/a/20170224/024358.htm。

造成执法"漏洞"的存在。第二，服务意识不够，不能对文化水平整体偏低、维权能力差的农民工群体给予充分理解，"在接待农民工的举报时，根本不去认真倾听农民工的陈述，只听了片言只语之后便以不归本部门管辖为由将农民工打发走了事。即便对于本应由本部门、本单位调查处理的举报，也往往以'证据不足、拿到证据再来'等种种理由推脱责任、拒绝受理"①，消极执法、行政不作为比较常见。第三，由于立法原因，一方面，劳动执法部门的权力刚性不足，国务院《劳动保障监察条例》赋予了劳动保障监察部门调查、检查和做出行政处罚的权力，但却没有赋予其强制执行的权力，导致许多处理决定难以落实。比如，针对用人单位的欠薪行为，劳动保障监察部门可以作出责令其限期支付的劳动监察指令书，但是仅凭劳动监察指令书无法向人民法院申请强制执行，一旦用人单位拒绝履行，农民工只能再去申请劳动仲裁。另一方面，劳动监察部门的行政不作为责任模糊，致使其消极执法、行政不作为的行为得不到及时纠正。

总之，在农民工就业歧视领域，劳动监察制度的积极作用远未发挥出来。

（3）劳动仲裁作为劳动争议诉讼的前置程序，费力不讨好

按照我国《劳动法》第79条规定："劳动争议发生

---

① 佟丽华、肖卫东：《中国农民工维权成本调查报告》，载 http://www.cnlsslaw.com/list.asp? Unid = 2507。

后，当事人可以向本单位劳动争议调解委员会申请调解；调解不成，当事人一方要求仲裁的，可以向劳动争议仲裁委员会申请仲裁。当事人一方也可以直接向劳动争议仲裁委员会申请仲裁。"仲裁后，劳动争议当事人对仲裁裁决不服的，可以自收到仲裁裁决书之日起 15日内向人民法院提起诉讼①。

依据上述规定，劳动争议仲裁委员会的仲裁是到法院诉讼的必经程序，不经过劳动争议仲裁，直接向人民法院起诉，法院不予受理。但现实中，很多劳动争议案件在经过劳动争议仲裁委员会裁决后当事人还都要向人民法院起诉。比如参考深圳 2002 年的统计，有 40% 的劳动争议案件在仲裁后再次被提交到法院。再看全国，据统计 1998—2002 年全国各级劳动争议仲裁委员会共立案受理劳动争议案件 68.8 万件，而同期全国各级法院共审理劳动争议案件 42 万件；2003 年全国各级劳动争议仲裁委员会共立案受理劳动争议案件 22.6 万件，而2003 年全国各级人民法院共办结劳务合同纠纷、追索劳动报酬等案件 137656 件；这清楚地表明有相当比例的劳动争议案件在仲裁后被提交到法院，而法院在审理这类案件时并不会参照仲裁委员会的裁决，所以劳动争议

① 《劳动法》第八十三条："劳动争议当事人对仲裁裁决不服的，可以自收到仲裁裁决书之日起十五日内向人民法院提起诉讼。一方当事人在法定期限内不起诉又不履行仲裁裁决的，另一方当事人可以申请人民法院强制执行。"

仲裁委员会的很多工作被浪费[1]。实践中，这种"一裁二审"的劳动争议处理制度成本高、效率低，把劳动争议仲裁这样一个裁决质量不高、效力不大的劳动争议处理方式作为法院诉讼的前置程序，大大增加了农民工的维权时间成本和经济成本。

同时，劳动争议仲裁制度本身也存在很多问题：其一，仲裁受理案件条件苛刻[2]。按照劳动争议仲裁的有关规定，农民工至少必须提交如下证据材料：劳动合同或者劳动争议仲裁委员会认可的存在事实劳动关系的有效证明；用人单位的营业执照副本；权利被侵害的有关证明以及300元的仲裁费和案件处理费。而现实中，很多企业都不与农民工签订劳动合同，建筑等行业甚至存在大量非法用工情况，农民工提交劳动关系证明面临很大困难。其二，仲裁申诉实效制度不合理[3]。按照现行《劳动法》规定，农民工必须在权利被侵害之日起60日内申请劳动仲裁，没有正当理由超过此60日期限，劳动争议仲裁委员会不予受理。农民工对劳动争议仲裁委员会的《不予受理通知书》不服起诉到人民法院，法院虽然受理，但是如果查明确实没有正当理由超过仲裁申诉时效，人民法院将驳回起诉。现实中，用人单位经常

① 佟丽华、肖卫东：《中国农民工维权成本调查报告》，载 http：//www.cnlsslaw. com/list. asp？Unid = 2507。

② 佟丽华、肖卫东：《中国农民工维权成本调查报告》，载 http：//www.cnlsslaw. com/list. asp？Unid = 2507。

③ 佟丽华、肖卫东：《中国农民工维权成本调查报告》，载 http：//www.cnlsslaw. com/list. asp？Unid = 2507。

以资金临时周转不开为由对农民工的工资一拖再拖，但又不开具欠条，农民工在得到用人单位"过几天就支付"的口头承诺下也不会认为这就是权利被侵害之日。在此情况下，劳动争议仲裁委员会机械地以仲裁申请超过60日的时效为由对农民工的申诉不予受理，使很多农民工失去通过正规法律途径解决纠纷的机会，只能转而求助于非正规的私力救济。

上述种种问题表明，劳动争议仲裁作为解决劳动纠纷的主渠道，远未实现其应当发挥的救济作用。

（4）司法救济渠道不畅

就业歧视是近些年提出的法律"新问题"，无论是作为劳动争议案件还是民事侵权案件，都是一个比较新的诉讼领域，目前立法非常"简陋"，以原则性规定为主，尽管2008年实施的《中华人民共和国就业促进法》将"公平就业"列为专门一章①，并将招聘领域的就业歧视行为明确纳入了司法救济范围，规定"违反本法规定，实施就业歧视的，劳动者可以向人民法院提起诉讼"②，但就就业歧视问题整体而言，法律规定还是远远不足，尚处"初创"阶段：第一，最基本的法律概念没有明确，如就业歧视、直接歧视、间接歧视等；第二，

---

① 《中华人民共和国就业促进法》第三章"公平就业"，第二十五条："各级人民政府创造公平就业的环境，消除就业歧视，制定政策并采取措施对就业困难人员给予扶持和援助。"第二十六条"用人单位招用人员、职业中介机构从事职业中介活动，应当向劳动者提供平等的就业机会和公平的就业条件，不得实施就业歧视"。

② 《中华人民共和国就业促进法》第六十二条："违反本法规定，实施就业歧视的，劳动者可以向人民法院提起诉讼。"

禁止歧视的范围过于狭窄，《中华人民共和国就业促进法》中仅仅规定了禁止性别歧视、民族歧视、残疾人及传染病病原携带者歧视、农民工歧视等，与我国存在的就业歧视的种类以及国际平等就业立法所禁止的歧视种类相比尚有相当大的缺口；第三，缺乏处理就业歧视案件的具体操作规则，比如举证责任如何分配（国际上一般由企业或雇主承担主要举证责任，以示对劳资关系双方中弱势一方"劳动者"的平衡）是影响此类案件审理的关键因素，但目前我国尚无明确法律条文对此加以规定。

上述问题导致很多法院对于审理就业歧视案件积极性不高，或直接作为拒绝办案的借口。当事人及其律师往往要费很大周折才能获得立案。即使立案顺利或成功结案，但由于法律上缺乏"惩罚性赔偿"的规定，也会使部分案件当事人感觉赢了官司，却不能得到应有的赔偿，这无疑会对就业歧视案件的产生不利影响，感觉打这类官司的前途渺茫。

综上所述，我国平等就业的现有法律救济机制总体呈现出司法救济渠道狭窄，劳动仲裁费时、费力、成效弱，劳动监察乏力，企业内部预防和纠错机制不足等问题，导致农民工群体作为就业歧视的受害者，不仅缺乏充分的法律救济途径，而且利用现有途径"维权成本巨大"。

## 四、完善法律救济机制，促进农民工平等就业

（一）国外及我国港台地区平等就业法律救济机制的考察与借鉴

1. 企业内部的预防和纠错机制

在国外，由于反就业歧视工作做得比较到位，许多国家的《平等待遇法》首先要求企业内部建立消除歧视的预防和纠错机制，通过法律明确规定企业在促进公平就业方面应当承担的法律义务与社会责任，比如制定企业内部关于消除性别歧视、性骚扰等的规章制度，并予以公示；成立相关组织或聘用经过反歧视培训的专业人员，制定歧视解决程序或者预案；对员工进行禁止歧视的宣传教育，等等。通过上述积极措施，预防职场就业歧视行为的发生，为遭受歧视的雇员提供最便利、快捷的救济渠道，有助于歧视现象的"就地解决"，防止矛盾进一步扩大升级。

例如在美国，依照法律规定多数企业都实施了反歧视政策，雇主一般备有比较正规的的歧视调解预案，并雇用经过培训的调解员或根据需要外请的中间人。在发生歧视冲突时，调解人可以举行争议各方参加的联系会议，也可以视情况需要，分别与冲突各方举行秘密会晤，以探求解决问题的可能性[①]。再如德国法律，对于企业消除歧视促进平等就业的法律义务规定的非常详

---

① 阎天编译：《反就业歧视法国际前沿读本》，北京大学出版社 2009 年版，第 150 页。

细，极具可操作性。德国《平等待遇法》第 12 条明确
规定企业雇主应当制定详细措施防止歧视行为的发生并
对雇员进行禁止歧视的教育和宣传。任何雇员实施了歧
视行为，雇主都有义务采取及时、有效、合适的办法予
以制止，比如警告、重新安排工作岗位、解聘，等等。
如果自己的雇员在执行任务时被第三方实施了歧视行
为，雇主有责任及时采取合适有效的办法保护自己的雇
员。目前在德国，大公司都制定有完善的反歧视培训手
册和内部纪律手册①。同时，德国《企业委员会法》也
有类似的规定，要求符合条件建立企业委员会的企业，
"雇主和企业委员会应当根据法律和公正的原则保证所
有雇员都得到平等待遇，应当保证他们不因宗教、国
籍、出身、政治或工会活动或者观点、性别、性取向而
被歧视。"②

在我国台湾地区，也有类似制度。台湾"性别工作
平等法"第 13 条规定，雇用三十人以上的企业，应当
制定性骚扰防治措施、申诉及惩戒办法，并在工作场所
进行公示。当雇主了解到性骚扰的情形时，应当立即采
取有效的纠正及补救措施，否则雇主需要对此承担连带
责任。若企业本身已建立起完善的处理制度，且受理申
诉人申诉后认真处理，事后若再为此发生纠纷，则雇主

---

① 蔡定剑、刘小楠主编：《反就业歧视专家建议稿及海外经验》，社
会科学文献出版社 2010 年版，第 57 页。

② 蔡定剑、刘小楠主编：《反就业歧视专家建议稿及海外经验》，社
会科学文献出版社 2010 年版，第 55 页。

可以在法律上提出免责抗辩①。

综上所述，国外及我国港台地区建立企业内部预防和纠错机制上，法制严明，对企业应当担负的相关责任和义务规定得十分明确，若企业不遵守或违反，将承担不利后果；严明的制度加上严格、到位的执法，不仅有效防止企业内歧视行为发生，而且即使歧视行为发生，也能及时发现并得到认真处理。

2. 专门执法机构——平等委员会

在欧洲以及美国等许多国家，都建立有平等委员会，也称平等就业机会委员会或平等待遇委员会，其职能主要是受理就业歧视投诉，监督国家《反歧视法》（《平等待遇法》）的执行，因此该机构也被视为是就业歧视的专门执法与救济机构。其职责权限主要体现在四个方面：第一，解释并宣传法律；第二，负责处理就业歧视方面的投诉；第三，代理就业歧视案件起诉或主动起诉；第四，监督《反歧视法》的实施。鉴于平等委员会在消除歧视、推动平等就业中的突出作用，这里需要详细介绍一下平等委员会的特点：

（1）法定性及权威性。平等委员会是依据各国的反歧视法建立起来的反歧视专门机构，专门负责《反歧视法》的实施与推进，平等委员会的法律地位、组织构成、职责权限、工作程序等均由《反歧视法》予以明确规定，并且拥有调解纠纷、开展调查、代理就业歧视诉

---

① 林燕玲主编：《反就业歧视的制度与实践：来自亚洲若干国家和地区的启示》，社会科学文献出版社 2011 年版，第 69 页。

讼甚至主动提起诉讼等多项法定权力，其执法行为受到政府、司法机关以及社会的尊重，具有高度的权威性。

（2）独立性。虽然平等委员会由政府组织成立，其经费开支也来源于政府，但为了保障平等委员会能够公正、严明执法，各国反歧视法都赋予平等委员会以独立的法律地位，属于公共机构或特殊法人，依法独立于政府，政府无权干涉委员会针对就业歧视问题作出的各种裁决和制定的相关政策。委员会的经费来源类似法院，由国家拨款；委员会成员的工资待遇和工作条件，由专门的法令予以规定和保障。上述制度有效地保障了平等委员会独立行使职权，并能有效地监督政府，促进了国家《反歧视法》的统一实施。

（3）专业性。作为专门应对就业歧视、促进平等待遇的机构，平等委员会在人员配备中注重吸收该领域的各类专家，主要有法律专家、心理专家、工作评估专家等，他们不仅在处理反歧视投诉、调解纠纷方面非常专业高效，而且经过长期的工作积累和大量的实际调查、数据统计分析，发展出衡量和评价就业歧视问题的一系列有效方法。比如在欧盟各国，通过对大量平等报酬投诉的处理，平等委员会总结出一整套细致的方法和标准，专门用于调查此类案件，评估被告方的行为是否包含歧视性因素，事实证明这些方法与标准十分精练和有效，为迅速有效地解决歧视案件做出了贡献。良好的专业性是平等委员会能够正确处理歧视纠纷的保障，也是人们乐意选择到平等委员会解决歧视问题的重要原因之一。

（4）准司法性。严格意义上说，平等委员会不是司法机关，通常其作出的调解或裁决并不具有法律效力（强制性），但平等委员会依靠对法律的精确理解和把握，对歧视投诉进行详尽调查基础上作出的高度专业化的解释和判断，加上耐心细致的引导工作，往往令冲突双方感到信服并愿意接受裁决，大量的歧视矛盾由此得以解决，平等待遇委员会也因此获得了极高的社会声望。只有极少数情况下，当事人会另行寻求司法救济，向法院起诉。即使进入司法诉讼程序，平等委员会作出的调解或裁决也往往会受到法庭的特别重视，被作为"专家意见"来对待。因此，平等委员会的调解或裁决在社会上权威性颇高，具有一定的"准司法性"。

（5）工作方式上的亲民性与主动性。与复杂的司法程序和威严的司法机构相比，平等委员会在为就业歧视案件提供救济方面，工作方式更加简易和贴近民众。比如免费受理投诉，调解程序简便易行，更注意对当事人心理的疏导，促使事情在和谐的氛围下调解解决，这种温和与折中的方式更为普通大众特别是矛盾双方接受，毕竟就业歧视双方是劳动雇佣关系，通常情况下，劳动者只是希望以和平委婉的方式解决所遭受的不公平对待，并不愿为解决矛盾而与雇主闹僵甚至丢掉工作岗位，平等委员会工作方式的亲民性恰好满足了就业歧视纠纷的这种特殊需要。此外，与司法机关的被动性不同，平等委员会拥有主动调查权和起诉权，当发现社会上某种歧视现象具有较大的社会危害性时，平等委员会可以主动展开调查，甚至有权根据需要独立发起就业歧视诉讼。工作方式上的亲民性与主动性使平等委员会比司法机关更及时、更全面接触到各种就业（以及社会服务领域）歧视问题，在解决一般性歧视冲突方面效果更为显著，这不仅有效化解了社会矛盾，也在相当大程度上节省了国家的司法资源①。

各国反歧视法制发展的实践证明，正是由于平等委员会的存在，现实生活中的大量就业歧视纠纷才得以有效、方便、及时的解决，不仅有效促进了劳资双方的相互沟通与和解，对社会经济发展起到了积极的促进作用，而且避免了劳资双方矛盾加剧所可能造成的社会冲突以及引发的司法诉讼，维系了社会稳定，有效节省了国家的司法资源。此外，平等委员会通过法律宣传、培训等工作的持续开展，在培养和塑造社会平等意识、提升公众的人权观念方面也成效显著，社会也因此而更加和谐。目前，我国在此领域尚属空白，因此应该尽快补齐这一平等就业法律救济机制上的"短板"。

3. 司法救济

一般来说，在国外反就业歧视领域，活跃在社会基

---

① 比如在荷兰，每年的就业歧视案件中，向平等委员会投诉的案件要远远多于司法诉讼。据统计，2001—2005 年，荷兰司法系统共受理了 20 个有关歧视的案件，而平等委员会一年就处理约 250 个有关歧视的申诉。可见，平等委员会已经成为就业歧视争端的主要解决者和平等待遇法的有效执行者。通过接受和处理投诉，平等委员会不仅解决了雇佣双方的争端，为稳定社会关系、促进经济发展发挥了作用，而且在处理案件过程中将《荷兰平等待遇法》的条文具体化、明确化，将法律真正落实到了现实生活中。参见蔡定剑、张千帆主编：《海外反就业歧视制度与实践》，中国社会科学出版社 2007 年版，第 108 页。

层的、最大众化的解决渠道是各种非政府组织，非政府组织解决仍不能使当事人满意的案件，会进入专门化的解决机构——平等待遇委员会，平等待遇委员会也解决不了的，当事人才会选择向法院提起诉讼。因此，虽然在数量上看，法院审理的关于就业歧视的案件远远少于平等待遇委员会处理的投诉，但这些案子往往却是就业歧视领域最棘手、最模糊、最复杂、社会影响最大的案件。从这层意义上说，司法救济是消除就业歧视的"最后一道防线"。国外法院在反就业歧视问题上发挥的作用主要有三个方面：第一，解决平等待遇委员会所解决不了的歧视赔偿问题，给歧视受害者以最终的正义；第二，以判例解释成文法，辅助成文法；第三，执行国际公约或欧盟公约的规定，行使间接的司法审查权，推动国内法向国际法看齐。

首先，"无救济则无权利"，这是司法界最熟知的道理。针对歧视受害者采取实际有效的补救与补偿、对违法者实施及时的制裁，是国际领域反歧视法的一贯主张。依据各国平等待遇法的有关规定，平等待遇委员会主要依据平等待遇法以及其他反歧视法处理歧视投诉，其权限仅限于对是否构成歧视进行判断，而无权裁决雇主对受害人进行经济赔偿。受害人如果想获得赔偿，一种方式是可在平等待遇委员会的主持调解下，通过与雇主协商获得；另一种方式，就是提起民事诉讼。平等待遇委员会对歧视行为仅有判断权而没有赔偿决定权，被视为平等待遇委员会的缺陷之一。此时，司法审判的重要作用就显现出来。毫无疑问，歧视在法律上属于一种侵权，如果歧视受害人被确认受到了侵害却又得不到相应赔偿和补救的话，那么受害人所获得的正义就是有限的，是打折扣的。此时，当事人就可以采取最后的救济手段——司法诉讼，要求自己应该获得的赔偿。通过民事诉讼，获得自己期望的正义，这就是法院在反就业歧视领域的最重要贡献。

其次，法律的生命在于实施。只有通过就业歧视案件的司法审判，法律的作用才得以彰显。一个个司法案例，不仅为当事人解决了矛盾和纠纷，而且法官在审判中对法律的运用和解释，本身也是发展反歧视法律、发现成文法律不足的有效手段，特别是在英美等实行判例法制度的国家，通过就业歧视司法案例丰富成文法律制度，是法律发展的重要方式之一。无论是"间接歧视"的法律概念，还是判断一种行为是否构成歧视的"标准"，绝不是仅仅靠抽象的法律条文就能解决的，法官对法律条文的认识和把握，司法裁量权的运用，才使得法律条文成为活生生的案例判决。因此，法官在平等就业法律的发展中功不可没。

最后，全球化背景下国内法律的发展往往与国际社会互相关联、互相推动，在消除就业歧视促进平等就业领域，相关国际公约的要求就成为国内法律发展的指引或者标准。各国需要将国际法转化为国内法，而转化的方式一是立法，二是直接在司法审判中运用国际法，无论采取何种方式，均离不开司法审判，唯有司法审判才能检验国内法是否符合国际公约的标准，检验政府是否达到了国际公约的要求、履行了相应的法律义务。

综上所述，司法救济是消除就业歧视的终极手段，在推动社会公平就业中作用重大。

除此三大救济之外，国外及我国港台地区在政府率先垂范、社会组织协助、宣传倡导等平等就业法律救济机制的配套措施方面，也有独到经验，值得我们借鉴。

（二）结合我国国情，进一步完善农民工平等就业法律救济机制

借鉴我国港台地区以及国外平等就业法律救济机制的成熟经验，立足我国国情，为进一步发掘和利用我国现有法律救济机制的优势，弥补其缺陷，构建完善的农民工平等就业法律救济机制，我们认为重点措施应当在以下几个方面：落实企业内部申诉调解机制，建立就业歧视专门解决机构，完善司法救济，强化劳动监察。

1. 落实企业内部申诉调解机制，为就业歧视受害人提供最便利的救济渠道

由于我国建立市场经济的时间短，企业治理经验少，虽然近些年也开始强调企业建立劳动争议调解机制，但与国外相比，法律制度不够明确，刚性不足且执法不严，使得该制度效果不甚明显。通过前面的分析和介绍我们可以看到，在消除就业歧视、推动平等就业方面，企业作为就业歧视行为的"发生地"，应当是预防和解决歧视问题的第一责任人，对于解决歧视具有不可推卸的责任；而且，作为员工，往往也不愿把矛盾激化而失去工作丢掉"饭碗"，也希望尽可能就近快捷地解决问题。因此，我们建议国家通过相关立法如制定专门的《平等待遇法》以及修改《就业促进法》等，充分

利用原有的企业内部劳动争议调解委员会制度，进一步强化、细化企业在预防和消除歧视方面的法律义务，特别是宣传教育义务，具体内容包括：（1）大中型企业内部必须制定关于消除各类就业歧视的规章制度（特别是比较容易发生的性别歧视、性骚扰以及农民工歧视等），制定包括歧视解决程序在内的（如申诉、调解等）解决问题预案，并将其制作成员工手册，予以公示或发放全体员工；（2）进一步建立和完善企业劳动争议调解委员会，聘用经过反歧视培训的专业人员如人力资源或法律专员（而不是简单的工会委员）作调解员，以保证歧视发生时员工可以获得便捷有效的申诉与解决渠道；（3）明确企业有法律义务对员工进行禁止歧视的宣传教育和培训，塑造和谐友善的工作氛围和平等包容的企业文化；（4）政府应当将上述义务作为企业考核以及各种精神文明评奖的重要标准之一，充分利用信用"黑名单"等手段，督促企业承担起促进平等就业的社会责任。

希望能够通过上述措施，有效改善并进一步落实我国企业内部劳动争议调解机制，使其不仅能有效发挥预防职场就业歧视行为的作用，而且能够在歧视发生时为受害人（特别是作为社会弱势群体的广大农民工）提供方便快捷、迅速有效的救济通道，及时在劳资双方之间进行沟通，尽可能化解矛盾，让劳动者权利获得及时救济。

2. 建立专门执法机构

平等就业的国际经验表明，制定专门的平等待遇法与依法建立专门的执法机构——平等委员会，是各国有效解决就业歧视问题、推进平等就业的不二法门，二者缺一不可。

在我国，尽管依照目前的有关法律，劳动者有协商、调解、仲裁及诉讼等多个救济途径可选，涉及法律救济的机构和主体也不少，包括企业、工会、劳动行政部门、劳动仲裁机构以及人民法院等，但实际上由于缺乏专门的平等就业法律制度，再加上现有相关法律对法律救济规定得简单、模糊，导致现实中就业歧视问题缺乏有效便捷的解决方法，而比较正规的仲裁或诉讼对于忙于生计又缺乏法律知识以及其他社会资源的农民工而言，难度大、时间长、成本高；此外，就业歧视的冲突双方为企业和员工，特别是进城农民工找个工作并不容易，一般情况下不愿为解决问题而跟企业闹僵，因此，正式的、高成本的法律救济途径——仲裁与诉讼，对广大农民工群体而言并非最合适的救济途径。为此，我们迫切希望国家借鉴国外有效经验，在出台平等待遇法的同时，建立或整合现有救济机构，确定一个专门负责执行平等待遇法、解决就业歧视问题的机构——平等委员会，以法律明确规定其地位、组织构成、人员资格及选拔，工作权限和职责、以及解决歧视的工作程序、效力等重要问题，充分利用专门委员会专业性、经济性、亲民性、权威性的特点，最大限度地发挥其调解（及裁决）作用，使其成为我国就业歧视问题的主要救济手段，扭转过去我国就业歧视法律救济机制多头共管但效果不佳的局面，形成由企业内部协调解决（初步救济）——专门委员会调解与裁决（主要救济方式）——司法救济（最终救济）三种方式有机结合、层层深入的法律救济机制，科学合理地分配社会资源，使就业歧视法律救济途径更加便捷、高效，更方便农民工及社会全体劳动者维护自己合法权益，为促进良好劳资关系的建立，进而建设和谐美好社会环境做出显著贡献。

3. 完善司法救济

司法救济，一可实现个案正义，使就业歧视行为的违法者受到惩处，使歧视受害者得到赔偿；二可通过对抽象行政行为的审查，监督行政立法，因此在平等就业法律救济机制中，被公认是最权威、最具终极效力的救济渠道。但目前在我国，就业歧视的司法救济比较薄弱，囿于相关法律制度的缺乏等多种因素，法院审理的就业歧视案件并不是很多，专门针对农民工就业歧视的案例至今尚未出现，然而，事实上现实中的农民工就业歧视现象并不罕见，因此如何加强与完善司法救济，是一个十分复杂却不容回避的现实问题（关于平等就业的司法救济，具体内容见第四章）。

4. 强化劳动监察

政府应当进一步加强在消除歧视、推动平等就业方面的劳动执法监督。在改革开放向纵深发展、城镇化进程不断推进的时代大背景下，发挥政府在这方面的职能显得尤为重要。针对我国目前基层监察执法人员缺乏、劳动保障监察力量不足等客观现实情况，我们建议：

（1）国家增加劳动监察人员、扩大劳动监察队伍力量、改善劳动监察条件。

（2）强化劳动执法权限、加大处罚力度。扩大劳动监察员在处理劳动违法案件时的执法权限，对违法事实清楚的，可以先行查封、扣押、冻结、变卖用人单位的相关财产，强制用人单位先行支付拖欠的农民工工资。鉴于农民工侵权案件解决难、农民工不愿走诉讼途径的一个重要原因就是现行法律中对于侵害农民工合法权益的用人单位惩罚力度不够，违法行为成本低，因此建议通过立法，加大对侵害农民工合法权益的用人单位的经济处罚力度、加重对违反劳动法案件的经济处罚力度，做到让违法者得不偿失、不敢再以身试法，这样才能避免和减少以后类似违法行为的发生。

（3）严格劳动监察机构的职责。对于国家行政机关及其工作人员来说，职权与职责具有一致性，在强化劳动执法权限及加大处罚力度的同时，也应当严格规定劳动监察机构的职责。劳动监察部门也应当加强行政执法的积极性与主动性，做好日常巡查、接报检查、年终检查等工作。接到农民工举报，必须及时查处。能够立即解决的案件，应当及时解决。对于劳动监察人员渎职的，及时追究其法律责任。

（4）加强信息化建设，积极探索劳动监察新方式。比如 2017 年 1 月 1 日起，我国开始对企业进行劳动保障守法诚信等级评价①，其中，与劳动者订立劳动合同的情况、参加各项社会保险和缴纳社会保险费的情况等都

---

① 《人民日报揭露快递行业潜规则：90% 人没合同》，载 http：// tech. qq. com/a/20170224/024358. htm。

将作为评价依据。根据相关规定，人社部门会与工商、金融、住房城乡建设、税务等部门和工会组织建立信用信息交换共享机制，对企业实行守信联合激励和失信联合惩戒，相信这一劳动监察新举措将会收到前所未有的积极效果。

针对农民工就业歧视的重点问题——农民工社会保险，更有学者建议政府部门采取以下积极措施予以解决：一是全国社保部门联网，简化社保异厂、异地转接的手续，打破社保制度的区域分化；二是加大廉租房建设，同时将廉租房和公积金关联起来，简化公积金租房的手续；三是各地方政府、人社局需对企业加强监督，定期核实其工厂人数，以及是否按照工资总额合法为职工缴纳社保，对没有合法缴纳的严格整改；四是增加因企业原因没有足额缴纳社保的滞纳金①。

我们希望，通过上述对农民工平等就业法律救济机制的调整与重构，能够在简化法律救济机制的同时，为广大农民工提供更加便利、及时与有效的矛盾解决途径，同时通过强化劳动监察，增强行政执法，力争全面消除农民工就业歧视。

（三）农民工平等就业法律救济机制配套措施的改善与提升

在我国，解决农民工就业歧视是个非常复杂的问题，完善法律救济机制固然十分重要，但由于歧视的产

---

① 《为什么农民工不愿意上社保？》，载 http：//www. cb. com. cn/index. php？ m = content&c = index&a = show&catid = 20&id = 1084796&all。

生原因是多方面的，因此，还需要考虑改善与救济机制相关的多种因素，才能使农民工平等就业法律救济机制的作用全面有效发挥出来，保障农民工平等就业权利的充分实现。

1. 加快平等待遇立法，为解决平等就业问题提供明确的法律依据

"巧妇难为无米之炊"，依法治国，有法可依是前提。反歧视领域的国际经验也表明：制度构建是一国严格执法的前提，建立层次分明、覆盖就业以及社会生活各个领域的完备的反歧视法律体系，反歧视工作才能有法可依。纵观各国的反歧视法律体系，一般以本国宪法的平等条款以及相关法律为基本依据，以《平等待遇（机会）法》为主干，另辅以各种具体法律或法律中的相关条款为补充。这其中特别值得一提的是欧盟各国制定的《平等待遇法》，它主要包括以下几个内容：（1）什么是歧视？包括直接歧视和间接歧视；（2）禁止歧视的主要领域；（3）不属于歧视的情况；（4）申诉和救济；（5）法律执行机构——平等待遇委员会。

反观我国，平等就业领域的立法尚未体系化，宪法层次以及《劳动法》、《劳动合同法》等普通法律层次中有关平等就业的内容不仅条款简单，而且过于抽象，即使是《就业促进法》有所进步，将"平等就业"列为专章，但内容依然过于空泛，缺乏歧视概念、判断标准、法律责任等实践中急需的内容。在行政执法以及司法审判中，"无法可依"往往成为相关机构互相推诿、消极执法的借口。比如，现实生活中一方面农民工就业

歧视现象屡见不鲜，而另一方面却至今缺乏专门的司法案例，其主要原因就在于农民工就业歧视目前主要以"劳务派遣"、"户籍歧视"等隐蔽型的间接歧视方式存在，而我国法律中根本没有"间接歧视"一词，更无具体概念。因此，推动包括农民工在内的平等就业，我国的当务之急是出台专门的"平等待遇法"，明确"就业歧视"、"直接歧视"特别是"间接歧视"的法律概念以及禁止歧视的领域、违法责任、歧视发生后的法律救济机制等内容，将消除（包括农民工在内的）各类就业歧视全面纳入法制轨道，为解决农民工平等就业问题提供明确的法律依据。

2. 重视并加强立法监督，彻底清除并避免"制度性歧视"的产生

与国外各种就业歧视现象不同，我国农民工就业歧视源自二元户籍制度及传统体制下的身份差别待遇，因此被视为政策性歧视或制度性歧视。对于此类歧视，如果仅仅靠传统救济手段实施事后救济，解决个案十分奏效，但却难以从根本上解决问题。要从源头杜绝歧视的发生，必须加强立法监督，以"平等"为标准强化对一切规范性法律文件的事先或事后审查，彻底防范并杜绝带有"歧视"色彩的法律制度出台。鉴于现实生活中，带有歧视色彩的制度多出自政府管理机关以及地方立法机关，因此审查的重点应当是行政立法以及地方立法。为此，应当重视并加强以下工作：（1）全国人大常委会对国务院制定的行政法规以及地方性法规、自治区的自治条例和单行条例的监督，主要通过备案制度、报批制

度等具体实施审查；（2）上级行政机关对下级行政机关制定的行政规章等规范性法律文件的审查；（3）上级地方人大常委会对下级地方人大立法的审查；同级人大对人大常委会立法的审查；（4）地方人大常委会对同级地方政府立法的审查，等等。审查结果有问题的，可依照我国《立法法》的有关规定进行处理①。

3. 提高政府平等意识、强化政府职能十分重要

鉴于我国农民工就业歧视肇始于传统体制，具有政策歧视、制度歧视的特点，因此解决农民工就业歧视问题首先需要政府以身作则、率先垂范②，树立平等意识。

（1）提高行政立法和政策制定水准，进一步防范和

---

① 《中华人民共和国立法法》第九十七条："改变或者撤销法律、行政法规、地方性法规、自治条例和单行条例、规章的权限是：（一）全国人民代表大会有权改变或者撤销它的常务委员会制定的不适当的法律，有权撤销全国人民代表大会常务委员会批准的违背宪法和本法第七十五条第二款规定的自治条例和单行条例；（二）全国人民代表大会常务委员会有权撤销同宪法和法律相抵触的行政法规，有权撤销同宪法、法律和行政法规相抵触的地方性法规，有权撤销省、自治区、直辖市的人民代表大会常务委员会批准的违背宪法和本法第七十五条第二款规定的自治条例和单行条例；（三）国务院有权改变或者撤销不适当的部门规章和地方政府规章；（四）省、自治区、直辖市的人民代表大会有权改变或者撤销它的常务委员会制定的和批准的不适当的地方性法规；（五）地方人民代表大会常务委员会有权撤销本级人民政府制定的不适当的规章；（六）省、自治区的人民政府有权改变或者撤销下一级人民政府制定的不适当的规章；（七）授权机关有权撤销被授权机关制定的超越授权范围或者违背授权目的的法规，必要时可以撤销授权。"

② 比如在人员的平等录用方面，国外政府《公务员法》的规定大多要远比私营企业严格，绝对不允许出现诸如对性别、身高、长相、年龄、残疾等各种与工作职位要求无关的限制条件，为全社会平等就业树立榜样。

杜绝带有歧视性色彩的规范性文件出台，做到净化"水源"。特别是在推出有关城市管理的政策法规时，应当提前做好经济效益、法律效益等各方面的评估，避免政策法规出台后被社会多方"诟病"，无法真正起到预想的实际效果。各级政府在立法及政策制定中，应当以促进农民工以及广大外来务工者的社会融入、促进平等就业为导向，在就业指导、职业介绍、技能培训以及社会治理①政策等多方面，给予农民工以及广大外来务工者更多的优惠条件，作为对弱势群体的政策倾斜或政策平衡，相信这不仅有利于农民工就业环境的改善，而且也会对城市的发展以及城镇化建设起到积极的作用。同时，政府应当加强立法监督工作，上级政府对下级政府制定的含有歧视性内容的规范性文件认真审查，将涉嫌违法的条款或制度主动予以清除，避免日后因此而陷入行政诉讼或者被上级或同级人大常委会实施立法审查的被动局面。

（2）政府应当积极与广大社会组织合作，采取资金帮助等多种方式，正面引导和帮助其投入到平等就业的

---

① 比如针对有些地方政府出于交通安全考虑，出台限制电动三轮车上路的政策，2016 年 5 月北京交通大学、阿里巴巴研究院、菜鸟网络共同发布的《全国社会化电商物流从业人员研究报告》就指出，就目前我国的国情来看，电动三轮车是一种相对环保、低成本又便捷的一种末端配送车辆，能够满足网购用户的基本需求，因此建议"各地方政府应该采取疏导而不是堵死的方法规范电动三轮的标准和上路行驶，同时，设置合理的政策过渡期，在保障安全的同时让符合规范的末端配送车辆拥有正常的路权"。参见阿里研究院网站：http：//www.aliresearch.com/，2017 年 1 月 3 日下载。

公益事业中，与社会组织保持联系和沟通，充分重视和发挥基层社会组织的强大作用，在反歧视事业中与政府形成合力。

（3）政府应当充分利用强大的媒体力量，向全社会广泛宣传和倡导平等、尊重、包容等先进、开放性理念，为农民工平等就业及社会融入创造更加人性化的氛围，真正提升社会的精神文明程度。

4. 进一步调动和发挥社会组织的力量，构筑解决社会矛盾的第一道"防线"

（1）培育更多的社会组织。

在欧洲多数国家，作为社会基层的民众并非一盘散沙，而是通过各种社会团体即非政府组织来表达自己的心声、参与社会生活。在反就业歧视领域，也同样活跃着这样一批团体，它们不仅利用媒体、互联网等手段向社会和大众积极宣传反歧视理念，而且主动搜集资料为政府、平等待遇委员会，甚至欧盟提供信息和建议。同时，它们还是各种歧视矛盾最初的发现者和解决者，在各种反就业歧视团体内，都配有律师或法律专家，接受投诉并提供法律意见，如果问题比较严重，他们会积极帮助当事人收集证据或代理当事人向平等待遇委员会甚至法院提起诉求。正是由于这些为数众多的民间社团的积极努力，大量的、轻微的歧视问题被及时、有效解决，避免了矛盾进一步激化，也节省了当事人的时间和精力，减轻了平等待遇委员会和法院的压力。可以毫不夸张地说，各种反歧视社会团体的存在，构成了欧洲各国反歧视强大的群众基础，成为消除歧视现象的第一道

"防线"。

在进行的多年反歧视工作中,欧洲民间组织积累了很多有益经验,主要有:第一,重视法律的掌握和运用。作为民间非政府组织,既无政府所拥有的权力,也无企业那样雄厚的财力,法律是其与歧视作斗争最重要的武器。依据法律,向当事人进行反就业歧视的宣传,判断企业或雇主的行为是否构成歧视并说服当事人双方做出必要的让步;判断相关政府部门是否尽到应负的责任①,判断是否可以采取进一步的法律行动以及对采取行动后胜算的可能性进行评估。

第二,重视当事人的心理感受。在处理大量的投诉过程中,民间组织认识到,很多投诉的起因不构成法律上所称的歧视,但当事人的心理却感受到了伤害,因此接待来访时,特别注意倾听当事人的诉说,并给予心理安慰,必要情况下甚至邀请心理方面的社会工作者对当事人进行心理辅导,以帮助其正确认识所受的"伤害"。也有少数情况下,当事人受到了大的伤害,却当成轻微的歧视,民间组织经过判断后,也会及时提供正确的处理建议和必要的心理帮助。

第三,重视调解。在民间组织处理的投诉中,三分之一的案子涉及就业歧视问题,但绝大多数情况下,当事人双方都不愿意诉求到平等待遇委员会,很多雇主甚至宁愿作出让步也不愿意将事情公开到平等待遇委员

---

① 如依据荷兰检察机构规定,所有警察对公民报案"必须接受",并"上报检察官",不得自行处置。事务部便可依据此规定,了解和判断当班警察是否切实履行了受案职责。

会，而考虑到获得一份工作并不容易，受损害一方往往也不愿意关系恶化，只想求得社会支持，使雇主认识错误并作出让步。基于这种情形，使民间组织大都将调解作为解决问题的主要方式和基本步骤，主张双方当事人在相互进行充分了解的基础上互谅互让，达成和解。只有极少数情况下，协议不成时，才会帮助受害人一方采取法律行动。此时，如果认为证据充分，一般会告诉受害人应该找哪些相关政府部门解决，或是鼓励受害人自己去向平等待遇委员会申诉；如果认为证据不充分或胜诉的把握不大，为避免败诉，民间组织会直接代表当事人向平等待遇委员会申诉，但一般不直接参与诉讼，一是由于多数投诉本身案由微小，或证据明显不足，不构成法律上的歧视；二是出于资金问题，民间组织一般无力支付不菲的律师费。

第四，重视对外合作。单凭民间组织自己的力量，效果仍旧十分有限，因此，他们特别重视与社会其他组织以及政府有关机构的合作。比如与警察局保持密切联系，及时发现已报到警方的案件背后是否包含歧视因素；与检察官保持密切联系，参加每年的检察官见面会，探讨有关的歧视问题；与全国以及其他地方的反歧视组织保持密切联系，做到信息沟通与资源共享等。

上述国外反歧视民间组织的经验值得我们学习和借鉴。虽然改革开放以来，我国的民间组织得到了很大发展，也出现了一些农民工社团，但是真正关注农民工群体的社会组织并不多，与我国 2.7 亿的农民工数量相比还远远不够。与国外相比，我国的民间组织仍处于初创阶段，无论社团架构、资金来源、人员素质还是社团管理等方面，都很不成熟，严重制约着我国社会组织的未来发展以及其服务社会作用的发挥。我们希望政府能够进一步转变观念，充分认识社会组织在当代社会中的重要作用，开放社团登记制度，变审核制为登记制，同时从政策和资金上给予社会组织扶持，依法管理与监督，使民间组织的作用真正发挥出来。

同时，我们也建议民间社团加强自身的制度建设和业务能力建设，向国外成熟社会组织学习，在帮助农民工就业领域，不仅能够组织他们丰富业余文化体育生活，更要真正关注这一群体，能够运用专业化知识和技能为农民工的平等就业、社会融入以及权益保障提供心理上的、法律上的有力支持，帮助他们解决实际问题。

（2）壮大农民工法律援助组织，是开展农民工平等就业法律救济的重要条件。

众所周知，维权靠的是法律。鉴于农民工法律知识匮乏，经济能力有限，遭受歧视后维权最急需的是免费法律援助，因此壮大农民工法律援助组织就成为开展农民工平等就业法律救济的重要前提条件。

在我国，虽然社会组织已经初具规模，但由于司法诉讼成本高，一般社会组织并不具备专业法律人员或者无法承担高昂的诉讼费用，难以为农民工提供有效法律支持，此时政府重要性便凸显出来。面对庞大的农民工弱势群体，在公益律师和法律援助严重不足的情况下，各级政府应当加大对公益律师的支持力度，资助、聘用更多热心的律师加入农民工法律援助队伍，壮大农民工法律援助组织（具体内容见第四章）。

（3）农业院校法律专业的大学生是法律援助及法制宣传的一支潜在力量。

鉴于我国专业性农民工法律援助人员的短缺以及关爱农民工民间组织的稀少，我们认为农业院校法律专业的大学生是开展农民工法律援助以及平等就业法制宣传的一支潜在的重要力量，应当予以充分发掘。

众所周知，实践性是法学的一个显著特点，法学教育不仅是单纯的知识传授和学术培养，而且是一种职业训练，使学生在训练中掌握法律职业者必备的技能和素质。法学本科教育主要是培养法律专业应用型人才，为法制建设服务，因而对学生进行实践能力的培养就显得极为重要。在国外法律教育中，利用法学院的法律援助中心实施法律诊所教育，让学生在律师的带领下进行面向社会弱势群体的法律援助，不仅帮助了弱势群体，更有助于培养法律学生的公平正义感。国外法学院在此方面已经形成一整套可操作性制度，法院系统也积极予以支持和协助，以上做法非常值得我们借鉴。

我们知道，农业院校与一般高等院校法学专业的不同之处就在于：农业院校法学学生肩负着服务"三农"的特殊使命，需要树立为农民服务、为弱势群体服务的坚定信念，这就使得培养强烈的社会责任感对于农业院校法学本科生而言十分必要。农业院校的公益性法律援助所面对的是国家司法制度中最为脆弱的一个领域，其服务对象主要是农民、农民工（特别是其中的贫困人群），这与律师事务所的商业性法律服务有着明显差别，为这些弱势群体提供免费的法律服务，不仅可以解决他们的燃眉之急，更可以使学生真实地了解社会的疾苦与民生的艰辛，对于增强学生的社会责任感无疑具有其他社会实践所无法替代的作用。在实现农业院校法学本科生培养目标的过程中，无论是对于农业院校法学本科生法律实践能力的培养，还是为弱势群体服务的强烈社会责任感的树立，开展针对农民工的法律援助实践都是最有效的途径和手段。

目前，我国农业院校法学专业普遍开设了法律诊所课程，并建设了配套的法律援助中心等公益法律服务机构，相关的工作与管理制度也基本建立，法律援助工作也取得了一定的社会效果。但在肯定成绩的同时，我们也应当看到，在我国开展法律诊所教育的起步晚，由传统的注重理论型教学到注重实践教学的转变时间也不是很长，广大农业院校法学专业在指导学生参加社会实践方面，尚处于探索阶段，存在的问题也比较明显，主要表现为：第一，师资力量配备不足，指导教师短缺，特别是缺乏有经验的专业律师进行业务指导，由于各院校在律师兼职指导学生并无时间和待遇等方面的硬性规定，因此容易导致"指导"不到位，甚至变的可有可无；第二，资金来源单一且严重不足，目前农业院校法律援助的资金主要来源是学校拨款，缺乏其他渠道的资助，资金的局限不仅使很多法律援助以及宣传工作因缺乏资金支持而无法开展，长久下去也必然削弱指导教师及律师的积极性，最终影响法律援助工作的持久与稳定；第三，制度设计简单粗糙。法律援助涉及由专业教学（法律诊所课程）到具体实践（法律援助中心各项工作）以及与此相关的方方面面，每个环节都需要明确具体的工作制度和考核目标，由于部分院校对诊所教育和法律援助工作缺乏应有的重视，人员、资金配备严重不足，一定程度上削弱了相关人员的积极性，加上相关教学领域经验的缺乏，致使有的院校开展诊所课程以及法律援助工作的各项制度设计简陋，缺乏明确具体的操作程序和评估标准，难以做到及时检查与考核，严重制约了诊所教育以及大学生法律援助中心的发展。从我们项目组对部分农业院校法学院的诊所教育及大学生法律援助中心的考察和调研来看，上述三个问题都较为普遍地存在着，大部分院校的诊所教育还是以传、报方式为主，大学法律援助中心的工作没有得到稳定、持续地开展，这无疑对学生法律技能和社会责任感的培养以及农民工强烈需要的法律援助而言，都是一个双"输"。我们建议农业院校法学院都来关注这一问题，针对农民工等弱势群体的实际需要切实改进、调整法律专业的实践教学制度，完善诊所教育与大学生法律援助中心工作之间的衔接，制定更为完善的诊所教育与大学生法律援助制度并认真贯彻执行，真正让学生在帮助农民工平等就业的法律援助工作中，体会到服务社会、奉献社会的价值，在提升学校人才培养质量的同时，也解农民工就业歧视之急、满足维护社会公平所需。

5. 加大平等就业的宣传与倡导，消除"歧视"滋生的社会土壤

歧视不仅发生在法律制度上与现实生活中，更深藏

在人们意识里。因此，提高民众素质，强化人权、平等意识，是反歧视更深层次的问题，不可忽视。前香港平等机会委员会主席林焕光就特别强调宣传和教育对于消除就业歧视、树立平等意识的重要性，他指出"反就业歧视宣传和教育很重要，因为一个社会首先要有平等意识……一个文明社会需要一定的文化理念作支撑，社会的和谐必须以平等为基础。移风易俗、改造人们的意识绝不是一朝一夕的事情……"①

国际社会在消除歧视、促进平等就业领域，一个非常行之有效的经验就是重视并强化公民的平等权利，利用各种渠道和手段开展教育宣传和倡导，帮助社会大众树立平等意识，养成人人平等、尊重他人的良好习惯，形成和谐宽容的社会氛围。各国政府以及反歧视机构、新闻媒体、专家学者等为此进行了积极的倡导和宣传，在对待多元文化、不同民族传统以及其他平等待遇问题上，公民大多持宽容态度，心态更加开放。比如在欧洲一些国际航班的服务队伍里，就有艾滋病毒携带者，但没有人因此而大惊小怪，更没有抗议、罢乘等激烈行为发生，因为人人都能理解"平等"的含义、认同它所代表的崇高价值，因而尊重法律和人权。从更深层次与长远角度考虑，我国推进农民工平等就业，不仅需要修改和废除含有歧视因素的法律制度，更需要将支撑人们歧视行为的陈旧意识彻底清除。因此，我们在关注并推动

---

① 王春光：《平等对待——部分国家和地区反就业歧视立法与实践》，知识产权出版社 2011 年版，第 102 页。

制度建设和实施的同时，更应该重视平等意识、宽容意识的培植，用平等和包容代替歧视与排斥，加强对全社会的宣传教育，从社会角度营造"尊重"与"包容"农民工的城市氛围，从根本上消除，"歧视"滋生的土壤。

综上所述，我们希望通过进一步调整现有的平等就业法律救济机制，借鉴国外成熟有效经验，结合我国实际国情，进一步完善和构建更加便捷高效的平等就业法律救济机制，力图做到发挥政府职能与调动社会力量相结合、企业内部自律与外部监督相结合、专门机构执法与一般执法相结合，为建设美好和谐社会、促进农民工平等就业做出新贡献。

## 结语：农民工平等就业的未来展望

2012 年 11 月中国共产党第十八次全国代表大会报告（十八大报告）首次以"农业转移人口"替代"农民工"称呼，指出在今后党的工作中要"加快改革户籍制度，有序推进农业转移人口市民化，努力实现城镇基本公共服务常住人口全覆盖"。把"农业转移人口"真正变为享有平等社会权利的"城镇居民"，这反映出决策层对中国发展趋势的深刻把握，具有重大战略意义。

"中国 30 余年的改革开放历史，也是中国农村那些脱离农业的人口进城拼搏的历史。这个趋势不可逆转，并将继续深入行进。阻碍这个进程顺利推进的重要因素，是早已不合时宜的户籍制度，以及与这个制度相伴随的城镇基本公共服务歧视制度"①。国务院 2014 年发布的《关于进一步推进户籍制度改革的意见》，提出以居住证为载体，建立健全与居住年限等条件相挂钩的基本公共服务提供机制。据初步统计，包括北京在内，已经有 30 个省市自治区公布户籍制度改革方案，各地普遍提出取消农业户口与非农业户口性质区分②。可以预计，伴随着我国城乡一体化进程的加快，户籍制度中的农业人口与非农业人口之分将在不远的将来在我国彻底消失，农民工身上的身份烙印将被彻底取消，农民工与城市职工平等就业的制度枷锁将彻底被打碎，这将是多么令人振奋的时刻！但是，消除就业歧视、追求平等就业的历史进程告诉我们，任何歧视现象的消除都不会是一个简单的过程，户籍制度的取消，只是一个良好开端，现实中的平等，还需要完整的立法推进以及法律的全面深入落实。

伴随我国的法治进步，含有农民工就业歧视因素的种种落后制度可能很快消失，但歧视这种不公平现象及其背后的落后意识恐怕不会随着制度的修改而立刻消失，它们必将还会在一个相当长的时期内存在，也正因为如此，促进农民工平等就业，仍将是一个长期的、持续努力的工作，需要全社会特别是法律工作者的砥砺前行！

---

① 《十八大报告不再用农民工称呼改称农业转移人口》，载 http：//news. qq. com/a/20121110/000039. htm。

② 《全国 30 个省份出台户籍制度改革方案，取消农业非农业区别》，载 http：//china. cnr. cn/xwwgf/20160921/t20160921_ 523152172. shtml。

# 第三章 农民工平等就业的司法救济

目前在我国，农民工平等就业的司法救济机制包括行政诉讼救济、民事诉讼救济和劳动争议诉讼（简称劳动诉讼）救济三种，劳动诉讼属于民事诉讼的一种特殊形式。未来有必要考虑建立独立于私法救济（民事诉讼）和公法救济（行政诉讼）的社会法救济机制。

## 一、农民工平等就业的行政诉讼救济机制

《就业促进法》第31条规定："农村劳动者进城就业享有与城镇劳动者平等的劳动权利，不得对农村劳动者进城就业设置歧视性限制。"实践中对农村劳动者进城就业设置歧视性限制的主要是政府制定的法规、规章和规范性文件，在市场准入、职业准入、解雇等方面对农村劳动者进城就业设置了一些歧视性限制。我国2014年修改的《行政诉讼法》开始把规章之外的规范性文件纳入行政诉讼的救济范围，当事人可以请求法院对行政行为所依据的规范性文件进行附带合法性审查。这为农民工平等就业的行政诉讼救济机制打开了一个突破口。据此，政府规范性文件对农村劳动者进城就业设置歧视性限制，农民工可以通过行政诉讼机制寻求救济。随着

未来该制度范围的扩大和程序的细化，有望建构完善的农民工平等就业的行政诉讼救济机制。

## （一）救济途径

### 1. 宪法诉讼

我国目前并没有宪法诉讼机制。我国《宪法》有关平等权的规定缺乏规范效力，受歧视的劳动者无法获得宪法救济。《宪法》是具有最高规范效力的国家根本大法，但由于没有建立违宪审查制度，很多侵犯公民宪法平等权的法律法规不能得到及时清理。这些规定一方面是就业歧视现象在法律上的体现，另一方面又是维持现有就业歧视现象的一个重要的制度性原因。

以身份歧视和户籍歧视为例，劳动部 1994 年颁布的《农村劳动力跨省流动就业管理暂行规定》对跨省招用农村劳动力进行了限制。此外，地方性法规政策中也许多与户籍歧视有关的规定，如《广东省流动人员劳动就业管理条例》（1999 年 4 月 2 日广东省第九届人民代表大会常务委员会第九次会议通过）和《上海市单位使用外地劳动力管理规定》（1993 年 12 月 18 日上海市人民政府批准，1997 年 12 月 19 日上海市人民政府令第 54 号修正并重新发布）都对用人单位招用外地劳动力进行限制，《上海市外来从业人员综合保险暂行办法》（2002 年 7 月 22 日上海市人民政府令第 123 号发布，根据 2004 年 8 月 30 日《上海市人民政府关于修改〈上海市外来从业人员综合保险暂行办法〉的决定》修正）对外地劳动者享受的社会保险待遇做出不同本地劳动者的特殊规定。

由于我国目前没有宪法诉讼制度，受歧视的劳动者也无法依据《宪法》的有关规定提起宪法诉讼，这些违反宪法平等权的法规和规范性文件只有依赖于其制定机关自行废止。如劳动和社会保障部 2005 年 2 月 7 日发布通知废止了《农村劳动力跨省流动就业管理暂行规定》及有关配套文件。[①] 广东省人民代表大会常务委员会2014 年 9 月 25 日废止了地方性法规《广东省流动人员劳动就业管理条例》[②]。上海市人民政府 2007 年 11 月30 日废止了《上海市单位使用外地劳动力管理规定》[③]，但《上海市外来从业人员综合保险暂行办法》

---

①　《劳动和社会保障部关于废止〈农村劳动力跨省流动就业管理暂行规定〉及有关配套文件的通知》（劳社部函〔2005〕18 号，2005 年 2 月 7日）规定：根据党中央、国务院关于改善农民进城就业环境，清理和取消限制农民进城就业的政策规定的要求，经研究，决定：一、废止原劳动部颁布的《农村劳动力跨省流动就业管理暂行规定》（劳部发〔1994〕458号）、原劳动部《关于严禁滥发流动就业证卡的紧急通知》（劳部发〔1995〕59 号）、原劳动部办公厅《关于"外出人员就业登记卡"发放和管理有关问题的通知》（劳办发〔1996〕99 号）。二、停止执行劳动和社会保障部办公厅《关于印发做好农村富余劳动力流动就业工作意见的通知》（劳社厅发〔2000〕3 号）中关于"外出人员就业登记卡和外来人员就业证是搞好流动人口管理，掌握流动就业状况，开展流动就业管理服务的基础手段。要坚持在劳动力输出地发卡。外出人员就业登记卡应反映外出前职业培训情况，反映权益保障和就业服务等信息。外来人员就业证应记录外来后培训、就业、缴纳及享受社会保险等情况。流动就业证卡应实行省内统一管理，防止重复发放"的规定。

②　参见《广东省人民代表大会常务委员会关于废止〈广东省资产评估管理条例〉等四项地方性法规的决定》（2014 年 9 月 25 日广东省第十二届人民代表大会常务委员会第十一次会议通过）。

③　参见《上海市人民政府关于废止〈上海市省市际道路旅客运输管理办法〉等 70 件市政府规章的决定》（发布日期：2007 年 11 月 30 日，实施日期：2007 年 11 月 30 日）。

仍然有效。

有学者[①]指出，从长远来看，针对有些地方政府从地方保护主义出发而颁布的各种影响平等就业的歧视性法规、规章和各种决定，应当建立专门的违宪审查机关，加强对违宪、违法的法规、规章和规范性文件的清理，清除现有的与就业歧视有关消极性规定。2004年全国人大法工委增设了一个法规备案审查室，对规范性文件的合宪性进行审查。[②] 这一审查采取被动审查和主动审查相结合的方式，有关的国家机关、公民和组织都可以向全国人大常委会提请审查。经审查，如果确认法规违法、违宪，按照法律规定的程序，可以撤销相应的规定，也可以要求制定机关自行改正。这向建立违宪审查制度迈出了一小步，但仍有许多不足：法规备案审查室只是一个办事机构，不是一个有违宪审查权的权力机构，难以有效履行违宪审查的职责，其审查范围也较窄。为贯彻依法治国，建议立法建立专门的违宪审查机构和完善的违宪审查程序。从长远看，在条件许可的情况下，可以考虑借鉴德国宪法诉愿制度的有关规定[③]，建立符合我国国情的宪法诉讼制度，允许个人在其基本权利受到侵犯时提起宪法诉讼，实现宪法基本权利的司

---

① 林嘉：《论我国就业歧视的法律调控》，载《河南社会科学》2006年第5期。

② 2005年12月16日，十届全国人大常委会第四十次委员长会议通过了《行政法规、地方性法规、自治条例和单行条例、经济特区法规备案审查工作程序》和《司法解释备案审查工作程序》两个备案审查工作程序。

③ 刘兆兴：《德国联邦宪法法院总论》，法律出版社1998年版。

法化。这样，农民工可以在其平等权受到法律法规的限制时提起宪法诉讼，挑战法律法规上限制性规定的合法性，从而推动法治建设。

2. 行政诉讼

行政诉讼是个人、法人或其他组织认为行政主体以及法律法规授权的组织作出的行政行为侵犯其合法权益而向法院提起的诉讼。[①] 由于我国缺乏宪法诉讼机制，行政诉讼机制开始做了一个小小的突破，允许当事人对规章以外的规范性文件提起附带合法性审查。未来应当在此基础上逐步扩大受案范围，如下一步扩展到对规章进行附带合法性审查，将来还可以扩展到对行政法规进行附带合法性审查，但是，对法律的合宪性审查只有建立宪法诉讼机制才能实现。

（二）诉讼主体

1. 原告和被告

（1）原告

行政诉讼机制中的原告包括公民、法人或者其他组织。[②] 在农民工平等就业的行政诉讼中，这里的公民就

---

① 《行政诉讼法》第二条规定："公民、法人或者其他组织认为行政机关和行政机关工作人员的行政行为侵犯其合法权益，有权依照本法向人民法院提起诉讼。前款所称行政行为，包括法律、法规、规章授权的组织作出的行政行为。"

② 《行政诉讼法》第五十三条规定："公民、法人或者其他组织认为行政行为所依据的国务院部门和地方人民政府及其部门制定的规范性文件不合法，在对行政行为提起诉讼时，可以一并请求对该规范性文件进行审查。前款规定的规范性文件不含规章。"

是指农民工，法人或其他组织主要指用人单位。因为
《行政诉讼法》第 25 条要求有权提起诉讼的原告必须
"与行政行为有利害关系"，①故而我国目前并不允许与
行政行为没有利害关系的其他公民和组织提起行政公益
诉讼。

（2）被告

行政诉讼的被告是因侵犯公民、法人或者其他组织
合法权益而被起诉到法院的行政机关和法律、法规、规
章授权的组织。

《行政诉讼法》第 26 条对行政诉讼的被告作出了具
体规定："公民、法人或者其他组织直接向人民法院提
起诉讼的，作出行政行为的行政机关是被告。经复议的
案件，复议机关决定维持原行政行为的，作出原行政行
为的行政机关和复议机关是共同被告；复议机关改变原
行政行为的，复议机关是被告。复议机关在法定期限内
未作出复议决定，公民、法人或者其他组织起诉原行政
行为的，作出原行政行为的行政机关是被告；起诉复议
机关不作为的，复议机关是被告。两个以上行政机关作
出同一行政行为的，共同作出行政行为的行政机关是共
同被告。行政机关委托的组织所作的行政行为，委托的
行政机关是被告。行政机关被撤销或者职权变更的，继
续行使其职权的行政机关是被告。"

---

① 《行政诉讼法》第二十五条规定："行政行为的相对人以及其他与
行政行为有利害关系的公民、法人或者其他组织，有权提起诉讼。有权提
起诉讼的公民死亡，其近亲属可以提起诉讼。有权提起诉讼的法人或者其
他组织终止，承受其权利的法人或者其他组织可以提起诉讼。"

该条规定可概括如下：

①未经复议的案件，做出行政行为的行政机关作被告。

②经复议的案件，复议机关维持原行政行为的，原行政机关和复议机关是共同被告；复议机关改变原行政行为的，复议机关是被告。

③复议机关不作为的，由当事人选择原行政机关还是复议机关作被告。

④两个以上行政机关作出同一行政行为的，是共同被告。原则上，应当以行政决定文书是否有署名作为认定标准。但如果批准程序是法定程序，就应当认定为共同作出行政行为。

⑤行政机关委托的组织所做的行政行为，委托的行政机关是被告。这里行政机关委托的组织，主要是指行政机关以外的社会组织，也包括行政机关。由于受委托的组织不是以自己的名义做出行政行为，不能对受委托作出的行政行为承担法律后果，因此不能作为行政诉讼的被告。

⑥行政机关被撤销或者职权变更的，继续行使其职权的行政机关是被告。

2. 目前，通过试点，检察机关已经具有行政公益诉讼的启动权

在国外，除了劳动者有权提起就业歧视诉讼外，有的国家规定平等就业机会委员会、检察官也可以提起就业歧视诉讼。如美国的平等就业机会委员会（Equal Employment Opportunity Commission，EEOC）作为行政执法

机构，可提起就业歧视调查，如有理由相信指控属实，应首先通过非正式方式消除歧视行为，如委员会无法和雇主达成和解，可向雇主提起民事诉讼，但雇主是政府的情况下除外（出于利益冲突的考虑）。如雇主是政府，委员会应将案件移交给总检察长，受害人可加入该诉讼。如果委员会或检察长都未在一定时间内提起诉讼，则受害人可自行提起诉讼，法院在这种情况下可为受害方提供免费的律师。[1] 英国于 1976 年成立了独立于政府的"机会均等委员会"，该组织可以在接到有关就业歧视的投诉后进行调查处理，还可以代表特定的或者不特定的受害人参加诉讼。例如，在一些"歧视性招工简章"中，受害者不是特定的某个人，可以由该委员会提起诉讼。[2] 英国的种族平等委员会在特定情况下（例如发布带有歧视性的广告）有权对涉嫌歧视的公司或机构提起法律诉讼。[3] 荷兰的平等待遇委员会也有权独立地向法院提起诉讼。[4]

　　我国目前还没有专门的平等就业管理机构，但国外相关经验值得借鉴，我国也已有学者提出了建立就业歧

---

① 俞冰：《美国反就业歧视立法及其实践》，载《海外反就业歧视制度与实践》，中国社会科学出版社 2007 年版，第 224—225 页。

② 信春鹰主编：《中华人民共和国就业促进法解读》，中国法制出版社 2007 年版，第 181 页；李援主编：《〈中华人民共和国就业促进法〉释义及实用指南》，中国民主法制出版社 2007 年版，第 311 页。

③ 解志勇：《英国反就业歧视制度研究报告》，载《海外反就业歧视制度与实践》，中国社会科学出版社 2007 年版，第 203 页。

④ 王春光：《荷兰反就业歧视研究报告》，载蔡定剑、张千帆：《海外反就业歧视制度与实践》，中国社会科学出版社 2007 年版，第 105 页。

视公益诉讼的建议。[①]　笔者亦认为，未来我国应建立就业歧视行政公益诉讼制度。只允许劳动者提起私益诉讼的现行法律制度，实际上无法遏制用人单位的就业歧视行为。就业歧视关系到社会公共利益，社会正义的价值要求工作岗位向每一个主体保持平等开放的可能性，要求消除就业歧视、实现平等和保障人权。因此，笔者建议《行政诉讼法》未来修改时可以考虑增加行政公益诉讼，其中也应包括就业歧视公益诉讼。针对某一群体劳动者如农民工的就业歧视显然侵害了众多劳动者合法权益，属于损害社会公共利益的行为，应允许法律规定的机关和有关组织向人民法院提起公益诉讼。未来我国就业歧视行政公益诉讼的主体应主要包括作为法律监督机关的检察院，以及工会、妇女联合会、残疾人联合会等法律规定的代表和保护劳动者、妇女、残疾人等特殊群体利益的社会团体。

## （三）救济范围——受案范围

1. 救济范围：侵犯平等就业权的行政行为和所依据的规章以外的规范性文件

我国现行法对平等就业的行政诉讼救济机制的受案范围没有明确规定，但可以通过解释纳入《行政诉讼法》第 12 条第 1 款第 12 项规定的"认为行政机关侵犯

---

①　董保华、朱懂理：《试论我国消除就业歧视立法的理论转向和制度构建》，载叶静漪、周长征主编：《社会正义的十年探索：中国与国外劳动法制改革比较研究》，北京大学出版社 2007 年版，第 48—50 页。

其他人身权、财产权等合法权益的"情形之中。① 该项是兜底规定。人身权、财产权的内容极其广泛,《劳动法》、《就业促进法》等法律中规定的劳动权利就包含有人身权和财产权的内容。

关于平等的劳动权利,《就业促进法》第31条规定:"农村劳动者进城就业享有与城镇劳动者平等的劳动权利,不得对农村劳动者进城就业设置歧视性限制。"该法所说农村劳动者在进城就业的过程中与城镇劳动者享有平等的劳动权利,主要是指狭义的平等就业权,包括以下内容:一是平等就业和选择职业的权利;二是依法签订和履行劳动合同的权利;三是获取劳动报酬,尤其是实现同工同酬的权利;四是免费获得公共就业服务机构的职业指导和介绍

---

① 《行政诉讼法》第12条规定:"人民法院受理公民、法人或者其他组织提起的下列诉讼:(一)对行政拘留、暂扣或者吊销许可证和执照、责令停产停业、没收违法所得、没收非法财物、罚款、警告等行政处罚不服的;(二)对限制人身自由或者对财产的查封、扣押、冻结等行政强制措施和行政强制执行不服的;(三)申请行政许可,行政机关拒绝或者在法定期限内不予答复,或者对行政机关作出的有关行政许可的其他决定不服的;(四)对行政机关作出的关于确认土地、矿藏、水流、森林、山岭、草原、荒地、滩涂、海域等自然资源的所有权或者使用权的决定不服的;(五)对征收、征用决定及其补偿决定不服的;(六)申请行政机关履行保护人身权、财产权等合法权益的法定职责,行政机关拒绝履行或者不予答复的;(七)认为行政机关侵犯其经营自主权或者农村土地承包经营权、农村土地经营权的;(八)认为行政机关滥用行政权力排除或者限制竞争的;(九)认为行政机关违法集资、摊派费用或者违法要求履行其他义务的;(十)认为行政机关没有依法支付抚恤金、最低生活保障待遇或者社会保险待遇的;(十一)认为行政机关不依法履行、未按照约定履行或者违法变更、解除政府特许经营协议、土地房屋征收补偿协议等协议的;(十二)认为行政机关侵犯其他人身权、财产权等合法权益的。除前款规定外,人民法院受理法律、法规规定可以提起诉讼的其他行政案件。"

等服务的权利；五是获得职业教育和培训，按规定享受政府培训补贴的权利；六是获得就业援助的权利；七是自主创业、自谋职业人员依法享受税收优惠等政策扶持的权利；八是法律法规规定的其他权利。[①] 这些权利中，行政行为可能侵犯的主要是平等就业和选择职业的权利、免费获得公共就业服务的权利、获得职业教育和培训的权利、获得就业援助的权利、享受税收优惠等政策扶持的权利等。至于劳动合同和劳动报酬方面的权利，其义务主体是用人单位，劳动者应当通过劳动诉讼来寻求救济。

行政行为侵犯平等就业权，首先可能发生在国家机关招录公务员的行为中。包括农民工在内的农民能否报考公务员？如果不能，显然是侵犯了农民的平等权。我国有的地方已经意识到这一问题，逐步取消了对农民报考公务员的限制。如山东省 1997 年开始允许符合条件的农民报考乡镇机关公务员，当年就有 41 位农民通过考试走马上任。根据跟踪调查，这些农民在各自的岗位上工作都很称职。2002 年允许符合条件的农民报考县级机关，报名者达 1413人。2004 年把符合条件的农民报考范围进一步扩大到省、市机关。也就是说，从 2004 年起，按规定履行了合法就业手续的农民合同工将被视为在职人员，也就是户口还在农村，但已和用人单位签订了合法劳动合同的农民，将不再受户籍性质的限制，不仅有了考试资格，还能报考山东省内各级机

---

① 信春鹰主编：《中华人民共和国就业促进法释义》，法律出版社2007 年版，第 90—91 页。

关。① 农民工参加国家公务员考试，这时的公务员招录行为当然属于行政行为。如果在招录过程中存在歧视，报考者应当有权提起行政诉讼。

国家机关招录公务员时的报考者是否属于劳动者？② 在我国，公务员和比照实行公务员制度的事业组织和社会团体的工作人员不属于《劳动法》上的"劳动者"，③ 报考者向人民法院提起歧视诉讼时应依据《公务员法》提起行政诉讼。我国法院也受理过一些国家机关招录公务员中实施就业歧视的案件，均为行政诉讼，例如被媒体称为"中国乙肝歧视第一案"的张某某诉芜湖市人事局公务员招考行政录用决定案，"中国艾滋病就业歧视第一案"的吴某（化名）诉安庆市教育局、人力资源和社会保障局教师招录决定案。

由于行政机关必须依法行政，因此行政行为必有所依据，这些依据就是法律、法规、规章和规范性文件。依据《行政诉讼法》第 53 条规定："公民、法人或者其他组织认为行政行为所依据的国务院部门和地方人民政府及其部门制定的规范性文件不合法，在对行政行为提起诉讼时，可以一并请求对该规范性文件进行审查。前款规定的规范性文件不含规章。"我国行政诉讼法目前

---

① 王娅妮：《山东公务员招考人为限制被层层打破》，载 http：// www. sd. xinhuanet. com/news/2004 – 06/06/content_ 2261541. htm。

② 这里的国家机关招录公务员包括国家机关招录公务员、具有公共事务管理职能的事业单位和列入国家编制序列的社会团体招录除工勤人员以外的工作人员。

③ 参见劳动部《关于贯彻执行〈中华人民共和国劳动法〉若干问题的意见》（劳部发〔1995〕309 号）。

只允许对规章以外的规范性文件提请附带合法性审查，对法律、法规和规章是不能提请附带合法性审查的。①依据该条规定，能够提出审查请求的只是受依据该规范性文件做出的行政行为影响的公民、法人或者其他组织，以避免行政机关陷入不断的纠纷之中。而且，公民、法人或者其他组织还不能单独就规范性文件提出审查请求，必须是在对行政行为提起诉讼时一并提出。

《行政诉讼法》第53条的规定大大压缩了提请附带合法性审查的范围，依据该规定，前文所述的部门规章《农村劳动力跨省流动就业管理暂行规定》（劳动部制定）、地方性法规《广东省流动人员劳动就业管理条例》（广东省人民代表大会常务委员会通过）、地方政府规章《上海市单位使用外地劳动力管理规定》和《上海市外来从业人员综合保险暂行办法》（上海市人民政府制定）都对用人单位招用外地劳动力或农村劳动力进行限制或赋予不平等待遇，劳动者即使依据现行《行政诉讼法》也无权提起附带合法性审查。

司法解释又进一步从程序上限制了附带合法性审查的提起。《最高人民法院关于适用〈中华人民共和国行政诉讼法〉若干问题的解释》（法释〔2015〕9号，2015年5月1日实施）第20条规定："公民、法人或者其他组织请求人民法院一并审查行政诉讼法第五十三条规定的规范

---

① 法律、法规是法院审理行政案件的依据，规章则是参照适用。《行政诉讼法》第六十三条规定："人民法院审理行政案件，以法律和行政法规、地方性法规为依据。地方性法规适用于本行政区域内发生的行政案件。人民法院审理民族自治地方的行政案件，并以该民族自治地方的自治条例和单行条例为依据。人民法院审理行政案件，参照规章。"

性文件，应当在第一审开庭审理前提出；有正当理由的，也可以在法庭调查中提出。"司法实践中，法院经常以未在第一审开庭审理前提出为由驳回附带合法性审查的提起。

2. 完善建议：扩大受案范围

国外的反歧视法大多是既适用于雇主，也适用于政府机构的，例如，美国的《民权法》适用于联邦政府，有关州和地方政府的雇佣行为则规定于1972年的《平等雇佣机会法》。我国香港《性别歧视条例》、《残疾歧视条例》、《家庭岗位歧视条例》三项专门立法均适用于政府机构。我国也不应例外，而且从法理上来讲，公共权力乃是公器，更应当对每一位符合条件的公民平等开放。

笔者建议，未来还应逐步扩大受案范围，首先应扩大到对规章提请附带合法性审查。在《行政诉讼法》修改时，对于是否规定对规范性文件的附带审查，就存在一些争议。① 最终的规定排除了对行政法规和规章的复

---

① 有的认为，法院不能对规范性文件进行审查。第一，按照宪法和有关法律规定，县级以上各级人民政府有权撤销所属部门和下级人民政府不适当的决定、命令，也有具体的审查制度。只要县级以上人民政府严格履行职责，抽象行政行为存在的问题是可以解决的。第二，抽象行政行为不是针对具体的人作出的，不会直接侵害个人的权利，它只有通过行政行为才会产生危害后果，因此，公民通过对行政行为的复议，就可以保护自己的合法权益。有的意见认为，规范性文件是行政行为的依据和源头，要纠正违法和不当的行政行为，有必要正本清源，从源头开始审查和纠正；现行制度中对规范性文件的监督机制虽然存在，但是没有很好地发挥作用。一些地方、部门乱发文件侵犯公民利益的问题严重，公民的合法权益无法得到保障。允许由法院对规范性文件进行附带审查，是社会进步的标志。立法机关经过反复研究论证，规定了规范性文件的附带审查制度。参见袁杰主编：《中华人民共和国行政诉讼法解读》，中国法制出版社2014年版，第145页。

议审查，仅将规章以下的规范性文件纳入审查范围，但法院只进行附带性审查，而不对规范性文件作出判决。规章和其他规范性文件也是行政机关行使行政权的一种方式，对加强行政管理很有必要，但是不合法的规章和规范性文件损害了公民的合法权益，影响了法制的权威和统一，有必要通过行政诉讼制度对行政权进行监督。

（四）救济方式

1. 不作为认定行政行为合法的依据并提出处理建议

法院对不合法规范性文件如何处理，《行政诉讼法》第 64 条规定："人民法院在审理行政案件中，经审查认为本法第五十三条规定的规范性文件不合法的，不作为认定行政行为合法的依据，并向制定机关提出处理建议。"《最高人民法院关于适用〈中华人民共和国行政诉讼法〉若干问题的解释》第 21 条规定："规范性文件不合法的，人民法院不作为认定行政行为合法的依据，并在裁判理由中予以阐明。作出生效裁判的人民法院应当向规范性文件的制定机关提出处理建议，并可以抄送制定机关的同级人民政府或者上一级行政机关。"依据这些规定，法院在案件审理过程中，应当对本条规定的规范性文件进行审查，并可以在判决中对其合法性进行评议，认为其违法的，不中止案件审理，不作为裁判依据。

司法实践中，虽然已有一些认定不合法的判例，法院对认定规范性文件不合法大多持保守态度。笔者未查到与农民工相关的涉及劳动权利的行政诉讼案件，但从一些民事审判庭处理的劳动争议诉讼案件中也可以看出法院的态度。在"鱼某某与陕西天士力植物药业有限公司劳动争议纠纷上诉案"中[①]，二审法院认为："虽然农民合同工同样受《中华人民共和国劳动法》及《中华人民共和国劳动合同法》的调整，但是农民工与没有任何生产资料的城镇劳动者毕竟有所区别，基于农民工双重身份的考虑，在社会保险领域，允许农民工与城镇职工有一定的差别。鱼某某作为农民合同工与天士力公司存在两年劳动关系，原审判决依照《陕西省失业保险条例实施办法》的有关规定，按照农民合同工的标准计算一次性失业保险补助，符合法律规定，并非是对农民工的歧视。鱼某某要求按城镇职工的标准计算失业保险金的理由不能成立。"法官承认了在社会保险领域允许农民工与城镇职工有一定的差别的合理性，农民工的平等就业权利实际上没有得到承认。

当然，在一些劳动争议诉讼案件中，也有法院不适用不合法的地方性法规。如在"山西省烟草公司忻州市公司诉李某某劳动争议再审民事裁定书"[②]中，山西省烟草公司忻州市公司再审申请称：即便双方存在劳动关系，李某某系农村进城务工人员，根据《山西省农民工权益保护条例》第20条第3款规定："鼓励用人单位为与其形成劳动关系的农民工办理基本养老、基本医疗等社会保险。"据此，为李某某缴纳社会保险也并非法定强制义务。李某某要求缴纳社会保险的诉讼请求不属于

---

① 陕西省商洛市中级人民法院民事判决书（2013）商中民一终字第00034号，载北大法宝。

② 山西省高级人民法院民事裁定书（2015）晋民申字第715号，载http：//www.lawxp.com/case/c28049374.html。

法院受理范围之内。但法院认为：法律对社会保险的缴纳，其规范是强制性的，而非任意性的。忻州市烟草公司称：为李某某缴纳社会保险非法定强制义务的理由，本院不予支持。

2. 完善建议：完善规范性文件撤销制度

在《行政诉讼法》修改过程中，有意见提出，既然新法第 53 条规定了对规范性文件的审查，人民法院经审查认为不合法的，就应当在判决主文中判决撤销，或者确认其违法、无效。有意见则认为，根据《宪法》，县级以上地方各级人民代表大会常务委员会有权撤销本级人民政府不适当的决定和命令，县级以上地方各级人民政府有权改变或者撤销所属各工作部门和下级人民政府不适当的决定，因此，人民法院不宜直接判决撤销不合法的规范性文件，但可以不作为认定行政行为合法的依据。最后，新法采用了"不作为认定行政行为合法的依据，并向制定机关提出处理建议"的方案。[1] 有法官认为，这一模式并非如有的人所感知的那样偏于"保守"，而是与国际通行做法相类似。我国香港、台湾地区的做法均与此类似。[2] 人民法院在审理行政案件时，经审查认为规章以外的规范性文件不合法的，不作为认定行政行为合法的依据，并向规范性文件的制定机关提出处理建议。人民法院可以在裁判理由中对规范性文件

---

① 袁杰主编：《中华人民共和国行政诉讼法解读》，中国法制出版社 2014 年版，第 180 页。

② 李广宇：《新行政诉讼法逐条注释》（下），法律出版社 2015 年版，第 519—520 页。

是否合法进行评述。

笔者认为，在现行的宪法框架内，应当首先考虑完善规范性文件撤销制度，作出生效裁判的人民法院向规范性文件的制定机关提出处理建议，该制定机关应当进行审查后予以撤销或修改，否则应承担相应的行政责任。当然，未来还可以考虑赋予法院撤销权。有法官指出，真正意义的司法权应当包括对于其他规范性文件的处分权、形成权，即经过合法性审查认为存在违法、无效、失效、不合理、不适当的，可以判决撤销、变更或者通过法定程序由有权机关废止或者修订，但目前中国的法院还不具有这一权力。① 但这是未来修法一个可以考虑的完善方向。

## 二、农民工平等就业的民事诉讼救济机制②

农民工求职时受到就业歧视，平等就业的权利受到侵害，可以通过民事诉讼机制寻求救济。此时农民工也属于劳动者，适用《劳动法》、《就业促进法》关于保护劳动者平等就业权、禁止就业歧视的规定。

由于《劳动法》对就业歧视的规定过于简略，为应对目前我国的就业歧视现象，保护劳动者的平等就业权，2007 年 8 月 30 日通过、2008 年 1 月 1 日施行的

---

① 梁凤云：《新行政诉讼法讲义》，人民法院出版社 2015 年版，第 362—363 页。

② 林嘉、杨飞：《论劳动者受到就业歧视的司法救济》，载《政治与法律》2013 年第 4 期。

《就业促进法》在第三章专门规定了"公平就业"，并在第 62 条规定了劳动者受到就业歧视的司法救济："违反本法规定，实施就业歧视的，劳动者可以向人民法院提起诉讼。"但是，第 62 条的规定过于原则，无论是劳动者提起诉讼还是法官审理和裁判就业歧视案件，都需要具有可操作性的具体规定。[①] 笔者拟结合国内就业歧视案件的审判实践和国外的相关立法和司法实践，对包括农民工在内的劳动者受到就业歧视的民事诉讼救济机制做一具体研究。

（一）诉讼案由

1. 就业歧视诉讼案由的选择：劳动争议还是侵权纠纷

案由，是人民法院对诉讼案件所涉及的法律关系的性质进行概括后形成的案件名称。[②] 最高人民法院《民事案件案由规定》（法发〔2008〕11 号，法发〔2011〕

---

[①] 全国人民代表大会常务委员会法制工作委员会指出：由于本法是第一次将"就业歧视"这个概念写入法律，司法实践中如何处理此类案件会产生许多问题，如就业歧视的界定、举证责任的分配等，需要根据实践的需要，由其他法规和司法解释作出进一步的具体规定，以保证本法规定的落实。信春鹰主编：《中华人民共和国就业促进法释义》，法律出版社 2007 年版，第 179 页。

[②] 《最高人民法院关于实施〈民事案件案由规定〉的通知》（2008 年 4 月 1 日起施行）指出："民事案件案由是民事诉讼案件的名称，反映案件所涉及的民事法律关系的性质，是人民法院将诉讼争议所包含的法律关系进行的概括。""建立科学、完善的民事案件案由体系，有利于当事人准确选择诉由，有利于人民法院在民事立案和审判中准确确定案件诉讼争点和正确适用法律。""民事案件案由应当依据当事人主张的民事法律关系的性质来确定。"

41 号第一次修正）中并未明确规定"就业歧视纠纷"这一案由，在目前的司法实践中，就业歧视诉讼的案由并不统一，有的归入劳动争议纠纷，如原告高某某与被告北京比德创展通讯技术有限公司一般劳动争议纠纷一案；① 有的归入人格权纠纷，如李某某与江西日报社人格尊严权纠纷案；② 有的归入侵权纠纷，如"中国传媒业就业歧视第一案"即原告×××与被告大众日报社特殊侵权纠纷一案。③ 由于就业歧视所涉及的人格权纠纷实际上也属于侵权纠纷，故笔者将就业歧视诉讼的案由概括为劳动争议纠纷和侵权纠纷两种选择。

就业歧视案件的案由如果是劳动争议纠纷，须先经劳动争议仲裁这一前置程序，对仲裁结果不服再去法院起诉；如果是侵权纠纷，则劳动者可以直接去法院起诉。这带来了实体和程序上的一系列不同，对劳动者各有利弊：

（1）主管和管辖

就业歧视案件的案由如果是劳动争议纠纷，须先申

---

① 北京市朝阳区人民法院民事判决书（2008）朝民初字第 06688 号。

② 南昌市东湖区人民法院民事判决书（2006）东民初字第 71 号。载 http：//www.110.com/panli/panli_77768.html。此外，劳动者周某诉广西金桂浆纸业有限公司就业歧视案中，法院将案由定为"一般人格权纠纷"，见钦州市钦南区人民法院民事判决书（2008）钦南民初字第 312 号；劳动者张某诉湖北都市中盛广告有限公司就业歧视一案中，法院将案由定为"其他人身权纠纷"，见武汉市江汉区人民法院民事判决书（2008）汉民一初字第 1993 号。参见陈冬梅、林锐君：《反思与构筑：我国平等就业权诉讼制度——和谐社会背景下就业平等的新探索》，载 http：//www.gz-court.org.cn/fxtt/2012/02/21094756801.html。

③ 济南市历下区人民法院民事判决书（2008）历民初字第 3972 号。

请劳动争议仲裁，对仲裁裁决不服再去法院起诉。① 如山东省高级人民法院 2008 年《全省民事审判工作座谈会纪要》指出："用人单位的就业歧视行为违反了《劳动法》、《就业促进法》规定的平等就业原则，是侵害劳动者平等就业权的行为，劳动者依据《就业促进法》第六十二条的规定直接向人民法院起诉的，人民法院应告知当事人向有管辖权的劳动争议仲裁委员会申请解决。当事人不服仲裁裁决向人民法院起诉的，人民法院应当受理，但范围仅限用人单位在招聘劳动者过程中的就业歧视所发生的纠纷；对于招用人员简章和招聘广告中的歧视内容所发生的争议，人民法院不宜受理。"关于仲裁的管辖，《劳动争议调解仲裁法》第 21 条规定，劳动争议由劳动合同履行地或者用人单位所在地的劳动争议仲裁委员会管辖。求职阶段的就业歧视争议只能由用人单位所在地的劳动争议仲裁委员会管辖，相应的诉讼亦由用人单位所在地的人民法院管辖。

就业歧视案件的案由如果是侵权纠纷，劳动者可无需申请劳动争议仲裁而直接去法院起诉。依据《民事诉讼法》第 29 条的规定，因侵权行为提起的诉讼，由侵权行为地或者被告住所地人民法院管辖。

从简化程序、方便劳动者、降低救济成本的角度出

---

① 在劳动者孙某诉徐州徐工铁路装备有限公司就业歧视一案中，法院裁定劳动者所主张的平等就业权受到侵害的纠纷属于劳动争议，应先申请劳动仲裁，因此法院不予受理。参见辛红、邱依：《因色盲解约大学生状告用人单位徐工集团下属企业被诉就业歧视》，载《法制日报》2010 年 8 月 26 日第 11 版。

发，就业歧视案件的案由为侵权纠纷对劳动者较为有利。

（2）诉讼时效

就业歧视案件的案由如果是劳动争议纠纷，依据《劳动争议调解仲裁法》第 27 条的规定，劳动争议申请仲裁的期间为一年，从当事人知道或者应当知道其权利被侵害之日起计算。时效因当事人一方向对方当事人主张权利、向有关部门请求权利救济、对方当事人同意履行义务而中断并重新计算。时效因不可抗力和其他正当理由而中止，从中止时效的原因消除之日起仲裁时效期间继续计算。

就业歧视案件的案由如果是侵权纠纷，依据《民法通则》第 135 条的规定，向人民法院请求保护民事权利的诉讼时效期间为二年。该时效亦可中止、中断。

从有利劳动者的角度出发，就业歧视案件的案由为侵权纠纷对劳动者较为有利。

（3）诉讼费

就业歧视案件的案由如果是劳动争议纠纷，依据《劳动争议调解仲裁法》第 53 条的规定，劳动争议仲裁不收费。依据国务院《诉讼费用交纳办法》第 13 条的规定，劳动争议案件每件缴纳 10 元案件受理费。如在"海尔集团就业歧视案"中，崂山区人民法院最终决定以劳动争议为案由立案，收取立案费 10 元。

就业歧视案件的案由如果是侵权纠纷，依据国务院《诉讼费用交纳办法》第 13 条的规定，侵害姓名权、名称权、肖像权、名誉权、荣誉权以及其他人格权的案件，每件缴纳 100 元至 500 元。涉及损害赔偿，赔偿金额不超过 5 万元的，不另行缴纳；超过 5 万元至 10 万元的部分，按照 1% 缴纳；超过 10 万元的部分，按照 0.5% 缴纳。就业歧视如以侵权立案，诉讼费会高于以劳动争议立案。如原告××与被告大众日报社特殊侵权纠纷一案的案件受理费为 300 元（实际减半收取 150 元）。

从节约诉讼费的角度出发，就业歧视案件的案由为劳动争议纠纷对劳动者较为有利，但有利程度有限，几百元的诉讼费未必能构成过重的负担，况且胜诉的话可由被告承担。

（4）举证责任

就业歧视案件的案由如果是劳动争议纠纷，依据《劳动争议调解仲裁法》第 6 条的规定，发生劳动争议，当事人对自己提出的主张，有责任提供证据。与争议事项有关的证据属于用人单位掌握管理的，用人单位应当提供；用人单位不提供的，应当承担不利后果。

就业歧视案件的案由如果是侵权纠纷，依据《民事诉讼法》第 64 条的规定，当事人对自己提出的主张，有责任提供证据。即所谓"谁主张，谁举证"的一般原则。

从现行举证责任的分配出发，就业歧视案件的案由为劳动争议纠纷原则上对劳动者较为有利。但在现实中，"与就业歧视争议事项有关的证据属于用人单位掌握管理的"很难界定，实际上仍是由提出主张的劳动者举证，如原告高某某与被告北京比德创展通讯技术有限公司一般劳动争议纠纷一案的主审法官即指出，高某某之所以能够胜诉，主要是因为他的证据比较充分。

（5）法律责任形式

就业歧视案件的案由如果是劳动争议纠纷，由于我国现行劳动法律未规定精神损害赔偿和赔礼道歉等法律责任形式，有的法院即以其属劳动争议案件为由对精神损害赔偿不予支持，支持的法院亦面临着对如何阐明裁判依据、如何充分说理的问题。[①]

就业歧视案件的案由如果是侵权纠纷，依据现行民事法律和司法解释，劳动者有权请求精神损害赔偿和赔礼道歉。

从有效救济受害劳动者的角度出发，就业歧视案件的案由为侵权纠纷对劳动者较为有利。

综上所述，可见就业歧视案件的案由如果是劳动争议纠纷，不仅多了劳动争议仲裁这一前置程序，且在管辖、诉讼时效、法律责任形式等方面与侵权纠纷相比均处于不利地位，在诉讼费、举证责任方面虽较有利，但程度有限。对于就业歧视案件来说，劳动争议纠纷的请

---

① 如原告高某某与被告北京比德创展通讯技术有限公司一般劳动争议纠纷一案判决书称："本院考虑到被告以原告体检结果为乙肝'小三阳'而拒绝录用原告的行为，无疑会导致原告为此遭受巨大心理压力及承受相应精神痛苦，故本院将判令被告向原告书面赔礼道歉，并赔偿原告精神损害抚慰金二千元。"

求权基础是缔约过失请求权，[①] 而侵权纠纷的请求权基础是人格权请求权。综合权衡，在我国现行法律环境下，以选择侵权纠纷为案由为优，且法理上更圆满一些，但法院应基于作为诉讼当事人的劳动者自主选择行使的请求权来确定案由。[②]

2. 完善建议：增加就业歧视纠纷为独立案由

从长远来看，笔者建议最高人民法院明确增加就业歧视纠纷为新的民事案由。就业歧视侵犯的是平等就业权。平等就业权是指公民平等获得就业机会的权利，是公民宪法上平等权在劳动就业领域的延伸和具体化，而公民宪法上的平等权是贯穿于所有人权的基础性权利，在我国宪法和国际人权公约中，平等权均居于人权的首

---

① 原告高某某与被告北京比德创展通讯技术有限公司一般劳动争议纠纷一案的主审法官俞里江即主张劳动合同缔约过程中劳动者权益应得到保护，劳动者要求用人单位承担信赖利益赔偿的范围应包括积极损害（缔约所支出的各种费用）与机会损失（应得工资收入损失），合同法中关于缔约过失责任的相关规定在劳动合同缔约过程中的信赖利益损害赔偿中可参照适用。参见俞里江：《劳动者在乙肝歧视案中的利益保护》，载《人民司法·案例》2008 年第 24 期。肖某与环胜电子（深圳）有限公司缔约过失责任纠纷上诉案的裁判要旨指出：依据我国劳动法律的规定，乙肝病毒携带者依法享有公平就业权。用人单位在与劳动者缔结劳动合同的过程中，因歧视乙肝病毒携带者而不愿与之签订劳动合同，导致劳动者丧失就业机会，用人单位应承担缔约过失责任，该责任包括赔偿损失等形式。参见汪洪：《歧视乙肝病毒携带者的法律责任》，载《人民司法·案例》2011 年第 20 期。

② 《最高人民法院关于印发修改后的〈民事案件案由规定〉的通知》（法〔2011〕42 号）规定："在请求权竞合的情形下，人民法院应当按照当事人自主选择行使的请求权，根据当事人诉争的法律关系的性质，确定相应的案由。"

位或前列,① 具有崇高的价值地位。就法律关系的性质而言,就业歧视案件的性质比较复杂,一方面,其具有劳动争议纠纷的特点:就业歧视发生在用人单位招用人员过程中即缔约阶段,侵犯的是劳动法上规定的平等就业权,适用的法律依据是《劳动法》、《就业促进法》等劳动法律法规;另一方面,其也具有侵犯人格权纠纷的性质:就业歧视侵犯了劳动者以人格平等、人格尊严为主要内容的一般人格权,赔礼道歉、赔偿经济损失和赔偿精神损失等法律责任形式的法律依据是《民法通则》、《侵权责任法》等民事法律。因此,平等就业权简单地将就业歧视案件归入劳动争议纠纷或侵犯人格权纠纷,均不能全面反映该法律关系的本质。

目前,我国司法实践中已有法官认识到了这一点,并在个案中突破《民事案件案由规定》的规定新增了"平等就业纠纷"案由。如余某诉名幸电子(广州南沙)有限公司平等就业纠纷案②在受理时曾以"一般人格权纠纷"的案由立案。立案法官认为,原告的诉讼请求主要是基于被告对其人格利益的侵犯,属于一般人格

---

① 我国《宪法》第三十三条规定"中华人民共和国公民在法律面前一律平等。"该条是"第二章 公民的基本权利和义务"的首条。《世界人权宣言》第 1、2 条均规定了平等权,《经济、社会和文化权利国际公约》第 2、3 条均规定了平等权。

② 广州市南沙区人民法院民事判决书(2008)南法民一初字第 180 号。参见徐于棋:《余某诉名幸电子(广州南沙)有限公司平等就业纠纷案——乙肝病毒携带者的平等就业权受法律保护》,载中国劳动法律援助网 http://www.labourlaw.org.cn/detail_ show_ c_ alpx_ 77. aspx,2017 年 3 月 1 日访问。

权纠纷范畴。原告提出的"赔礼道歉"、"赔偿经济损失"及"赔偿精神抚慰金"等诉讼请求均是基于其人格利益受侵害而提起。另外，原告余某与名幸公司并未订立劳动合同，未形成劳动合同关系，且劳动合同纠纷并不解决精神损害赔偿问题，因而定"劳动合同纠纷"的案由并不恰当。但在开庭审理后，合议庭认为"一般人格权纠纷"这一案由并不能体现该案法律关系的性质。被告的行为既违反了双方的约定（《毕业生就业推荐表》和《补充协议》属劳动合同的预约合同），侵犯了原告的劳动权益，也在一定程度上对原告造成了人格歧视，该纠纷既有劳动合同关系的性质，又有一般人格权纠纷的性质，无论将其归入哪一类案由立案，均不能全面反映该法律关系的本质。因此，合议庭认为以"平等就业纠纷"作为该案案由更为妥当。笔者认为，该做法虽存在突破《民事案件案由规定》的问题，[①]但"平等就业纠纷"的确体现了该案的本质，建议最高人民法院考虑司法实践的需要，及时新增就业歧视纠纷为新的民事案由。

（二）诉讼主体

1. 原告

（1）就业歧视诉讼的原告：劳动者。

我国就业歧视案件的原告应当是劳动者，其依据是

---

① 《最高人民法院关于实施〈民事案件案由规定〉的通知》规定："第一审法院立案时应当根据当事人诉争的法律关系性质，首先应适用《民事案件案由规定》列出的第四级案由，第四级案由没有规定的，则适用第三级案由；第三级案由中没有规定的，则可以直接适用相应的第二级案由或者第一级案由。"

《就业促进法》第 62 条的规定："违反本法规定，实施就业歧视的，劳动者可以向人民法院提起诉讼。"但这里的劳动者并非《劳动合同法》上已经与用人单位建立劳动关系的劳动者，而是指劳动关系外的劳动者，即尚未和用人单位建立劳动关系的劳动者，求职时的农民工无疑也属于这种劳动者。

在我国的法律中，劳动者是一个没有得到明确界定的概念，甚至在一部法律中都具有不同的含义。例如，《劳动法》中的劳动者可分为广义上的劳动者和狭义上的劳动者。狭义上的劳动者是指劳动关系中的劳动者，即《劳动法》第 2 条规定的与用人单位形成劳动关系的劳动者。广义上的劳动者则既包括劳动关系中的劳动者，也包括劳动关系外的劳动者，即劳动力市场中的劳动者，这些劳动者已经进入劳动力市场与用人单位进行实质性接洽。《就业促进法》中的劳动者，显然是指劳动关系外的劳动者，其劳动权利主要为平等就业和自主择业的权利，如《就业促进法》第 3 条规定："劳动者依法享有平等就业和自主择业的权利。劳动者就业，不因民族、种族、性别、宗教信仰等不同而受歧视。"

作为就业歧视案件原告的劳动者，应当是在我国法定劳动年龄内，并且具有劳动能力的公民（自然人），这三个要件缺一不可：

a. 在法定劳动年龄内。不在法定劳动年龄之内的人显然不能提起就业歧视诉讼。我国的法定劳动年龄为男

16—60 岁，女 16—55 岁。①《劳动法》第 15 条规定，禁止用人单位招用未满十六周岁的未成年人。文艺、体育和特种工艺单位招用未满十六周岁的未成年人，必须依照国家有关规定，履行审批手续。国家法定的企业职工退休年龄是：男年满 60 周岁，女工人年满 50 周岁，女干部年满 55 周岁。② 目前，我国退休人员就业的现象不少，但依据现行法律，用人单位招用人员、职业中介机构从事职业中介活动时拒绝法定退休年龄以上的人就业，并不构成就业歧视。

b. 具有劳动能力。不具有劳动能力的人当然不能提起就业歧视诉讼。

c. 是中国公民。此处的中国公民是指有中华人民共和国国籍的（自然）人。为保护本国人的就业，世界各国都对入境外国人的就业予以限制和管理，我国也不例外。外国人在中国就业实行就业许可制度，必须办理就业证。③ 基于一国两制，台、港、澳人员在内地就业实行就业许可制度，需办理就业证。④ 因此，用人单位招用人员、职业中介机构从事职业中介活动时拒绝外国

---

① 劳动和社会保障部办公厅：《关于落实再就业政策考核指标几个具体问题的函》（劳社厅函〔2003〕227 号）。

② 国务院、《关于工人退休、退职的暂行办法》（国发〔1978〕104号）、劳动和社会保障部、《关于制止和纠正违反国家规定办理企业职工提前退休有关问题的通知》（劳社部发〔1999〕8 号）。

③ 参见劳动部、公安部、外交部、对外贸易经济合作部：《外国人在中国就业管理规定》（1996 年 1 月 22 日发布，1996 年 5 月 1 日施行）。

④ 劳动和社会保障部、《台湾香港澳门居民在内地就业管理规定》（2005 年 6 月 14 日公布，2005 年 10 月 1 日施行）。

人或台、港、澳人员在内地就业，并不构成就业歧视。

当就业歧视行为损害了多个劳动者平等就业的权利时，劳动者可以提起个人诉讼，也可以依据《民事诉讼法》提起共同诉讼和代表人诉讼。目前，我国的就业歧视诉讼均是劳动者个人提起，但现实中用人单位招用人员、职业中介机构从事职业中介活动时歧视某一类劳动者的现象并不少见，如果这些劳动者联合起来提起共同诉讼或代表人诉讼，能更有效地保护自己的权利。

（2）完善建议：建立就业歧视公益诉讼制度

在国外，除了劳动者有权提起就业歧视诉讼外，有的国家规定平等就业机会委员会、检察官也可以提起就业歧视诉讼。我国目前还没有专门的平等就业管理机构，但国外相关经验值得借鉴，未来我国应建立就业歧视公益诉讼制度。但是，尽管公益诉讼制度目前规定在我国《民事诉讼法》中，一般被认为也属于民事诉讼的救济机制，但笔者认为从法理上来说，公益诉讼在本质上应当是不同于民事诉讼的，公益诉讼应当属于社会法救济机制。关于这一问题，下文将在专节论述社会法救济机制进行研究。

2. 被告

（1）就业歧视诉讼的被告：用人单位和职业中介机构。

我国就业歧视案件的被告是用人单位和职业中介机构。其法律依据是《就业促进法》第26条的规定："用人单位招用人员、职业中介机构从事职业中介活动，应当向劳动者提供平等的就业机会和公平的就业条件，不得实施就业歧视。"

a. 用人单位。依据《劳动法》第 2 条、《劳动合同法》第 2 条、《劳动合同法实施条例》第 3 条的规定，中华人民共和国境内的企业、个体经济组织、民办非企业单位、依法成立的会计师事务所、律师事务所等合伙组织和基金会等组织是用人单位，国家机关、事业单位、社会团体视为用人单位，一般也通称为用人单位。用人单位在招用人员时没有向劳动者提供平等的就业机会和公平的就业条件，实施了就业歧视行为，该用人单位就是诉讼中的被告。

b. 职业中介机构。依据《就业促进法》，职业中介机构是指由法人、其他组织和公民个人举办，为用人单位招用人员和劳动者求职提供中介服务以及其他相关服务的经营性组织。设立职业中介机构，应当依法办理行政许可。经许可的职业中介机构，应当向工商行政部门办理登记。未经依法许可和登记的机构，不得从事职业中介活动。《就业促进法》第 39 条规定："从事职业中介活动，应当遵循合法、诚实信用、公平、公开的原则。"这里的公平原则，就是禁止就业歧视的原则，其具体内容规定在《就业促进法》第三章"公平就业"的各个条款中。职业中介机构从事职业中介活动时未向劳动者提供平等的就业机会和公平的就业条件，实施了就业歧视行为，该职业中介机构就是诉讼中的被告。①

《就业促进法》未予以明确的是，职业中介机构和用人单位是否应成为共同被告，承担连带责任。笔者认为，依据民法的规定和法理，连带责任的前提是有法律规定或当事人有效的合同约定，因此职业中介机构和用人单位一般不应成为共同被告和承担连带责任。

（2）完善建议：被告限于职工达到一定人数以上的用人单位。

国外立法如美国《民权法》(*Title VII of the Civil Rights Act*)② 第七章规定雇主（employer）、职业中介机构（employment agency）和劳工组织（labor organization）都可以成为歧视的侵权主体即被告，且不论职业中介机构是否收取报酬（compensation）。但与我国反就业歧视法适用于一切用人单位不同，不少国家的反就业歧视法律仅适用于一定人数之上的雇主，雇员数量少的雇主豁免适用。例如，美国《民权法》第七章禁止就业歧视的规定不适用于雇用15人以下小雇主，而适用于在本年度或上一年度连续20周以上的每一个工作日雇用15人以上的从事涉及商事行业的人或其代理。这是考虑到雇主遵守反歧视法的成本相对于这些企业或个人

---

① 国外也有规定职业中介机构为就业歧视侵权主体的法律。如美国《民权法》第七章规定雇用中介、劳工组织以及雇主都可以成为歧视的侵权主体。其有关雇用中介的定义在701（c）款中，该款规定雇用中介为那些经常性地为雇主提供雇员或为雇员提供雇主的人，无论该中介是否收取报酬。参见俞冰：《美国反就业歧视立法及其实践》，载《海外反就业歧视制度与实践》，中国社会科学出版社2007年版，第221页。

② http：//www.eeoc.gov/laws/statutes/titlevii.cfm.

太高。① 但是，有关雇用中介定义的 701（c）款并未规定雇用中介本身是否有雇员人数底线，因此，当雇用中介与雇主有合同关系时，即使该雇用中介所雇用的雇员人数低于 15 人，法院仍然认定其构成中介。② 当然，雇用中介本身作为雇主时，其资格条件与一般雇主相同。美国《雇佣中的年龄歧视法》中的雇主是雇用 20 人以上的企业或个人。③《美国残疾人法》只适用于雇用 15 名雇员以上的雇主。其意图应和《民权法》对雇员人数的限制一样，即国会不希望联邦法律对小企业造成负担，尤其是许多小企业经常雇用同种族的朋友或亲戚。④

笔者认为，基于用人单位自主用人权利和劳动者平等就业权利的平衡以及我国的现实，将来立法时应将反就业歧视法仅适用于职工达到一定人数以上的用人单位，职工人数具体标准可借鉴美国经验并结合中国实际来确定，为与国家中小企业划型标准相协调，可先建立

---

① 俞冰：《美国反就业歧视立法及其实践》，载《海外反就业歧视制度与实践》，中国社会科学出版社 2007 年版，第 219 页。

② Hishon v. King & Spalding 467 U. S. 69，104 S. Ct 2299，81 L. Ed 2d 59（1984）. 转引自俞冰：《美国反就业歧视立法及其实践》，载《海外反就业歧视制度与实践》，中国社会科学出版社 2007 年版，第 221 页。

③ 俞冰：《美国反就业歧视立法及其实践》，载《海外反就业歧视制度与实践》，中国社会科学出版社 2007 年版，第 257 页。

④ Supra. note 4, at 106. 转引自谢增毅：《美国就业中的反残疾歧视——兼论我国残疾人按比例就业制度》，载《月旦财经法杂志》2007 年第 9 期。

小微企业豁免制度，① 小微企业（包括小型企业、微型企业）和个体工商户豁免适用反就业歧视法，然后再逐步降低人数标准，提高保护劳动者平等就业权的水平。建立小微企业豁免制度的原因在于我国许多小微企业（包括个体工商户）主要招用亲戚、朋友、同一地域的人员（老乡），对其适用反歧视法在实践中缺乏可操作性，也会大大增加其经费成本，对其发展成长不利。而大中型企业招用职工人数较多，相对比较成熟和规范，应当承担更大的社会责任。由于中国的经济社会发展程度低于美国等发达国家，标准不应太高，不宜盲目拔高至与发达国家同一水准，而应随经济社会发展逐步提高。

（三）救济范围——受案范围

1. 现行受案范围规定：歧视原因

求职时受到就业歧视而提起的民事诉讼的受案范围是指歧视原因。我国《劳动法》第 12 条规定"劳动者就业，不因民族、种族、性别、宗教信仰不同而受歧视"。其范围明显过窄。《就业促进法》第 3 条规定"劳

---

① 小微企业是小型企业和微型企业的合称，目前已成为一些规范性文件使用的术语，如《青岛市人民政府关于进一步支持小微企业发展的若干意见》（青政发〔2012〕7号）。依据工业和信息化部、国家统计局、国家发展和改革委员会、财政部于 2011 年 6 月 18 日联合发布的《中小企业划型标准规定》，工业、交通运输业、邮政业从业人员 20 人以下的企业为微型企业，300 人以下的为小型企业；住宿业、餐饮业、信息传输业、软件和信息技术服务业、租赁和商务服务业、其他未列明行业从业人员 10 人以下的企业为微型企业，100 人以下的为小型企业；零售业从业人员 10 人以下的企业为微型企业，50 人以下的为小型企业。

动者就业，不因民族、种族、性别、宗教信仰等不同而
受歧视"。这里增加了一个"等"字，意味着就业歧视
原因范围的扩大，也就意味着受案范围的扩大。《就业
促进法》第三章"公平就业"则具体规定了下列几种歧
视原因：

（1）性别歧视。《就业促进法》第 27 条规定，国家
保障妇女享有与男子平等的劳动权利。用人单位招用人
员，除国家规定的不适合妇女的工种或者岗位外，不得
以性别为由拒绝录用妇女或者提高对妇女的录用标准。

（2）民族歧视。《就业歧视法》第 28 条规定，各民
族劳动者享有平等的劳动权利。用人单位招用人员，应
当依法对少数民族劳动者给予适当照顾。

（3）残疾歧视。《就业歧视法》第 29 条规定，国家
保障残疾人的劳动权利。用人单位招用人员，不得歧视
残疾人。

（4）健康歧视。《就业促进法》第 30 条规定，用人
单位招用人员，不得以是传染病病原携带者为由拒绝录
用。但是，经医学鉴定传染病病原携带者在治愈前或者
排除传染嫌疑前，不得从事法律、行政法规和国务院卫
生行政部门规定禁止从事的易使传染病扩散的工作。

（5）身份歧视。《就业促进法》第 31 条规定，农村
劳动者进城就业享有与城镇劳动者平等的劳动权利，不
得对农村劳动者进城就业设置歧视性限制。

综上所述，我国现行法律明确规定的就业歧视诉讼
受案范围有民族、种族、性别、宗教信仰、残疾、健
康、身份歧视。现实生活中存在的年龄、地域、体貌特

征（身高、体重、容貌等）、前科等歧视原因能否纳入《就业促进法》第3条规定的"等"原因，在司法实践中法院基本上对此持保守态度。

需要注意的是，作为个体的农民工除了可能受到《就业促进法》第31条规定的身份歧视外，也可能会受到性别、民族、残疾、健康等歧视，甚至会受到多重歧视。

2. 完善建议：谨慎地逐步扩大就业歧视原因范围。

国际公约和国外立法规定的就业歧视原因一般来说比目前我国明确规定的要宽泛一些。如国际劳工组织1958年《消除就业和职业歧视公约》（我国人大常委会2005年批准加入）第1条规定："就本公约而言，"歧视"一词包括基于种族（race）、肤色（colour）、性别（sex）、宗教（religion）、政治见解（political opinion）、民族血统（national extraction）或社会出身（social origin）等原因，具有取消或损害就业或职业机会均等或待遇平等作用的任何区别、排斥或优惠。"

欧盟1997年《阿姆斯特丹条约》（*Treaty of Amsterdam*）第13条规定禁止的歧视原因包括性别（sex）、种族或民族出身（racial or ethnic origin）、宗教或信仰（religion or belief）、残疾（disability）、年龄（age）或性倾向（sexual orientation）。该条规定是欧盟反歧视法体系的基础，德国2006年《通用平等待遇法》（*Das Allgemeine Gleichbehandlungsgesetz*，AGG）规定的歧视原因与之基本相同，该法第1条规定："本法的宗旨是，防止或消除所有因种族或民族出身（der Rasse oder wegen der ethnischen Herkunft)、性别（des Geschlechts）、宗教或世界观（der Religion oder Weltanschauung）、残障（einer Behinderung）、年龄（des Alters）及性取向（der sexuellen Identit）原因出现的歧视。"① 英国的反歧视立法曾经十分分散，几乎针对前述每一种歧视原因制定一部专门的法律法规，② 但英国于 2010 年通过了《平等法》（*Equality Act*，2010），③ 从而由分散立法模式转为集中立法模式。美国 1964 年《民权法》（*Title VII of the Civil Rights Act*）第七章是反歧视法的核心，列举规定了五种歧视原因：种族、肤色、宗教、性别或民族出身（national origin），1967 年《就业年龄歧视法》（The Age Discrimination in Employment Act）禁止年龄歧视、1990 年《美国残疾人法》（*The Americans with Disabilities Act*）

---

①　参见［德］Roman Frik 著：《德国劳动法中的反歧视制度——浅析德国新〈通用平等待遇法〉》，李光译，载《社会法评论》（第二卷），中国人民大学出版社 2007 年版，第 337 页。

②　英国 1975 年《性别歧视法》（*Sex Discrimination Act*）禁止性别或婚姻状况（marital status）歧视，1976 年《种族关系法》（*Race Relations Act*）禁止肤色（colour）、种族（race）、国籍（nationality）、人种（ethnic）或民族出身（national origins）歧视，1995 年《残疾歧视法》［*Disability Discrimination Act*］禁止残疾歧视、1999 年《性别歧视（变性）条例》［*Sex Discrimination（Gender Reassignment）Regulations*］禁止对变性人的歧视、2003 年《就业平等（宗教和信仰）条例》［*Employment Equality（Religion or Belief）Regulations*］禁止宗教、信仰歧视，2003 年《就业平等（性取向）条例》［*Employment Equality（Sexual Orientation）Regulations*］禁止性取向歧视，2006 年《就业平等（年龄）条例》［*Employment Equality（Age）Regulations*］禁止年龄歧视。

③　英国《平等法》的英文本载 http：//www.legislation.gov.uk/ukpga/2010/15/contents。

禁止残疾歧视。

考察国外立法的历史发展，可以发现哪些歧视原因为法律所禁止是由该国政治、经济、社会、文化等多方因素和发展程度决定的，各国也大都经历了歧视原因的范围由窄到宽的过程。如英国的反歧视立法，就是一步步将社会达成共识的应予禁止的歧视原因纳入立法的历史，属于"成熟一个，制定一个"，最后再将这些歧视原因汇总并进行集中立法，与英国保守的改良主义、经验主义进路相吻合。美国的反歧视法是在民权运动的社会背景下出台的，主要禁止种族（包含肤色、民族出身）和性别两大类歧视原因，禁止年龄和残疾歧视的立法则相对晚一些，但美国社会对同性恋还有较大争论，难以达成共识，因此禁止性取向歧视还未获立法。德国的反歧视法出台较晚（2006年），但规定的歧视原因比较全面，与欧盟法基本一致，其原因在于德国比较崇尚体系化的理性主义进路，希望能够以统一的立法一次性解决反歧视问题。总体来说，国外立法禁止的歧视原因范围相差并不太大，亦未将就业歧视泛化。

我国反歧视法禁止的歧视原因相比国际公约和国外立法来说，还稍显狭窄，但考虑到我国政治、经济、社会、文化发展程度的现实，在相关维权运动未发展成熟的情况下，增加规定法律禁止的歧视原因还需谨慎，否则容易沦为"纸面上的法律"，反而有损法律的权威，可以先考虑将户籍、年龄歧视纳入法律禁止的范围，其余的视社会发展程度再逐步纳入。

## （四）举证责任和抗辩事由

### 1. 举证责任

（1）就业歧视的举证责任："谁主张，谁举证"。

目前，我国就业歧视诉讼中的举证责任依据《民事诉讼法》第 64 条采取的原则，劳动者如主张用人单位实施了就业歧视行为，有责任提供相应的证据，否则会面临败诉的后果。而在实践中，劳动者相对用人单位来说处于弱势地位，一般情况下劳动者对其求职时不被录取的结果很难提出有力的证据证明是因为被歧视。如在 2010 年"顺德乙肝歧视案"中，顺德区法院指出，原告阿伟（化名）在诉讼中未能提供相应的证据，证明顺德某资产管理办因阿伟是乙肝携带者而不予录用，因此法院不予确认。①

在立法修改举证责任之前，法官应当运用经验法则进行事实推定，以免除劳动者的举证责任。如在余某诉名幸电子（广州南沙）有限公司平等就业纠纷案中，被告拒绝履行与原告签订的就业协议，原告认为原因是乙肝两对半的体检结果为大三阳，属于歧视，而被告则陈述是原告迟到和体检不合格，但未提供原告迟到的证据。合议庭认为，如果被告因为原告迟到而拒绝履行就业协议，就应当拒绝原告参加体检并直接告知拒绝录用的原因。但事实上被告仍然安排原告体检，待知晓原告体检结果后才要求原告离开公司，其拒绝录用的原因是

---

① 海鹏飞、陈宇：《顺德乙肝歧视案一审原告败诉》，载《南方都市报》2010 年 8 月 20 日，第 ZA09 版。

显而易见的。在双方均无证据提供的情况下，合议庭推定被告拒绝履行就业协议的真正原因是原告体检出乙肝两对半为大三阳。原告高某某与被告北京比德创展通讯技术有限公司一般劳动争议纠纷一案亦有类似推定："法院认为，被告要求原告进行体检的时间为 2007 年 5 月 30 日，系在培训之后，如被告系因原告培训不合格或其他原因拒绝录用，则其在培训结束一段时间后要求原告进行入职体检，与常理不符。另，本案中被告并未提供其他证据充分证明其在邀请原告应聘后又拒绝录用存在其他合理理由。因此，本院根据查明事实可以确定，被告系因原告体检结果为乙肝'小三阳'而拒绝录用。"由上可见，法院在就业歧视诉讼中恰当运用事实推定，有利于实现实质正义和提高司法效率。

（2）完善建议：合理分配举证责任。

国外立法一般对就业歧视的举证责任进行了合理分配。如根据英国和美国法，只要原告能够提供表面的证据证明歧视的存在，被告就要承担反驳的举证责任。关于被告的抗辩，为了免除歧视的责任，在直接歧视案件中，被告必须证明其歧视行为是一项真实职业资格；在间接歧视案件中，被告必须证明其做法是实现正当目的的适当且必须的行为。[①]

我国学者多主张在反就业歧视法律救济中应采用举

---

证责任倒置原则或合理分配举证责任。[1] 笔者认为，反就业歧视立法应平衡和协调劳动者平等就业权和用人单位用人自主权的冲突，因此举证责任的设置十分重要。举证责任完全由主张权利的劳动者承担，证明的困难会使得劳动者的平等就业权难以实现。举证责任倒置则可能使用人单位的自主权受到过分限制，面临过高的法律风险甚至诉讼爆炸。因此，就业歧视救济应在当事人之间实行举证责任的合理分配，如有的学者建议的那样：劳动者应当首先提供能够初步合理推断用人单位存在歧视行为的证据，用人单位应当提供能够证明自己的行为不构成就业歧视的证据和理由（抗辩事由），劳动者应当辩驳和证明用人单位的理由不可信而只是歧视的借口，用人单位不能提供证据和理由或提供的证据和理由不足以证明不存在就业歧视行为的，用人单位应当承担歧视的法律责任。[2]

2. 抗辩事由

（1）就业歧视的抗辩事由：劳动保护措施、就业优惠措施、公共利益需要。

用人单位基于用人自主权有权根据合理需要选择合适的求职者，因此当劳动者主张就业歧视时，用人单位亦应依据法定的抗辩事由与之对抗，以平衡和协调劳动者平等就业权与用人单位用人自主权的冲突。

---

[1]　喻术红：《反就业歧视法律问题之比较研究》，载《中国法学》2005 年第 1 期。

[2]　蔡定剑、刘小楠：《反就业歧视法专家建议稿及海外经验》，社会科学文献出版社 2010 年版，第 19—20 页。

我国反歧视立法未集中明确规定就业歧视的抗辩事由，但多部法律分散规定了一些实际上属于抗辩事由的劳动保护措施、就业优惠措施和基于公共利益需要进行的就业限制：

a. 劳动保护措施。

国家对女职工和未成年工实行特殊劳动保护，为此禁止妇女和未成年人从事某些工作不应视为歧视。依据《劳动法》第 13 条和《就业促进法》第 27 条，国家规定的不适合妇女的工种或者岗位，可以以性别为由拒绝录用妇女。国务院 2012 年《女职工劳动保护特别规定》则明确了女职工禁忌从事的劳动范围包括"（一）矿山井下作业；（二）体力劳动强度分级标准中规定的第四级体力劳动强度的作业；（三）每小时负重 6 次以上、每次负重超过 20 公斤的作业，或者间断负重、每次负重超过 25 公斤的作业"。并详细规定了女职工在经期、孕期、哺乳期禁忌从事的劳动范围。《劳动法》第 64 条规定了矿山井下、有毒有害等未成年工禁忌从事的劳动。

b. 就业优惠措施。

我国法律对少数民族劳动者、残疾人、"4050 人员"等就业困难人员规定了就业优惠措施，这不应视为歧视。如对于少数民族劳动者，《就业促进法》第 28 条规定："用人单位招用人员，应当依法对少数民族劳动者给予适当照顾。"这里的"依法"主要是指依《民族区域自治法》，民族自治地方的企业、事业单位在招收人员的时候，要优先招收少数民族人员，并可以从农村和牧区少数民族人口中招收人员。上级国家机关隶属的在少数民族自治地方的企业事业单位，在招收人员的时候，应当优先招收当地少数民族人员。对于残疾人，《就业促进法》第 55 条规定："各级人民政府采取特别扶助措施，促进残疾人就业。用人单位应当按照国家规定安排残疾人就业，具体办法由国务院规定。"国务院 2007 年《残疾人就业条例》规定，用人单位应当按照一定比例安排残疾人就业，并为其提供适当的工种、岗位。用人单位安排残疾人就业的比例不得低于本单位在职职工总数的 1.5%。具体比例由省、自治区、直辖市人民政府根据本地区的实际情况规定。用人单位安排残疾人就业达不到其所在地省、自治区、直辖市人民政府规定比例的，应当缴纳残疾人就业保障金。集中使用残疾人的用人单位中从事全日制工作的残疾人职工，应当占本单位在职职工总数的 25% 以上。对于就业困难人员《就业促进法》第六章"就业援助"则规定建立就业援助制度，采取税费减免、贷款贴息、社会保险补贴、岗位补贴等办法，通过公益性岗位安置等途径，对就业困难人员实行优先扶持和重点帮助。

　　c. 基于公共利益需要的就业限制措施。

　　基于公共安全、公共卫生或其他公共利益的需要，国家立法可以对个人或某一类人的就业进行限制，这不能视为歧视。如《就业促进法》第 30 条要求，经医学鉴定传染病病原携带者在治愈前或者排除传染嫌疑前，不得从事法律、行政法规和国务院卫生行政部门规定禁止从事的易使传染病扩散的工作。根据《食品安全法》、《公共场所卫生管理条例》、《化妆品卫生监督条例》等法律法规，传染病病原携带者禁止从事的易使传染病扩散的工作主要包括：（1）食品生产经营中从事接触直接入口食品的工作；（2）饮用水的生产、管理、供应等工作；（3）在公共场所从事直接为顾客服务的工作；（4）托幼机构的保育、教育等工作；（5）美容、整容等工作；（6）直接从事化妆品生产的工作；（7）其他与人群接触密切的工作。

此外，在司法实践中，有法院实际上将真实职业资格作为抗辩事由。如在李某某与江西日报社人格尊严权纠纷案中，法院即认为"特殊岗位根据岗位需要有特殊的要求，企业享有自主经营权，被告在招聘编辑、记者过程中，为了择优录取，要求报考人员必须是全日制普通高校毕业生，而不招收成人教育毕业生这一条件限制，是为了择优录取第一关"。故被告没有构成对原告平等就业权（人格尊严权）的侵犯。该案中学历是否属于工作内在的合理需要值得研究，但该法院判决提出"特殊岗位根据岗位需要有特殊的要求"，实际上是把学历要求视为真实职业资格。

（2）完善建议：增加规定真实职业资格为抗辩事由。

国际公约和国外立法普遍规定对特殊群体人员的特殊保护和就业优惠措施不能被视为歧视，基于公共安全等公共利益需要的就业限制措施也不能被视为歧视。如国际劳工组织1958年《消除就业和职业歧视公约》第5条规定："一、国际劳工大会通过的其他公约和建议书规定的保护或援助的特殊措施不应视为歧视。二、凡会员国经与有代表性的雇主组织和工人组织（如存在此种组织）协商，得确定为适合某些人员特殊需要而制定的其他专门措施应不被视为歧视，这些人员由于诸如性别、年龄、残疾、家庭负担，或社会或文化地位等原因而一般被认为需要特殊保护或援助。"第 4 条规定："针对有正当理由被怀疑为或证实参与了有损国家安全活动的个人所采取的任何措施，不应视为歧视，只是有关个人应有权向按照国家实践建立的主管机构提出申诉。"美国则有对少数种族采取优惠措施的"肯定性行动"（affimative action，或称"积极行动"）。

此外，国际公约和国外立法普遍规定真实职业资格不能视为歧视。如国际劳工组织 1958 年《消除就业和职业歧视公约》第 1 条规定："对一项特定职业基于其内在需要的任何区别、排斥或优惠不应视为歧视。"该规定其实就是真实职业资格。真实职业资格（英国称 Genuine Occupational Qualification，GOQ；美国称 Bona Fide Occupational Qualification，BFOQ），是指雇主提出的特定行业（a particular business）正常营运（normal operation）所合理需要（reasonably necessary）的职业资格，这不能被视为歧视。借鉴英美法上的规定，真实职业资格包括基于职务的本质上、生理学上的理由、个人服务、隐私或体面、在私人家庭工作、住家工作、在单一性别的工作场所工作、海外工作等。[①] 用人单位基于

---

① 饶志静：《英国反性别就业歧视法研究》，法律出版社 2011 年版，第 101—102 页。

用人自主权有权根据合理需要选择合适的求职者，如能证明其因性别、民族等实施区别对待是基于上述真实职业资格，就证明了区别对待的"合理性"，则不视为歧视。

为平衡劳动者平等就业权和用人单位用人自主权的冲突，我国需要明确增加规定用人单位基于合理需要提出的真实职业资格为抗辩事由。

（五）法律责任

1. 法律责任形式：经济和精神损害赔偿、赔礼道歉

我国《就业促进法》等劳动法律法规并未明确规定就业歧视的法律责任形式。全国人民代表大会常务委员会法制工作委员会解释说，在立法中，有的意见提出应规定劳动行政部门有权进行调查处理，但立法机关最终没有采纳，在就业歧视的救济渠道方面，只规定受害人可以向人民法院提起诉讼的司法救济渠道，依法追究违法行为人的法律责任，如责令改正，要求赔礼道歉，请求侵权损害赔偿等。[①] 该解释虽属于无权解释，但所言法律责任形式与目前的司法实践大体相符。目前，司法实践中就业歧视的民事法律责任形式包括以下几种：

（1）经济损失赔偿

经济损失应包括被歧视者的实际经济损失，如误工费、交通费、体检费等。误工费的计算方法是劳动者丧

---

① 信春鹰主编：《中华人民共和国就业促进法释义》，法律出版社2007年版，第179页。

失工作机会的时间乘以约定工资,[①] 如无约定工资,则乘以离职前的平均工资,[②] 如系首次就业且无约定工资,则法院很难支持误工费。[③] 例如在余某诉名幸电子（广州南沙）有限公司平等就业纠纷案中,法院认为:"被告拒绝录用原告,给原告带来财产损失,应当予以赔偿。原告主张的损失项目包括交通费 500 元、体检费 50 元和误工损失 2335 元。原告从武汉到广州往返一次,虽然没有提供票据,500 元交通费基本合理,本院予以支持;原告主张体检费 50 元,虽然没有提供票据,但数额合理,本院予以支持。原告主张的误工损失,实际

---

① 如在余某诉名幸电子（广州南沙）有限公司平等就业纠纷案中,经济损失被认为是原告遭受的可期待利益损失——若被告不违法拒绝录用原告,原告可在被告公司正常工作并获得相应的劳动报酬,正是因为被告的拒绝录用行为使原告损失了这 36 天的工资,被告应对原告遭受的可期待利益损失给予赔偿。参见徐于棋:《余某诉名幸电子（广州南沙）有限公司平等就业纠纷案——乙肝病毒携带者的平等就业权受法律保护》,载 http://www.labourlaw.org.cn/detail_show_c_alpx_77.aspx,2017 年 3 月 1 日访问。

② 如在原告高某某与被告北京比德创展通讯技术有限公司一般劳动争议纠纷一案中,经济损失被认为是高先生自原单位离职至其再次就业前的信赖利益损失——原告在与被告就建立劳动合同关系相互磋商的过程中有理由对被告将录用原告形成合理信赖。因此,在被告违反平等（公平）就业原则拒绝录用原告的情况下,原告自原单位离职至其再次就业前的经济损失作为信赖利益损失,应由被告予以赔偿。对于赔偿的标准,法院参照原告离职前的平均工资 2703.5 计算六个半月,共计 17572.75 元。

③ 如在一起用人单位拒绝录用"乙肝小三阳"大学毕业生而引发的平等就业权纠纷案件中,广西壮族自治区钦州市钦南区人民法院判决用人单位赔偿原告精神抚慰金 1 万元,驳回原告的其他诉讼请求（包括请求承担相应违约赔偿责任）。参见夏群珍:《拒绝录用身患乙肝大学生用人单位被判赔偿精神抚慰金》,载《人民法院报》2008 年 7 月 28 日。

上是经济损失，从 2007 年 7 月 12 日原告报到至 8 月 16 日离开广州，合计 36 天，参照原告试用期 1988 元/月的工资标准折合 66.26 元/天，原告主张 2335 元合理，本院予以支持。"这里原告虽未提供相应的交通费和体检费证据，但合议庭均以合理标准支持了原告的请求，值得肯定。

（2）精神损害赔偿

精神损害赔偿可给予对被歧视者一定程度上的精神抚慰，亦可加大用人单位违法成本以减少就业歧视现象。我国《侵权责任法》第 22 条规定："侵害他人人身权益，造成他人严重精神损害的，被侵权人可以请求精神损害赔偿。"实践中法院的做法不一，有的以劳动者未能举证证明其精神损害达到严重程度为由不支持精神损害赔偿，如余某诉名幸电子（广州南沙）有限公司平等就业纠纷案；有的以被告主观恶意不大，除赔礼道歉外无须令其承担更多其他责任为由驳回精神损害赔偿诉请；[①] 有的则以被告侵犯平等就业权，导致原告为此产生巨大的心理压力和精神痛苦而责令被告赔礼道歉并赔偿精神损害抚慰金，如原告×××与被告大众日报社特殊侵权纠纷一案。笔者认为，由于就业歧视对受害人造成的损失主要属于精神上的，且"严重"一词十分模糊，因此建议未来反就业歧视立法中的精神损害赔偿不以"严重"为要件。

---

① 厦门市思民区人民法院民事判决书（2010）思民初字第 7692 号。

（3）赔礼道歉

赔礼道歉是指侵权行为人通过口头、书面或其他方式向受害人承认错误，表示歉意，以取得谅解的一种责任方式。行为人不赔礼道歉的，法院可以判决按照确定的方式进行，产生的所有费用由行为人承担。如在原告高某某与被告北京比德创展通讯技术有限公司一般劳动争议纠纷一案和原告×××与被告大众日报社特殊侵权纠纷一案中，法院均判决被告向原告书面赔礼道歉，道歉内容由法院确定或核准，如逾期不履行，法院将判决书主要内容在当地公开发行的报纸上刊登，费用由被告负担。

此外，原告胜诉则应由被告承担诉讼费，如在原告×××与被告大众日报社特殊侵权纠纷一案中，案件受理费300元减半收取150元，由被告大众日报社承担。

2. 完善建议：建立惩罚性赔偿制度

有学者主张，关于就业歧视的法律救济，根据英国经验，应向受害人提供损害赔偿包括精神损害赔偿的救济。如果损失难以计算，应根据案件的性质判决被告支付相当于原告数月直至一至两年工资的损害赔偿。根据美国经验，应向受害人提供禁止令、复职、晋升等救济方式，使受害人获得损害赔偿之外的其他救济。① 当雇主实施歧视行为具有故意时应加重其责任，增加对受害人的救济力度，赔偿金额可以包括精神损害赔偿或者惩

---

① 谢增毅：《英国反就业歧视法与我国立法之完善》，载《法学杂志》2008年第5期。

罚性赔偿。当雇主缺乏故意时，以补偿受害人实际经济损失为主。[①]

笔者认为，英美区分是否故意、提供损害赔偿之外多种救济方式的上述经验值得借鉴。除了规定经济和精神损害赔偿、赔礼道歉等法律责任形式外，未来我国反就业歧视立法还可考虑建立惩罚性赔偿制度，以有效遏制违法行为和保护受害的劳动者。

### 三、农民工平等就业的劳动争议诉讼救济机制

用人单位对已经与其建立劳动关系的农民工进行歧视，农民工可以通过劳动诉讼机制寻求救济。我国的劳动争议处理机制包括调解、仲裁和诉讼，调解是自愿程序，当事人一方也可以直接向劳动争议仲裁委员会申请仲裁；仲裁则是强制前置程序，对仲裁裁决不服的，除了一裁终局的案件外，可以向人民法院提起诉讼。由于本书研究的主题是农民工平等就业的司法救济，因此仅论述农民工平等就业的劳动争议诉讼救济机制。由于劳动争议诉讼以劳动争议仲裁为前置程序，诉讼主体（当事人）、救济范围（受案范围）都要受到劳动争议仲裁机制的限制，因此在论述时又不可避免地涉及《劳动争议调解仲裁法》规定的劳动争议仲裁机制。

---

① 谢增毅：《美英两国就业歧视构成要件比较》，载《中外法学》2008 年第 4 期。

（一）诉讼主体

1. 当事人：劳动者和用人单位

（1）劳动者

劳动争议诉讼中的劳动者主要是指已经建立劳动关系的劳动者，但在确认之诉即因确认劳动关系发生的争议中，也可能存在实际上并没有与用人单位建立劳动关系的劳动者作为原告起诉的情形。这种情形如在劳务派遣中，被派遣劳动者可能作为原告起诉实际用工单位，请求确认与其建立了劳动关系，但依据我国《劳动合同法》的规定，在劳务派遣中，劳动关系是在劳务派遣单位和被派遣劳动者之间建立，劳务派遣单位与被派遣劳动者订立劳动合同，① 被派遣劳动者和实际用工单位之间并不是劳动关系。

劳动者是指达到法定的劳动年龄，依法享有劳动能力的自然人。不在我国法定劳动年龄（男 16—60 岁，女 16—55 岁）之内的人显然不能建立劳动关系。劳动和社会保障部发办公厅《关于落实再就业政策考核指标几个具体问题的函》（劳社厅函〔2003〕227 号）明确规定："就业人员：指在法定劳动年龄内（男 16—60

---

① 《劳动合同法》第五十八条规定："劳务派遣单位是本法所称用人单位，应当履行用人单位对劳动者的义务。劳务派遣单位与被派遣劳动者订立的劳动合同，除应当载明本法第十七条规定的事项外，还应当载明被派遣劳动者的用工单位以及派遣期限、工作岗位等情况。劳务派遣单位应当与被派遣劳动者订立二年以上的固定期限劳动合同，按月支付劳动报酬；被派遣劳动者在无工作期间，劳务派遣单位应当按照所在地人民政府规定的最低工资标准，向其按月支付报酬。"

岁，女 16—55 岁），从事一定的社会经济活动，并取得合法劳动报酬或经营收入的人员。"① 目前，我国退休人员就业的现象不少，法律也并未禁止用人单位自愿招用退休人员。但退休人员就业是否属于劳动法上的劳动者，理论和实务上一直存在争议，《劳动合同法》对此未作规定。最高人民法院《关于审理劳动争议案件适用法律若干问题的解释（三）》第 7 条规定："用人单位与其招用的已经依法享受养老保险待遇或领取退休金的人员发生用工争议，向人民法院提起诉讼的，人民法院应当按劳务关系处理。"第 8 条规定："企业停薪留职人员、未达到法定退休年龄的内退人员、下岗待岗人员以及企业经营性停产放长假人员，因与新的用人单位发生用工争议，依法向人民法院提起诉讼的，人民法院应当按劳动关系处理。"

在我国，不适用《劳动合同法》的自然人包括：公务员和比照实行公务员制度的事业组织和社会团体的工作人员，农村劳动者（乡镇企业职工和进城务工、经商的农民除外），现役军人，家庭保姆，利用业余时间勤

---

① 《劳动法》第十五条规定："禁止用人单位招用未满十六周岁的未成年人。"劳动和社会保障部《关于制止和纠正违反国家规定办理企业职工提前退休有关问题的通知》（劳社部发〔1999〕8 号）规定："国家法定的企业职工退休年龄是：男年满 60 周岁，女工人年满 50 周岁，女干部年满 55 周岁。"

工助学的在校生。①

（2）用人单位

依据《劳动法》、《劳动合同法》第 2 条和《劳动合同法实施条例》第 3 条的规定，②中华人民共和国境内的企业、个体经济组织、民办非企业单位、依法成立的会计师事务所、律师事务所等合伙组织和基金会等组织是用人单位，国家机关、事业单位、社会团体视为用人单位。这些用人单位就是劳动争议诉讼中的当事人。

需要注意的是，《劳动合同法实施条例》第 4 条规定："劳动合同法规定的用人单位设立的分支机构，依法取得营业执照或者登记证书的，可以作为用人单位与

---

① 劳动部《关于〈劳动法〉若干条文的说明》（劳办发〔1994〕289号）指出："本法的适用范围除了公务员和比照实行公务员制度的事业组织和社会团体的工作人员，以及农业劳动者、现役军人和家庭保姆等。"劳动部《关于贯彻执行〈中华人民共和国劳动法〉若干问题的意见》（劳部发〔1995〕309号）规定："公务员和比照实行公务员制度的事业组织和社会团体的工作人员，以及农村劳动者（乡镇企业职工和进城务工、经商的农民除外）、现役军人和家庭保姆等不适用劳动法。""在校生利用业余时间勤工助学，不视为就业，未建立劳动关系，可以不签订劳动合同。"

② 《劳动法》第二条规定："在中华人民共和国境内的企业、个体经济组织（以下统称用人单位）和与之形成劳动关系的劳动者，适用本法。国家机关、事业组织、社会团体和与之建立劳动合同关系的劳动者，依照本法执行。"《劳动合同法》第二条规定："中华人民共和国境内的企业、个体经济组织、民办非企业单位等组织（以下称用人单位）与劳动者建立劳动关系，订立、履行、变更、解除或者终止劳动合同，适用本法。国家机关、事业单位、社会团体和与其建立劳动关系的劳动者，订立、履行、变更、解除或者终止劳动合同，依照本法执行。"《劳动合同法实施条例》第三条规定："依法成立的会计师事务所、律师事务所等合伙组织和基金会，属于劳动合同法规定的用人单位。"

劳动者订立劳动合同；未依法取得营业执照或者登记证书的，受用人单位委托可以与劳动者订立劳动合同。"这里的"作为用人单位"是指作为独立的用工主体。

2. 完善建议

市场经济下民事主体的法律地位一律平等，因此在劳动法领域，所有劳动者的法律地位应当是平等的。计划经济时期基于城乡二元结构带来的身份上的差别导致了"正式工"和"临时工"、"农民工"的差别，不同身份之间的待遇和享有的权利多有不平等之处。但在市场经济下，《劳动法》第 2 条明确规定了劳动者享有平等就业的权利，不再区分正式工和临时工、合同工，因此从法律上已经不应当存在临时工了，目前现实中的称谓更多是历史沿袭。劳动部办公厅《对〈关于临时工等问题的请示〉的复函》（劳办发〔1996〕238 号）曾明确指出："《劳动法》施行后，所有用人单位与职工全面实行劳动合同制度，各类职工在用人单位享有的权利是平等的。因此，过去意义上相对于正式工而言的临时工名称已经不复存在。用人单位如在临时性岗位上用工，应当与劳动者签订劳动合同并依法为其建立各种社会保险，使其享有有关的福利待遇，但在劳动合同期限上可以有所区别。"

此外，农民工在劳动争议诉讼中往往面临因文化水平低、法律知识缺乏等问题，导致他们维权十分困难，在这种情况下需要代理人参与诉讼，除了发展法律援助外，法律对公民代理的要求不要过于严苛。《民事诉讼法》（2012 年修改）第 58 条规定："当事人、法定代理人可以委托一至二人作为诉讼代理人。下列人员可以被委托为诉讼代理人：（一）律师、基层法律服务工作者；（二）当事人的近亲属或者工作人员；（三）当事人所在社区、单位以及有关社会团体推荐的公民。"[①] 这里"当事人所在社区、单位以及有关社会团体推荐的公民"就是指"公民代理"。这里的"社区"主要是指当事人所在的居委会、村委会。司法实践中，有的法院对公民代理中的程序瑕疵予以容忍，对保护农民工合法权益起了积极的作用。如在"浙江大地交通工程有限公司与李某某、熊某某劳动争议纠纷案二审民事判决书"[②] 中，二审法院认为："对上诉人提出的一审部分原告的代理人骆某某、康某某属于公民代理，无社区、单位或者有关社会团体推荐和证明材料，一审程序违法的问题，本案涉及拖欠工资的 46 人中绝大部分是农民工，有本地人，也有外地人，因农民工无固定工作地点，流动性较大，本人到庭参加诉讼比较困难，原审部分原告委托一同做工的工友骆某某或康某某作为其代理人参加

---

[①] 这里的"社会团体"，《最高人民法院关于适用〈中华人民共和国民事诉讼法〉的解释》（法释〔2015〕5 号）第八十七条规定："根据民事诉讼法第五十八条第二款第三项规定，有关社会团体推荐公民担任诉讼代理人的，应当符合下列条件：（一）社会团体属于依法登记设立或者依法免予登记设立的非营利性法人组织；（二）被代理人属于该社会团体的成员，或者当事人一方住所地位于该社会团体的活动地域；（三）代理事务属于该社会团体章程载明的业务范围；（四）被推荐的公民是该社会团体的负责人或者与该社会团体有合法劳动人事关系的工作人员。专利代理人经中华全国专利代理人协会推荐，可以在专利纠纷案件中担任诉讼代理人。"

[②] 四川省巴中市中级人民法院民事判决书（2016）川 19 民终 866 号。

诉讼，均是其真实意思表示，同时骆某某、康某某了解案情，能够真实反映其诉求。骆某某、康某某作为公民代理虽无社区推荐和证明材料，其委托代理程序上存在瑕疵，但在二审中已提供相关社区证明，其一审代理出庭参加诉讼未损害被代理人的合法权益，也未损害上诉人的利益，不影响本案裁判结果。"这一判决值得赞许。

### （二）救济范围——受案范围

#### 1. 救济范围

关于劳动争议处理的受案范围，我国《劳动争议调解仲裁法》第 2 条规定："中华人民共和国境内的用人单位与劳动者发生的下列劳动争议，适用本法：（一）因确认劳动关系发生的争议；（二）因订立、履行、变更、解除和终止劳动合同发生的争议；（三）因除名、辞退和辞职、离职发生的争议；（四）因工作时间、休息休假、社会保险、福利、培训以及劳动保护发生的争议；（五）因劳动报酬、工伤医疗费、经济补偿或者赔偿金等发生的争议；（六）法律、法规规定的其他劳动争议。"农民工平等就业的劳动诉讼因为以劳动争议仲裁为强制前置程序，当然也要受这一受案范围约束。

从权利的角度来看，劳动诉讼的救济范围包括劳动者的各项劳动权利。劳动者的平等权包括在劳动者的各项劳动权利之中，每一项劳动权利都存在平等享有和平等保护的问题。《劳动法》第 3 条规定："劳动者享有平等就业和选择职业的权利、取得劳动报酬的权利、休息休假的权利、获得劳动安全卫生保护的权利、接受职业技能培训的权利、享受社会保险和福利的权利、提请劳动争议处理的权利以及法律规定的其他劳动权利。"

目前，农村劳动者进城就业（进城就业的农村劳动者俗称农民工）仍然遭受各种各样的歧视，其劳动就业的基本权益得不到保障，主要表现在如下几个方面：（1）农民工的劳动合同权利得不到保障。劳动法律明文规定用人单位要与职工签订劳动合同，但是大多数农民工却没有任何正式合同，即便有，劳动合同内容也往往包含许多不平等的条款。（2）农民工的劳动报酬权利得不到保障。拖欠农民工工资的现象比较严重，尤其是在建筑行业。（3）农民工的劳动安全卫生权利得不到保障。农民工从事的大多是脏、累、险、苦的工作，劳动时间长、劳动强度大、劳动及生活条件相当恶劣，工伤、职业病、疾病发生的可能性非常大。（4）农民工的社会保险权益得不到保障。大多数农民工没有跟城镇劳动者一样享受到工伤保险、医疗保险、生育保险等合法权益，使得劳动法的相关规定形同虚设。[1] 此外，农民工休息休假的权利、接受职业技能培训的权利也都得不到保障。

由于劳动报酬权是劳动权利的核心，同工同酬是农民工平等就业的核心，下文以此为中心来考察司法实践

---

① 信春鹰主编：《中华人民共和国就业促进法释义》，法律出版社2007年版，第89—90页。

中的裁判现状。

由于农民工不是严谨的法律概念,农民工的同工同酬,目前在法律规定主要体现在劳务派遣工(法律上称被派遣劳动者)同工同酬上。《劳动合同法》(2012年修改)第63条规定:"被派遣劳动者享有与用工单位的劳动者同工同酬的权利。用工单位应当按照同工同酬原则,对被派遣劳动者与本单位同类岗位的劳动者实行相同的劳动报酬分配办法。用工单位无同类岗位劳动者的,参照用工单位所在地相同或者相近岗位劳动者的劳动报酬确定。劳务派遣单位与被派遣劳动者订立的劳动合同和与用工单位订立的劳务派遣协议,载明或者约定的向被派遣劳动者支付的劳动报酬应当符合前款规定。"[1]

但由于同工同酬在实践中判断起来比较困难,可操作性不强,因此落实上存在一定难度。被派遣劳动者提起了不少相关的诉讼,法院的判决结果不一。

有的法院明确支持了部分同工同酬的请求,如"原告中央储备粮驻马店直属库诉被告李某某劳动争议案"[2]中,法院认为:根据《劳动合同法》第63条的规定,被派遣劳动者享有与用工单位的劳动者同工同酬的权

---

[1] 《劳动合同法》该条在2007年通过时为:"被派遣劳动者享有与用工单位的劳动者同工同酬的权利。用工单位无同类岗位劳动者的,参照用工单位所在地相同或者相近岗位劳动者的劳动报酬确定。"2012年修改时增加规定了用工单位的义务,并要求劳务派遣协议符合同工同酬要求。

[2] 河南省驻马店市驿城区人民法院民事判决书(2015)驿民初字第5390号。

利。用工单位应当按照同工同酬原则，对被派遣劳动者与本单位同类岗位的劳动者实行相同的劳动报酬分配办法。根据中储粮驻马店直属库下发的文件（中储粮驻库〔2012〕154号）的规定，李某某应当享受每年6000元的各类补贴待遇。故中储粮驻马店直属库应当向李某某支付2013年1月至2014年7月的各类补贴9500元（6000元/年÷12月×19个月）。李某某关于其他同工同酬待遇的请求，因其未提供相关证据予以证明，本院不予支持。

但不少判决显示，法院在很多案件中不支持同工同酬的请求。具体情形又可以分为以下几种：

（1）实行相同的劳动报酬制度、同样的工资标准就不违反同工同酬。如在"原告敏某某与被告江苏南京长途汽车客运集团有限责任公司劳动争议纠纷一案"[1]中，法院认为：同工同酬须具备三个条件：劳动者的工作岗位，工作内容相同、在相同工作岗位上付出了与别人同样的劳动工作量、同样的工作量取得了相同的工作业绩，在此情况下才能同劳动报酬。该原则强调的是同岗位职工实行的是相同的劳动报酬分配制度，并非指结果意义上的劳动报酬的绝对等同。本案中，敏某某与其同岗位的其他员工均执行基本工资＋工时工资＋工龄工资＋满勤奖＋津贴的工资构成方式，长客公司对敏某某同岗位的员工也均执行同样的工时工资标准，即每工时单价为5元，可见长客公司已对同岗位职工实行了相同的

---

① 南京市鼓楼区人民法院民事判决书（2015）鼓民初字第7658号。

劳动报酬分配制度。长客公司并未违反同工同酬的原则，故敏某某要求长客公司支付未同工同酬工资的诉讼请求，无法律和事实依据，本院不予支持。

（2）劳动者无证据证明用人单位存在与其相同情况的劳动者的工资标准，就不支持同工同酬。这种举证责任分配显然不利于劳动者。如"曹某与浙江省粮油食品进出口股份有限公司劳动争议上诉案"①中，法院认为：曹某也无证据证明省粮油公司存在与其相同情况的劳动者的工资标准，故其以同工同酬为由要求省粮油公司补偿工资、福利、午餐费的依据不足。"赖某某与中国人寿保险股份有限公司定南县支公司劳动争议纠纷案"②中，法院认为：本案中赖某某明确提出应与邱某某同工同酬，并以诉请的形式提出取证申请即要求人保定南支公司提供公司员工的工资表和绩效发放表不符合法律规定，原审法院未向赖某某释明直接以该诉请不属于人民法院审理劳动争议案件的范围而未予支持，并将举证责任完全归于赖某某不妥。但因赖某某以邱某某作为其主张同工同酬权利的参照对象，邱某某与赖某某工作岗位不同，原审法院未要求人保定南支公司提交相关证据不影响本案的正确处理。

（3）必须岗位相同才能请求同工同酬，不能与其他岗位相比。如"赖某某与中国人寿保险股份有限公司定南县支公司劳动争议纠纷案"③中，法院认为：我国劳

---

① 浙江省杭州市中级人民法院民事判决书（2016）浙01民终343号。
② 江西省高级人民法院民事判决书（2015）赣民提字第43号。
③ 江西省高级人民法院民事判决书（2015）赣民提字第43号。

动法规定了工资分配实行同工同酬，劳动合同法也明确了被派遣劳动者享有与用工单位的劳动者同工同酬的权利，故赖某某有主张同工同酬的权利。劳办发（1994）289 号《关于劳动法若干条文的说明》明确，同工同酬是指用人单位对于从事相同工作，付出等量劳动且取得相同劳动业绩的劳动者，支付同等的劳动报酬。本案中，邱某某从事管理类岗位工作，赖某某亦称其主要工作是初审理算和结案归档，邱某某的主要工作是调查复核。两者并不是从事相同工作，赖某某无法主张与邱某某同工同酬。人保定南支公司再审已提交证据证明邱某某与赖某某的学历、工作时间、职务、职称、工作业绩均不同，人保定南支公司据此发放不同的劳动报酬，符合法律规定。另赖某某在再审庭审中也确认，人保定南支公司中与其同样从事理赔调查岗的均为劳务派遣工，赖某某主张同工同酬的权利应与和其从事同样工作岗位的劳动者进行比较。故赖某某要求与邱某某同工同酬的主张无事实和法律依据，不予支持。"陈某某与莱芜钢铁集团莱芜矿业有限公司、莱芜市人力资源开发服务有限公司劳动争议案"[1] 中，法院持同样的观点。

（4）确定工资涉及的因素很多，同工同酬须综合认定。在"张某诉盐城邦尼水产食品科技有限公司劳动争议纠纷案"[2] 中，法院认为：本案中，张某与吉某某虽

---

① 山东省莱芜市中级人民法院民事判决书（2016）鲁 12 民终 42 号。
② 江苏省高级人民法院民事裁定书（2015）苏审二民申字第 02242 号。

然从事相同工作岗位，但两人的学历不同，掌握的生产技能、工作态度、工作经历和经验等不尽相同，具体工作范围及所完成的工作量亦有区别，邦尼公司综合考量各种因素确定不同的工资标准不违反法律规定。张某要求邦尼公司按照同工同酬原则支付其与吉某某之间工资差额的依据不足，一、二审法院不予支持并无不当。"陈某某与莱芜钢铁集团莱芜矿业有限公司、莱芜市人力资源开发服务有限公司劳动争议案"[①] 中，法院也持同样的观点。

此外，由于我国劳动争议仲裁时效只有一年，[②] 农民工大多不懂法律，维权能力不强，很容易因为时效届满而被驳回请求。

2. 完善建议

目前，国家也很重视农民工平等就业问题。《国务院关于进一步做好为农民工服务工作的意见》（国发〔2014〕40号）提出两个重点保障：一是保障农民工工资报酬权益，落实农民工与城镇职工同工同酬原则。二

---

① 山东省莱芜市中级人民法院民事判决书（2016）鲁12民终42号。

② 《劳动争议调解仲裁法》第二十七条规定："劳动争议申请仲裁的时效期间为一年。仲裁时效期间从当事人知道或者应当知道其权利被侵害之日起计算。前款规定的仲裁时效，因当事人一方向对方当事人主张权利，或者向有关部门请求权利救济，或者对方当事人同意履行义务而中断。从中断时起，仲裁时效期间重新计算。因不可抗力或者有其他正当理由，当事人不能在本条第一款规定的仲裁时效期间申请仲裁的，仲裁时效中止。从中止时效的原因消除之日起，仲裁时效期间继续计算。劳动关系存续期间因拖欠劳动报酬发生争议的，劳动者申请仲裁不受本条第一款规定的仲裁时效期间的限制；但是，劳动关系终止的，应当自劳动关系终止之日起一年内提出。"

是扩大农民工参加城镇社会保险覆盖面。[①] 明确提出"推动农民工与城镇职工平等参加失业保险、生育保险并平等享受待遇"。《最高人民法院关于充分发挥审判职能作用推动国家新型城镇化发展的意见》（法发〔2014〕20 号）也提出：依法保障平等就业、同工同酬制度的落实。进一步发挥审判职能，在劳动条件、安全生产、劳动报酬，以及工伤、医疗、养老保险等各个方面，严格按照新工伤保险条例及其司法解释等有关劳动保障的法律、行政法规的规定审理案件，助力城乡劳动者一律平等目标的逐步实现，保障全体劳动者参与新型城镇化建设的合法权益，推动建立城乡统一的人力资源市场。《国务院办公厅关于完善支持政策促进农民持续增收的若干意见》（国办发〔2016〕87 号）提出："完善城乡劳动者平等就业制度。推动形成平等竞争、规范有序、城乡统一的劳动力市场，落实农民工与城镇职工平等就

---

① 该文件还提出："依法将与用人单位建立稳定劳动关系的农民工纳入城镇职工基本养老保险和基本医疗保险，研究完善灵活就业农民工参加基本养老保险政策，灵活就业农民工可以参加当地城镇居民基本医疗保险。完善社会保险关系转移接续政策。努力实现用人单位的农民工全部参加工伤保险，着力解决未参保用人单位的农民工工伤保险待遇保障问题。推动农民工与城镇职工平等参加失业保险、生育保险并平等享受待遇。对劳务派遣单位或用工单位侵害被派遣农民工社会保险权益的，依法追究连带责任。实施'全民参保登记计划'，推进农民工等群体依法全面持续参加社会保险。整合各项社会保险经办管理资源，优化经办业务流程，增强对农民工的社会保险服务能力。"

业、同工同酬制度。"①

由上可见，国家明确提出完善城乡劳动者平等就业制度，平等涵盖了劳动报酬、社会保险、劳动条件、安全生产等方面，又以劳动报酬、同工同酬为重点。

然而同工同酬确实是实践中的难点。劳办发（1994）289 号《关于劳动法若干条文的说明》明确，同工同酬是指用人单位对于从事相同工作，付出等量劳动且取得相同劳动业绩的劳动者，支付同等的劳动报酬。"相同工作"、"等量劳动"、"相同劳动业绩"三个条件缺一不可，这一标准显然过于严苛，必然造成司法实践中难以支持同工同酬的请求。应当落实《劳动合同法》第 63 条的规定，用工单位应当按照同工同酬原则，对被派遣劳动者与本单位同类岗位的劳动者实行相同的劳动报酬分配办法。用工单位无同类岗位劳动者的，参照用工单位所在地相同或者相近岗位劳动者的劳动报酬确定。这里不再要求"相同工作"，而是采用"同类岗位"，单位无同类岗位时应当参照"用工单位所在地相同或者相近岗位"。具体操作，还依赖于司法判例逐步总结出一些适用规则。

此外，笔者认为，我国劳动报酬请求权的仲裁时效

① 从该文件还提出："严查处克扣、拖欠农民工工资行为。完善覆盖城乡的公共就业服务制度，逐步实现城乡居民公共就业服务均等化。以新生代农民工为重点，实施农民工职业技能提升计划，提高职业培训针对性和有效性。加强农民工输出输入地劳务对接，积极开展有组织的劳务输出。支持农村社区组建农民劳务合作社，开展劳务培训和协作。在制定征地补偿安置方案时，要明确促进被征地农民就业的具体措施。"

和诉讼时效期间太短，建议将劳动报酬请求权的时效期间规定为长期时效期间。有学者提出的《民法典草案总则编》中规定"基于劳动合同、雇用合同的工资、报酬请求权，从合同终止时开始计算"，"诉讼时效期间为十年"。其主要是基于弱者保护的考虑，因劳动者是经济生活的弱者，靠出卖劳动力换取微薄的工资报酬，维持自己和家庭成员的生活，其社会地位卑微，掌握信息有限，很难及时向雇主主张权利，90 年代以来拖欠劳动者工资的社会问题愈演愈烈即是明证。[①]　笔者认为这种观点很有道理，建议在未来修改《劳动争议调解仲裁法》时考虑规定劳动报酬请求权的长期时效。

### （三）法律责任

目前我国的劳动诉讼案件由法院的民事审判庭适用《民事诉讼法》进行审理，部分法院已经建立了专门审理劳动争议的法庭，但仍属于民事审判庭的序列。劳动争议的法律责任形式没有脱离民事责任形式的范围。综合《民法通则》、《侵权责任法》、《合同法》的相关规定，承担民事责任的方式主要有：（1）停止侵害；（2）排除妨碍；（3）消除危险；（4）返还财产；（5）恢复原状；（6）修理、重作、更换；（7）继续履行；（8）赔偿损失；（9）支付违约金；（10）消除影响、恢复名誉；（11）赔礼道歉。而在劳动争议案件中，常见的法律责任形式主要有继续履行、赔偿损失（赔偿金）、支付违约金等，

---

[①]　梁慧星：《中国民法典草案建议稿附理由：总则编》，法律出版社 2013 年版，第 393—394 页。

《劳动合同法》还特别规定了经济补偿金。笔者这里侧重对经济补偿金、违约金、赔偿金这"三金"展开论述。

涉及劳动合同解除的劳动纠纷案件在劳动纠纷案件中占了很大比例，其中最常见的案例包括劳动者要求用人单位给付经济补偿金，用人单位要求劳动者给付违约金和支付损害赔偿金等问题，可以简称为"三金"问题。[①]

1. 经济补偿金

经济补偿金是指在劳动合同解除或终止后，用人单位依法一次性支付给劳动者的经济上的补助。经济补偿金是劳动法上一项极有特色的制度，充分体现了劳动法对劳动者倾斜保护的原则和目的。经济补偿金具有劳动贡献补偿和社会保障的双重功能，也在某种程度上具有违约金的功能，但这三者都不足以全面说明经济补偿金的性质。经济补偿金应被视为是劳动法上特有的和独立的解约经济补偿形式，是对因用人单位解除合同而遭受损失的劳动者进行的补偿，其适用范围和补偿标准由各国根据对劳动者倾斜保护的程度而定。

需要特别注意的是，尽管经济补偿金具有一定的社会保障功能，但经济补偿金与失业保险金的来源、发放条件、标准、功能均不同。失业保险、医疗保险等发生作用都以失业和医疗的实际发生为前提，但劳动者完全有可能在解除合同前或解除合同后立即找到新的工作，此时虽然劳动者不需要经济补偿金提供生活保障，但用

---

[①] 参见杨飞：《劳动合同解除时的"三金"问题》，载《团结》2006年第6期。

人单位仍须依法支付经济补偿金。此外，社会保障应覆盖全部劳动者，但依照法律只有部分劳动者能获得经济补偿金，这与社会保障的性质明显不符。用人单位不能因劳动者领取了失业保险金而拒付或克扣经济补偿金，失业保险经办机构也不能因劳动者领取了经济补偿金而停发或减发失业保险金。

## 2. 违约金

违约金是当事人通过约定而预先确定的、在违约后一方向另一方支付的一笔金钱。违约金可分为赔偿性违约金与惩罚性违约金，赔偿性违约金主要是为了弥补一方违约后另一方所受到的损失，惩罚性违约金是指对违约行为实行惩罚。

从世界各国的立法情况看，许多国家都禁止约定违约金，如《日本劳动基准法》、《韩国劳工标准法》均明确禁止约定违约金。我国许多劳动法学者建议明令禁止约定违约金，但目前这是不太现实的。而且，在违反服务期约定和保密义务的情况下，劳动者向用人单位支付违约金也并非不合理，在这种情况下用人单位的合法权益也应予以有效的保护，否则很容易造成劳动力市场的无序竞争。因此，目前我们应承认劳动合同中的违约金为限制性的赔偿性违约金，《劳动合同法》规定除劳动者违反服务期约定和竞业限制约定两种情形外，用人单位不得与劳动者约定由劳动者承担的违约金，是比较合理的。

对于违约金制度，笔者建议还可以再加以完善：首先，应明确禁止约定惩罚性违约金，明确规定由用人单位承担劳动者造成损失的举证责任，有力限制违约金的滥用。其次，限制违约金的适用范围和最高数额，同时，约定违约金的数额高于违约的实际损失数额，应以实际损失数额为准，而约定违约金的数额低于违约的实际损失数额，则应当以劳动者的可预见的标准为最高限额。最后，赋予法官或者仲裁机构一定的自由裁量权来降低违约金的数额。

3. 赔偿金

劳动合同解除中的赔偿金，是指用人单位或劳动者不当解除劳动合同给对方造成损失时给付对方的一定数量的金钱，一般称作损害赔偿或损害赔偿金，可分为补偿性损害赔偿和惩罚性损害赔偿两种。在我国劳动合同解除时用人单位和劳动者承担的赔偿金中，既有补偿性赔偿金也有惩罚性赔偿金。劳动者违反规定或者合同约定解除劳动合同所支付的赔偿金，主要依据用人单位的损失来计算，是补偿性的赔偿金；用人单位违反规定或者合同约定解除劳动合同的，支付的赔偿金中各具不同情况，有补偿性赔偿金，也有惩罚性赔偿金。

各国法律和司法实践都对惩罚性赔偿的适用进行严格限制，其多适用于经济上处于优势地位并滥用其优势的一方。如在美国，雇主利用其支配地位侵害其雇员的时候，应承担惩罚性赔偿的合同责任。

根据保护劳动者的原则和目的，在劳动合同解除后有损失的当事人可以要求损害赔偿，但需要对赔偿金的范围做出限制，惩罚性赔偿金只能由法律明确规定，且仅适用于用人单位，劳动者只应承担补偿性赔偿金。并且对于赔偿金的总额，也应当根据劳动者的收入和实际负担能力予以限制。

　　需要特别注意的是，劳动者在劳动合同履行过程中因职务行为造成用人单位经济损失的，劳动者的损害赔偿责任应当依据其过错程度而定：劳动者故意的，承担全部责任；劳动者有重大过失的，依照过失程度分担责任；劳动者仅有轻过失或一般过失的，劳动者不承担责任。如在"上海仲品房地产投资顾问有限公司诉蔡某劳动合同案"[①] 中，二审法院认为：仲品公司指派其工作

----

　　① 　该案一审判决书：上海市浦东新区人民法院（2005）浦民一（民）初字第 81 号。二审判决书：上海市第一中级人民法院（2005）沪一中民一（民）终字第 2018 号。该案一审法院认为：对于劳动者在履行职务行为过程中给用人单位造成的损失，劳动者是否应当承担赔偿责任，则应当综合考量劳动关系的特殊性和劳动者的过错程度予以确定。由于劳动者和用人单位的法律地位不同，用人单位既是企业财产的所有人、管理人，又是企业内部的管理者和监督者，所以一旦发生劳动者造成用人单位经济损失的情况，用人单位就具有双重身份，既是受害人，又是劳动者的管理者。如果在此情况下让劳动者承担所有的赔偿责任，那么企业作为管理者就不再承担任何责任。且用人单位支付给劳动者的对价即劳动报酬与劳动者创造的劳动成果具有不对等性，企业作为劳动成果的享有者，更应承担经营风险。同时，用人单位的每一项工作都由不同的劳动者来完成，如果严格要求劳动者根据其过错承担赔偿责任，实质是将企业的经营风险全部转移到劳动者身上，这对处于弱势地位的劳动者来说，不尽合理。因此，通常情况下，只有在劳动者由于故意或重大过失给用人单位造成经济损失的情况下，劳动者才负赔偿责任。如果劳动者没有过失或者存在轻微过失，则无须赔偿。本案中，蔡某私自买卖港币是受单位指派，在交易过程中，为了防止出现意外，始终有两位同事陪同，发现被骗后又及时报警。可见蔡某尽到了一定的注意义务，发生损失后又积极进行补救，主观上对损失的发生并不存在故意或重大过失的情形，故仲品公司要求蔡某赔偿因犯罪分子的犯罪行为而造成的损失，法院不予支持。笔者认为一审法院的说理颇为充分，对劳动者过错程度和相应责任的划分也更加合理。

人员蔡某私自兑换港币，在与他人交易过程中人民币遭人调包。事后虽向公安部门报案，但一直没有破案。这样直接造成仲品公司人民币 15 万元的经济损失。在此情况下，仲品公司作为用人单位，可否对蔡某在履行职务行为过程中造成的损失主张损害赔偿，应视蔡某的过错程度而定。如果蔡某故意时，须负全责；具有重大过失或者通常过失时，可依照过失程度，确定分担损害；仅有极轻微过失时，仲品公司不得向蔡某追偿。本案中，尽管蔡某有两位同事陪同，亦小心行事，但人民币还是不慎被人调包，发现被骗后又及时报警，蔡某的此种行为应当属于极轻微过失。仲品公司明知私自买卖港币系违法行为，还要求蔡某按照工作指示正常行事，仲品公司不得向蔡某主张损害赔偿。笔者认为该案法院对过失的表述不够准确，表述为劳动者故意则承担责任、重大过失则分担责任、轻过失则免责更为合理。

## 四、农民工平等就业的社会法诉讼救济机制

现实中，农民工的平等就业权、劳动安全卫生保护权、社会保险权等劳动权利得不到平等保护，农民工受到多种就业歧视和职业歧视，这些歧视不仅仅是针对农民工个体的，往往是针对农民工群体的，是农民工整个群体受到不平等的对待。注重保障群体利益而非个体利益，这使我们可以反思现行公法救济和私法救济机制的不足，建构独立于公法救济和私法救济机制之外的社会法救济机制。

（一）社会法诉讼救济机制

1. 现行公法救济和私法救济机制的不足

（1）现行公法救济和私法救济机制。

本书以劳动安全卫生保护为例来展开分析。《中华人民共和国劳动法》第 3 条规定，劳动者享有"获得劳动安全卫生保护的权利"，简称劳动安全卫生保护权，与职业安全卫生保护权、劳动安全卫生权、职业安全卫生权、劳动保护权等具有同一含义。《劳动法》、《安全生产法》和《职业病防治法》等又具体规定劳动者有获得劳动安全卫生条件和劳动防护用品的权利、知情权、建议权、批评、检举和控告权、拒绝权、获得定期健康检查权等，用人单位对劳动者有提供安全卫生条件和劳动防护用品的义务、建立安全设施的义务、督促和告知义务、进行教育和培训的义务、警示义务、职业健康检查义务等保护义务，构成了一个比较完整的劳动安全卫生保护法律关系体系。

目前中国法学界一般认为，围绕劳动安全卫生保护权建构的劳动安全卫生保护法律关系存在三方主体：国家、用人单位和劳动者之间存在两类法律关系：公法关系和私法关系。劳动安全卫生保护权是劳动者个人享有的个别劳动权利，既是公权利，也是私权利，是一种兼有公权和私权特征的社会权。[1] 相应地，劳动安全卫生保护权的救济亦包括公法救济和私法救济两种机制：

a. 公法救济机制：国家立法确立劳动安全卫生标

_____

[1]　常凯：《劳权论》，中国劳动社会保障出版社 2004 年版，第 196 页。

准，劳动标准对于用人单位来说是必须执行的公法义务，国家和用人单位之间、国家和劳动者之间是公法关系。劳动者享有的劳动安全卫生保护权属于公法权利，国家作为义务人通过行政执法途径（在中国包括安全生产监督管理和劳动保障监察两个行政执法途径）、行政诉讼途径和刑事诉讼途径保护劳动者的劳动安全卫生保护权，这三个途径均属于公法救济。

b. 私法救济途径：劳动安全卫生保护（即"劳动保护、劳动条件和职业危害防护"）是劳动合同的必备条款，约定不明确时适用集体合同，没有集体合同或者集体合同未规定，适用国家规定的标准。① 用人单位和劳动者之间是私法关系，劳动安全卫生保护权是劳动者通过劳动合同获得的私权利，用人单位是义务人。用人单位违反保护义务时，劳动者可以通过劳动争议调解仲裁途径和民事诉讼途径获得保护，这两个途径均属于私法救济。

（2）公法救济和私法救济的不足。

在实践中，中国现行的公法救济途径和私法救济途径对劳动者劳动安全卫生保护权的保护都存在不足之处。有学者概括为行政执法机制具有片面性和不确定性，民事维权机制具有偶发性或片面性、不确定性甚至负面性。② 笔者认为：

就公法途径而言，由于人力物力财力有限和地方保

---

① 《中华人民共和国劳动合同法》第 17、18 条。

② 赵红梅：《私法与社会法——第三法域之社会法基本理论范式》，中国政法大学出版社 2009 年版，第 267—270 页。

护主义，作为行政执法机关的安全生产监督管理部门和劳动监察部门存在大量的行政不作为现象，其行政执法呈现出"选择性执法"和"运动式执法"两大特点。所谓选择性执法，是指执法主体对不同的管辖对象，根据自己的判断甚至好恶刻意采取区别对待的一种执法方式。所谓运动式执法，是指行政机关集中优势人力、物力，在限定的时期内对违法现象进行执法，以取得突破性成果，但过后往往疏于执法致使问题依然存在甚至反弹。如2014年8月2日，江苏省苏州昆山市开发区中荣金属制品有限公司（简称中荣公司）汽车轮毂抛光车间发生爆炸，造成75人死亡，185人受伤。中荣公司一位不愿具名的内部人士向媒体透露："这些年，通知来了一箩筐，层层检查也是家常便饭，但来人了做做样子，过后还是老样子，没见企业真正有什么行动。"① 在昆山工厂爆炸事故发生后，从8月到12月底在全国集中开展以"六打六治"为重点的"打非治违"专项行动和深入开展粉尘防爆专项治理，从重从快严厉打击各类非法违法、违规违章行为，以图有效防范和坚决遏制重特大事故发生。

就私法途径而言，由于劳动者相对于用人单位来说处于弱势地位，作为个体的劳动者通过劳动争议调解仲裁和民事诉讼途径来请求用人单位消除危险，目前并无现实性，实践中的案例极少。至于劳动者受到工伤后的

---

① 薛雷、孙静、邹春霞：《昆山爆炸背后之问》，载 http：//epaper. ynet. com/html/2014 – 08/03/content_ 77041. htm？div = –1。

救济只是一种事后的救济，而且是一种极其消耗时间、精力的争议解决方式，这一缺乏效率的途径对于作为个体的劳动者是极为不利的。何况这时劳动者寻求救济的请求权基础是社会保险权（具体是指工伤保险权）或民法上的人身权（具体是指生命权、健康权）[①]，并不能说是劳动安全卫生保护权。

2. 完善建议：建构独立于公法救济和私法救济机制之外的社会法救济机制

针对公法途径和私法途径对劳动者劳动安全卫生权保护的不足之处，笔者认为可以从两方面入手予以完善：

一方面要强化和完善公法途径，坚持劳动安全卫生保护法律关系中劳动行政机关与用人单位之间、劳动行政机关与劳动者之间的公法关系性质，进而在法律法规中明确规定劳动安全卫生监察的法律责任，既包括劳动行政机关没有履行该职责（行政不作为）应该承担的行政责任，也包括劳动行政机关因为过错没有履行该职责并影响劳动者的职业安全卫生权益而应承担的赔偿责任。但是，劳动行政机关并非万能，其人力、物力、财力均不可能膨胀到监督检查一切违法行为的地步，而且其存在被用人单位"俘获"的危险。

---

① 《中华人民共和国安全生产法》第四十八条规定："因生产安全事故受到损害的从业人员，除依法享有工伤社会保险外，依照有关民事法律尚有获得赔偿的权利的，有权向本单位提出赔偿要求。"《中华人民共和国职业病防治法》第五十九条规定："职业病病人除依法享有工伤保险外，依照有关民事法律，尚有获得赔偿的权利的，有权向用人单位提出赔偿要求。"

另一方面要突破公法、私法二元并立的传统理论，在劳动安全卫生保护法律关系中用人单位与劳动者之间建构起社会法关系，将劳动安全卫生保护权的性质为社会法权利，并确立社会法性质的法律责任（行为履行令、惩罚性责任等）和诉讼途径（集团公益诉讼）来保障劳动者的职业安全卫生权益，以提高劳动安全卫生保护制度的运行效率。这就需要抛弃社会法是公法和私法混合法的观念，通过建立一套完整的社会法独特的法律技术，建立真正与公法、私法分立的社会法理论。

目前我国法学界关于社会法是公法和私法混合法的观点使得社会法没有真正独立。劳动法属于社会法，这一点在我国立法机关和法学界属于通说。[1] 目前通说认为社会法是公法和私法混合法，社会法中既有公法关系，也有私法关系。但是，这种观点表明社会法的独立性没有明确的法律技术上的支持。没有独特的法律主体、权利义务、法律责任以及实施机制等一系列基本范畴，在法律的具体适用仍需拆分为公法和私法，相应地，法律关系也就拆分为公法关系和私法关系，这样的社会法只是在价值理念上有独立性，没有获得真正的独立，因此也就无法与公法、私法真正分立。

赵红梅认为，社会法在法律技术上的独立性是成立

---

① 全国人大将有中国特色社会主义法律体系划分为七个法律部门，即宪法及宪法相关法、民法商法、行政法、经济法、社会法、刑法、诉讼与非诉讼程序法。其中社会法调整劳动关系、社会保障、社会福利和特殊群体权益保障关系。中国法学会社会法学研究会主要包括研究劳动法和社会保障法的学者以及实务界人士。

的，社会法是独立于公法与私法外的第三法域，而非公法与私法的混合（综合）法领域，据此可以确立两套不同的基本理论范式，以具体指导人们的法律实践。笔者基本赞同赵红梅关于社会法的观点，下面就运用其理论范式对劳动安全卫生保护法律关系中的社会法关系进行分析。①

（二）诉讼主体

司法程序中的诉讼主体对应实体法中的权利主体和义务主体。本书研究农民工平等就业的司法救济机制，因此社会法中救济中的权利主体是指农民工劳动者集体，以下用劳动者或劳动者集体来指代；义务主体则是用人单位或用人单位团体。由于民法上一般将民事主体称为"人"，包括自然人和法人，本书就从主体"人"这一角度来分析社会法中的人（社会法主体）和民法中的人（民事主体或称私主体）有何区别。

社会法中的人是集体之人而非（民法上的）个体之人。社会法中的人是以集体即"社群"（简称"群"，又称"社会共同体"）的形态存在的，每一"群"人都有共同的诉求和利益。"群"内成员具有共同归属和利益关联，且这种归属和利益关联不是由成员个人自主选择的。社团是"群"的典型代表。② 在劳

---

① 赵红梅：《私法与社会法——第三法域之社会法基本理论范式》，中国政法大学出版社 2009 年版。

② 赵红梅：《私法与社会法——第三法域之社会法基本理论范式》，中国政法大学出版社 2009 年版，第 83—93 页。

动法上，一个用人单位的所有劳动者就构成了一个"群"，就属于这样的集体之人，而工会就是劳动者群体的典型代表。

与民法中高度抽象之人不同，社会法中的人是适度具体之人。适度具体即身份（角色）识别。适度具体就是对人归于何共同体并在该共同体中具有何种身份、担当何种角色加以识别。《中华人民共和国劳动法》就识别了劳动者这一适度具体之人。同时，社会法也存在组织的适度具体性，将政府以外的组织做各种具体分类，并赋予不同组织不同的法律地位，要求其扮演不同的法律角色。《中华人民共和国工会法》就识别了工会这一特殊的社团。

在人与人之间的关系方面，社会法和私法也有不同：

与私法强调人与人之间的关系形式平等不同，社会法强调人与人之间的关系实质公正。与私法中人与人之间的关系是分离互斥、交换互补不同，社会法中人与人之间的关系是连带依存、团结互助。社会保险制度的理论基础就是社会连带，实现用人单位和劳动者之间的团结互助。与私法强调自由自治不同，社会法强调管制他治。社会法他治的基本形态包括国家干预和社会治理。社会治理表现为一些代表集体公益的组织（最典型为社团）对人民关系加以治理。[①] 工会就是对劳动者关系加

---

① 赵红梅：《私法与社会法——第三法域之社会法基本理论范式》，中国政法大学出版社 2009 年版，第 207—219 页。

以治理的集体公益组织。

## (三) 救济范围——受案范围

传统的司法救济机制，不论民事诉讼、行政诉讼还是刑事诉讼，在农民工平等就业方面，其救济范围即受案范围主要涉及到对劳动者个体权利的救济，即使是多个农民工共同诉讼，也只是个体权利（私权利或称私人权利）的相加，每一个个体的权利仍然是清晰可分的。社会法救济机制则是对劳动者集体权利的救济，这种集体权利并非一个个劳动者个体权利的简单相加。

与私权利是个体权利不同，社会法权利是一种集体性权利。集体权利是与私人权利和国家公共权力相区别的权利，集体状态下的权利不被特定于具体个体，也不归属于国家，而归属于集体，但个体在一定条件下可作为集体的代表。社会法设定权利义务的目的是实现和维护集体公益（这种集体公益受法律保护即转化为"集体权利"或"集体法益"）。在一个具体的社会法关系中，权利主体是一定数量的（大多是人数不确定）多数人组成的集体，义务主体则是确定的社会个体或特定群体。依据公法、私法二元分离的传统理论，在法律实践（法律技术）层面上，人们通常将上述集体性法律关系做出公私法二元切分：其一，当义务主体与具体确定的市民个体（私法的权利主体）发生利益关系时，形成具体的私法权利义务关系；其二，当义务主体所负担的义务仅为针对国家公权力（如行政权）设定的公法义务时，形成具体的公法权利义务关系。[①] 关于劳动安全卫生保护法律关系的传统分析就是依据这一思路，并无独立的社会法权利义务存在的必要。

但事实上，在劳动安全卫生保护法律关系中，确定的义务主体（即用人单位，《中华人民共和国安全生产法》称生产经营单位）与一定数量的多数人（即劳动者，《中华人民共和国安全生产法》称从业人员）所组成的"群"（即一个用人单位的所有劳动者组成的集体）这一权利主体之间可以形成具体确定的社会法关系。劳动者作为集体享有劳动安全卫生保护权益，用人单位对劳动者集体负有劳动安全卫生保护义务。例如《中华人民共和国安全生产法》第 20 条规定："生产经营单位应当具备的安全生产条件所必需的资金投入，由生产经营单位的决策机构、主要负责人或者个人经营的投资人予以保证，并对由于安全生产所必需的资金投入不足导致的后果承担责任。有关生产经营单位应当按照规定提取和使用安全生产费用，专门用于改善安全生产条件。安全生产费用在成本中据实列支。"这里用人单位的义务所指向的权利主体显然是劳动者集体而非个人。用人单位只要没有履行法定的劳动安全卫生保护义务，就发生了对劳动者全体劳动安全卫生保护权益的侵害，劳动者群体就可以要求违法者承担法律责任（其性质为社会法责任）。劳动者群体的代表（如工会或个体

---

① 赵红梅：《私法与社会法——第三法域之社会法基本理论范式》，中国政法大学出版社 2009 年版，第 229—232 页。

劳动者）可以依法以适格主体代表的身份直接阻却义务主体即用人单位的不法行为，直至以自己名义对用人单位向法院提起具有集团公益性质的诉讼，要求其承担安全卫生保护义务等法律责任，以维护共同体利益，他们在维权行动中的身份与私法赋予他们的市民个体私权主体的身份迥然有别。

在现行法律中，社会法权利多以受法律保护的集体法益形态存在，而集体法益未被立法所明确界定，社会法义务反而更加明确具体，集体法益主要由义务反射并廓定。例如《中华人民共和国劳动法》第六章"劳动安全卫生"共6条，均为法定强制义务规定，多使用用人单位"必须"如何，如第52、53、54条。中国的劳动安全卫生法律规定用人单位对劳动者有提供安全卫生条件和劳动防护用品的义务、建立安全设施的义务、督促和告知义务、教育和培训义务、警示义务、职业健康检查义务等保护义务，劳动者有获得劳动安全卫生条件和劳动防护用品的权利、知情权、建议权、批评、检举和控告权、危险工作拒绝权、撤离权、获得定期健康检查权等权利，且均是先规定用人单位的义务，后规定劳动者的权利。用人单位只要没有履行法定的劳动安全卫生保护义务，就发生了对劳动者全体工作环境权的侵害，劳动者群体就可以要求违法者承担社会法责任。

为使社会法更有效地贯彻实施，未来应当将社会法的保护对象从集体法益拟制为集体权利，这就明确了适格主体代表直接反对违法社会法行为的权利（特别是请求权），从而有助于建立独特的社会实施机制。例如，虽然是劳动者个人提起诉讼，但因为法律赋予劳动者个人的代表性诉权，形成了真正意义上的集体权利，因此仍然是集体公益诉讼。

### （四）法律责任

社会法责任是不同于公法责任（含行政责任、刑事责任）和私法责任（即民事责任）的一种法律责任形式。社会法责任最重要的功能是预防功能，[①] 其最重要的责任形态是阻却型责任，其次分别为填补型责任、惩罚型责任。[②] 阻却型责任包括行为禁止令和行为履行令，可以比较有力地保护社会法集体权利或法益。

具体来说，在劳动安全卫生保护法律关系中，如果用人单位不履行法定保护义务，其应负的法律责任以行为履行令（即判令履行法定保护义务）为佳。填补型责任是指集体诉讼中的集体性索赔。惩罚型责任则适用于用人单位对劳动者群体施加过分侵害的情形下，主要具有吓阻功能。[③] 在劳动安全卫生保护纠纷中是否可以考虑设置惩罚型赔偿责任，以有力遏制违反劳动安全卫生

---

[①] 《中华人民共和国安全生产法》第三条规定："安全生产工作应当以人为本，坚持安全发展，坚持安全第一、预防为主、综合治理的方针，强化和落实生产经营单位的主体责任，建立生产经营单位负责、职工参与、政府监管、行业自律和社会监督的机制。"《中华人民共和国职业病防治法》第三条规定："职业病防治工作坚持预防为主、防治结合的方针，实行分类管理、综合治理。"

[②] 赵红梅：《私法与社会法——第三法域之社会法基本理论范式》，中国政法大学出版社 2009 年版，第 314—315、327—340 页。

[③] 赵红梅：《私法与社会法——第三法域之社会法基本理论范式》，中国政法大学出版社 2009 年版，第 314—315、327—340 页。

保护法律的违法行为（如已导致职业伤害），值得深入研究。

与民事义务是个体义务、民事责任是个体责任不同，社会法义务和责任所并非针对劳动者个体，而是劳动者集体。法院在判决用人单位履行保护义务时也应当是履行对单位全部职工的保护义务，而不能是像民事案件那样判决用人单位履行对提起诉讼的劳动者个人的保护义务。

与一般的民事责任的构成要件相比，社会法责任的构成要件比较容易证明。以工作环境权法律关系中的法律责任为例，其中最重要的是证明用人单位实施了违法行为（违反法定的保护义务），而对损害要件和因果关系要件的要求则相对宽松，有时甚至根本不成为责任要件，只须描述或说明即可。换句话说，这里的损害要件只是一个形式上的要件，是一个通过违法行为即可推定的要件。在劳动安全卫生保护领域，国家颁布了大量的法律法规、劳动安全卫生规程和标准，违反这些法律法规、规程和标准本身就足以构成社会法责任。

（五）救济途径——公益诉讼

社会法权利的救济机制为集体利公行为，即集体行动。在"群"中集体行动对于实现和维护集体公益的重要性大于集体中个体的行动。集体行动维护了集体公益，也普遍维护了集体中个体的利益。[①] 劳动者个体针

---

① 赵红梅：《私法与社会法——第三法域之社会法基本理论范式》，中国政法大学出版社 2009 年版，第 238 页。

对处于强势地位的用人单位所采取的维权行动很难发挥作用，只有通过劳动者集体、社团（如工会）组织实施的联合性、协调性行动才能最终有效地对抗强势用人单位的违法行为。社会法救济途径主要是指集体维权行动，包括集体谈判、参与民主管理，也包括集团公益仲裁和集团公益诉讼。由于本书专门研究农民工平等就业的司法救济，下文仅对公益诉讼这一社会法救济机制进行论述。

与私人为实现主观私权利而进行的民事诉讼不同，集体为实现社会法权利或法益而进行的诉讼是集团公益诉讼。集团公益诉讼应当与民事诉讼分立，其实体法基础应当为社会法而非民法，其所欲保护的实体权利为社会法权利或法益而非民事权利。

集团公益诉讼的主要诉讼形态包括以下三类：

1. 集体诉讼

集体诉讼是指众多的受害者（如劳动者）因被告（如用人单位）实施的同一个违法行为（如就业歧视、违反劳动安全卫生保护标准、欠缴社会保险费用）而受到损害，将众多的小额诉讼请求合并在一起，允许一个或数个原告代表所有的受害者提起诉讼的一种诉讼模式。此即美国的集团诉讼（class action）。

2. 团体直接诉讼

团体直接诉讼是指团体（如工会）以自己的名义，直接依据法律规定（基于法律的授权），就组织（如用人单位）侵害集体公益行为（如就业歧视、违反劳动安全卫生保护标准、欠缴社会保险费用）请求法院判令该违法者履行法定保护义务、甚至处以惩罚型赔偿金（性质为公益罚金）的特别诉讼制度。

在中国，工会是法定的代表劳动者群体利益的社团。[①] 工会代表职工与企业以及实行企业化管理的事业单位进行平等协商，签订集体合同。[②] 集体合同包括劳动安全卫生、社会保险和福利等事项，也可以订立劳动安全卫生专项集体合同。[③] 依据《中华人民共和国劳动法》第 3 条的规定，平等就业权、劳动安全卫生保护权、社会保险权属于劳动者享有的劳动权利，当然属于"职工劳动权益"。企业违反集体合同，因违反劳动安全卫生保护义务、社会保险缴费义务而侵犯职工权利时，工会可以作为劳动者（职工）集体利益的代表直接作为当事人提请仲裁和提起诉讼，这种诉讼显然是团体直接诉讼，其性质属于集团公益诉讼。其法律依据是《中华人民共和国工会法》第 20 条的规定："企业违反集体合同，侵犯职工劳动权益的，工会可以依法要求企业承担责任；因履行集体合同发生争议，经协商解决不成的，工会可以向劳动争议仲裁机构提请仲裁，仲裁机构不予受理或者对仲裁裁决不服的，可以向人民法院提起

---

[①] 《中华人民共和国工会法》（2001 年 10 月 27 日修正）第二条规定："工会是职工自愿结合的工人阶级的群众组织。中华全国总工会及其各工会组织代表职工的利益，依法维护职工的合法权益。"第六条规定："维护职工合法权益是工会的基本职责。工会在维护全国人民总体利益的同时，代表和维护职工的合法权益。"

[②] 《中华人民共和国工会法》第 20 条第 2 款。

[③] 《中华人民共和国劳动法》第 33 条，《中华人民共和国劳动合同法》第 51、52 条。

诉讼。"

3. 示范诉讼

示范诉讼又称典型诉讼，是指法院从存在共同原告（如劳动者）或共同被告、且事实和证据相同，所要解决的法律问题也相同（用人单位歧视农民工、违反法定的劳动安全卫生保护义务）的数量众多的同类案件中选出一个典型案件作为示范案件，对该案件首先进行审理并作出裁判，其他案件当事人均受该裁判约束的诉讼形式。英、美、德等国家均存在这种诉讼形式，值得借鉴。我国用人单位的就业歧视、违反法定的劳动安全卫生保护义务、欠缴社会保险费行为往往损害数量众多的同类劳动者，运用这一诉讼形式无疑符合诉讼的效率原则。

未来我国应建立就业歧视公益诉讼制度。只允许劳动者提起私益诉讼的现行法律制度，实际上无法遏制用人单位的就业歧视行为。因此，笔者认为《民事诉讼法》第55条规定的公益诉讼中也应包括就业歧视公益诉讼，针对农民工群体劳动者的就业歧视显然侵害了众多劳动者合法权益，属于损害社会公共利益的行为，应允许适格主体向人民法院提起公益诉讼。

总之，通过建构社会法关系，从而形成独立于劳动权公法救济途经、私法救济途径之外的第三条道路——社会法救济途径，是加强农民工劳动者权保护的又一个有效手段。由于工会具有依附性（依附于政府和企业），目前中国的集体谈判、工会监督和职工参与民主管理基本流于形式，工会也从未依据《中华人民共和国工会法》第 20 条直接提起过仲裁和诉讼，集团公益仲裁和诉讼也很罕见。未来应针对这些问题，增强工会的独立性、合法性、代表性，实现真正的集体谈判、民主监督，同时要完善职工代表大会制度，落实职工参与民主管理的权利，在程序法上则要放开集团公益仲裁和诉讼，以切实保护劳动者的集体权利。

# 第四章　农民工平等就业法律援助
## ——以北京致诚农民工法律援助与研究中心为例

截至 2014 年底，我国农民工总量将近 2.74 亿人[①]，虽然农民工总量增速持续回落，但相比于 2010 年，农民工数量还是增长了 13%，占 2014 年全国就业人员总数的 1/3[②]，农民工已成为我国最为庞大的就业群体。由于文化水平不高、技能培训少，大部分农民工集中在制造业、建筑业、服务业等行业的一线岗位工作，各项权益保障相对薄弱。2014 年，仅有 38% 的外出农民工与雇主或用人单位签订了劳动合同，超过 85.4% 的外出农民工周工作时间超过 44 小时，农民工参加"五险一金"的比例没有超过 30%，欠薪案件依然存在。[③] 群体总量大、权益保障差这一客观状况决定了农民工群体具有极大的维权需求，但高昂的维权费用却让他们无力承担。仅以律师代理费这一项为例，北京市民事诉讼案件的最

---

① 《2014 年全国农民工监测调查报告》，载 http：//www. stats. gov. cn/tjsj/zxfb/201504/t20150429_ 797821. html。

② 《2014 年国民经济和社会发展统计公报》，载 http：//www. stats. gov. cn/tjsj/zxfb/201502/t20150226_ 685799. html。

③ 《2014 年全国农民工监测调查报告》，载 http：//www. stats. gov. cn/tjsj/zxfb/201504/t20150429_ 797821. html。

低收费标准为每件 3000 元①（2010 年北京市发改委和北京市司法局制定的市场指导价），而 2014 年农民工月均收入是 2814 元②，可见，即使在经济高速发展的今天，农民工对法律服务较高的需求和较低的负担能力这一矛盾依然突出，向农民工提供免费法律援助的必要性和紧迫性依然明显。但是，如果政府单纯依靠自身力量开展农民工法律援助，将会面临编制、经费的压力和专业性不足的问题；如果政府单纯依靠市场的力量开展农民工法律援助，除非提供高额的政府补贴，否则市场的逐利性将会导致援助案件无人问津或者办案质量较低。因此，成立一批兼具专业性和公益性的农民工法律援助机构成为政府和农民工群体的共同需求。

正是在这样的背景下，北京市农民工法律援助工作站于 2005 年 9 月经北京市司法局批准成立，于 2009 年 7 月经北京市民政局批准登记为民办非企业单位，并正式更名为北京致诚农民工法律援助与研究中心（以下简称中心），成为我国第一家以社会专职律师为主体、专门从事农民工法律援助的公益机构，并于 2011 年 7 月获得联合国特别谘商地位，实现了我国政法系统社会组织、民办非企业类社会组织和全国各省市社会组织三个领域在获得联合国谘商地位方面"零"的突破。

---

① 《北京市律师诉讼代理服务收费政府指导价标准（试行）》，载 http：//www. bjsf. gov. cn/publish/portal0/tab105/info7669. htm。

② 《2014 年全国农民工监测调查报告》，载 http：//www. stats. gov. cn/tjsj/zxfb/201504/t20150429_ 797821. html。

## 一、农民工法律援助案件十年间的变化

从 2005 年成立至今，中心在十年间办理了上万件农民工法律援助案件，从最初以建筑领域欠薪案件为主，到如今欠薪、工伤、解除劳动合同纠纷、社保补偿、加班费等多种劳动争议并存，农民工法律援助发生了显著变化。我们对这些案件进行了统计整理，总结了农民工法律援助案件反映的问题以及十年间的变化。

本次统计，以中心自 2005 年 9 月 8 日至 2014 年 12 月 31 日援助过的 8346 人作为统计基数①，其中绝大多数为农民工，近些年来中心除了对劳动和社会保险方面的纠纷提供援助外，还对妇女、老年人等其他贫弱群体的普通民事权益也提供援助，但其所占比例极小，可以忽略不计。

（一）劳动合同签订率有明显提高，但用人单位通过单方保管合同或签订空白合同来逃避责任

劳动合同是证明双方存在劳动关系以及规范权利义务的重要凭证，不签订劳动合同、否认劳动关系是有些用人单位逃避责任的惯用手法。2008 年劳动合同法实施生效之前，根据中心统计，在 2993 名受援人中，签订劳动合同的只有 220 人，占 7.3%，其中，还有 63 人的

---

① 当事人为同一人的，无论该案件经过几个阶段（仲裁、一审、二审，有的还经过行政诉讼），均按照一案计算，不做重复处理；农民工一方人数众多、单位统一、同时受理的群体性案件，按一案计算。因此，此次统计的人数与中心统计的办理案件量并不一致。

劳动合同是由用人单位"保管",劳动者本人并没有。劳动合同签订率之低,使劳动法规定的用人单位与劳动者应当签订劳动合同的规定形同虚设。

2008 年《劳动合同法》的出台推动了这一问题的解决,法律规定,用人单位不签订劳动合同,在一年之内需向劳动者支付双倍工资;超过一年的,视为双方存在无固定期限劳动合同。劳动合同法实施后,劳动合同的签订率有了比较明显的提高,从 2009 年到 2014 年,在 4678 名受援人中,签订劳动合同的有 1025 人,签订率已经达到 21.9%。但与此同时,用人单位却通过各种方式来规避责任,比如签完合同后单位收回,劳动者手中并没有留存,以及让劳动者签订空白劳动合同。

在 1025 名签订劳动合同的农民工当中,合同由单位单方面持有的有 194 人,占 4.1%;虽然所占比例并不高,但是问题却不容忽视。《劳动合同法》第 16 条明确规定:"劳动合同文本由用人单位和劳动者各执一份。"用人单位却使用这种方式避免了向劳动者支付双倍工资或建立无固定期限劳动合同的责任,而给劳动者维权设置了障碍。没有劳动合同,发生劳动争议后依法维权时,劳动者仍然需要证明劳动关系。如安某某因单位无故辞退而提起仲裁,要求单位支付经济补偿,并支付未签订劳动合同的双倍工资差额。开庭审理时单位却突然拿出了劳动合同,而安某某本人都不知道是何时签订的这份合同。由于存在劳动合同,双倍工资的请求没有得到仲裁支持。侣某某与某建筑劳务公司签订了一份劳动合同,合同由公司保存。之后侣某某发生工伤提出申报时，建筑公司不提交劳动合同，而且根本不承认双方存在劳动关系。侣某某不得不先确认劳动关系。

除合同由用人单位单方面保管外，有的用人单位还要求劳动者在空白合同上签字，收回后才填写具体内容。如果劳动者签订了空白合同，那么劳动者的工资、工作时间、工作岗位等内容都可以由用人单位随意填写，只要不低于法定标准即可。如果劳动者与用人单位日后发生纠纷，很难证明当初单位口头承诺的工作条件。如汤某某于 2004 年来到食品公司从事促销员工作，单位让其在一份空白合同上签字。之后双方发生纠纷，汤某某提起仲裁申请要求单位支付违法解雇的经济补偿金，但单位拿出的合同上却显示她是 2008 年入职，由于该合同确属其本人签字，仲裁委只支持了汤某某从 2008 年以后的经济补偿要求。

（二）国家治理农民工欠薪问题成效明显，单纯欠薪案件明显减少

从中心近些年办理的案件来看，农民工欠薪案件虽然仍然存在，但无论是案件数还是涉及人数，都有较大程度的下降。详见图 4-1。

在国家统计局所做的《全国农民工监测调查报告》中也显示，农民工被拖欠工资的比重从 2008 年的 4.1%降低到了 2014 年的 0.8%。而且，2008 年之后农民工的案件中，单纯的欠薪纠纷很少，大多数案件同时存在社保补偿、拖欠加班费、未支付年休假工资、解除劳动合同补偿等问题。

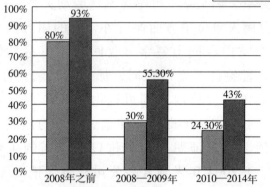

图 4 - 1　欠薪案件及涉案人数比

资料来源：致诚农民工法律援助与研究中心代理案件数据库。

从 2003 年国务院办公厅发布《关于做好农民工进城务工就业管理和服务工作的通知》开始，政府相关部门颁布了一系列解决农民工欠薪问题的文件，如《国务院办公厅关于进一步做好改善农民进城就业环境工作的通知》（2003 年）、《国务院办公厅关于切实解决建设领域拖欠工程款问题的通知》（2003 年）、劳动和社会保障部、建设部《关于切实解决建筑业企业拖欠农民工工资的问题》（2003 年）、《司法部、建设部关于解决建设领域拖欠工程款和农民工工资问题提供法律服务和法律援助的通知》（2004 年）、劳动和社会保障部办公厅、建设部办公厅、中华全国总工会办公厅发布的《关于开展农民工工资支付情况专项检查活动的通知》（2004 年）、劳动和社会保障部、建设部、监察部等九部委下发的《关于进一步解决拖欠农民工工资问题的通知》

（2005 年）、国务院《关于推进社会主义新农村的若干意见》（2005 年）、国务院发布的《关于解决农民工问题的若干意见》（2006 年），等等，遏制和解决农民工工资拖欠的这些政策措施，已经取得明显成效。

欠薪案件数量大幅度下降，除了政府强有力的保障措施外，还与农民工年轻化、建筑领域就业人数减少有关。根据《全国农民工监测调查报告》的统计数据，40 岁以下的农民工虽然所占比重有所下降，从 2010 年的 65.9% 下降到了 2014 年的 56.5%，但是仍然是农民工群体中的主体。80 年代以后出生的新生代农民工与其父辈相比，并没有紧迫的经济压力，从事建筑工人的比重下降，而建筑领域一向是拖欠工资的"重灾区"。

（三）农民工工伤保险有积极变化，但程序复杂成本高的问题仍然存在

自 2005 年成立至 2014 年底，中心共为 664 名工伤农民工提供了法律援助。从统计数据可以看出，农民工工伤参保率有了一定提升，从成立至 2008 年 5 月 31 日，农民工工伤保险的参保率为 3.5%，2009 年至 2014 年底参保率则为 12.8%，从这十年的统计数据来看，农民工工伤保险的参保率为 8%[①]。在国家统计局发布的《2014 年全国农民工监测调查报告》中显示，在五种社会保险

---

① 在衡量这一比例的时候需考虑到，中心在向农民工提供法律服务时，会根据不同情况提供咨询或者代理，也就是说，如果农民工参加了工伤保险，涉及纠纷比较简单，律师就会通过咨询或者指导其解决问题。缺乏证据等比较复杂的案件律师会优先考虑受理，因此根据援助案件统计的工伤保险参保率会低于社会的平均水平。

中，农民工工伤保险的参保率都是最高的，2014年的参保率为26.2%。

1. 新规定带来农民工工伤维权的积极变化

中心自成立以来，一直非常关注农民工工伤维权状况，不仅是因为工伤案件一直是律师处理的重要案件类型，还因为农民工一旦发生工伤将或多或少损害其劳动能力，对其本人及家庭日后的生活很可能产生不利的影响。因此，在这十年间，中心曾专门就农民工工伤问题发布了数个报告，分析了农民工工伤保险参保率低、工伤保险维权程序复杂、未参保农民工难以从单位及时获得工伤待遇以及劳务派遣工的特殊工伤问题等一系列难题。

自2008年起，一系列新的法律规定实施，方便了农民工工伤问题的解决，尤其体现在以下几个方面：

（1）未依法缴纳工伤保险的用人单位不支付工伤保险待遇的，从工伤保险基金中先行支付。

《社会保险法》第41条规定："职工所在用人单位未依法缴纳工伤保险费，发生工伤事故的，由用人单位支付工伤保险待遇。用人单位不支付的，从工伤保险基金中先行支付。从工伤保险基金中先行支付的工伤保险待遇应当由用人单位偿还。用人单位不偿还的，社会保险经办机构可以依照本法第六十三条的规定追偿。"《社会保险基金先行支付暂行办法》规定了社保经办机构先行支付的具体项目，如治疗工伤的医疗费用和康复费用、住院伙食补助费、安装配置伤残扶助器具所需费用、一次性伤残补助金和一至四级职工按月领取的伤残津贴、因工死亡其遗属领取的丧葬补助金、供养亲属抚恤金和因工死亡补助金等。

（2）劳务派遣职工发生工伤的，有权要求派遣单位和用工单位承担连带赔偿责任；异地劳务派遣应当在用工所在地缴纳工伤保险。

在《劳动合同法》实施之前，派遣工在用工单位发生工伤事故，只能向派遣单位主张相关待遇，如果派遣单位规模小甚或是皮包单位，派遣工的工伤保险待遇就面临很大问题。《劳动合同法》以及《劳动合同法实施条例》规定，派遣单位或用工单位给被派遣劳动者造成损害的，派遣单位与用工单位承担连带赔偿责任。此外，《劳务派遣暂行规定》第18条明确规定："劳务派遣单位跨地区派遣劳动者的，应当在用工单位所在地为被派遣劳动者参加社会保险，按照用工单位所在地的规定缴纳社会保险费，被派遣劳动者按照国家规定享受社会保险待遇。"这就解决了异地派遣存在的派遣工与其他劳动者工伤保险待遇不平等的问题。

（3）建筑业农民工可按项目参加工伤保险，将工程违法发包给包工头的，农民工发生工伤后建筑公司与包工头承担连带责任。

由于建筑行业农民工流动性大、工作期间以工程项目为准等特点，让其按照常规的以工资总额为基数、按月缴纳工伤保险费就不太合适。为此，修订后《工伤保险条例》规定："对难以按照工资总额缴纳工伤保险费的行业，其缴纳工伤保险费的具体方式，由国务院社会保险行政部门规定。"2015年1月，人社部、住建部、安监局以及全国总工会四部委联合发布了《关于进一步做好建筑业工伤保险工作的意见》，其中规定，"建筑施工企业对相对固定的职工，应按用人单位参加工伤保险；对不能按用人单位参保、建筑项目使用的建筑业职工特别是农民工，按项目参加工伤保险"；"建设单位、施工总承包单位或具有用工主体资格的分包单位将工程（业务）发包给不具备用工主体资格的组织或个人，该组织或个人招用的劳动者发生工伤的，发包单位与不具备用工主体资格的组织或个人承担连带赔偿责任"。

（4）农民工部分工伤保险待遇提高，且社保机构支付的工伤保险待遇比例也提高。

修订后的《工伤保险条例》将因工死亡职工的一次性工亡补助金标准，从原来的48个月至60个月的统筹地区上年度职工月平均工资，提高到上年度全国城镇居民人均可支配收入的20倍，不仅大大提高了工亡待遇，而且实现了全国同命同价；对于一至十级的一次性伤残补助金的标准，也分别增加了3个月、2个月和1个月的本人工资。

此外，《工伤保险条例》还将部分工伤保险待遇由原来的用人单位承担改为由工伤保险基金支付，如一次性工伤医疗补助金、住院伙食补助费和到统筹地区以外就医所需的交通、食宿费用。这样既保证了工伤职工及时领取待遇，也减轻了用人单位的负担，提高了参保积极性。

2. 工伤维权程序复杂没有根本性改变

一旦农民工发生工伤事故后，与普通劳动争议不同的是，工伤待遇索赔往往不是一个争议，而是围绕工伤问题的"一系列"争议，如确认劳动关系的争议、是否为工伤的争议、伤残鉴定的争议、工伤待遇的争议等，而几乎每一个争议都需要经历"一裁二审"，导致造成了工伤维权复杂而漫长。如杨某某工伤待遇案件中，杨某某在工地受伤后，用人单位未在规定的时间内为其申报工伤，而后又否认与之存在劳动关系，经过仲裁、一审、二审程序后，法院最终确认杨某某与单位之间存在劳动关系。在杨某某自己申报工伤后，单位又对劳动局的工伤认定结论不服，提起了行政复议、行政诉讼。经过一审、二审，在法院支持了工伤认定结论后，单位又对杨某某提起的工伤待遇仲裁程序提起管辖权异议……本案经过四次仲裁、一次工伤认定、一次劳动能力鉴定、一次行政复议、三次一审、三次二审，共十个阶段，三年时间，虽然最终赢得了胜利，但农民工为此耗费的时间和金钱成本却相当高。

图 4-2 是我们根据劳动争议仲裁、民事诉讼、行政复议和行政诉讼等时间规定列出的流程图表。

说明：本图中的时间包括立案、提起复议、起诉及上诉时间。

工伤程序分为三个主要阶段：申请工伤认定、劳动能力鉴定和工伤待遇索赔。如图 4-2 所示，如经过所有程序：申请工伤认定为 2 年 3 个月左右（如有延长为 3 年 11 个月左右）；劳动能力鉴定为 4 个半月（如有延长为 6 个半月）；工伤待遇索赔将近 1 年 1 个月（如有延长为 2 年 2 个月左右）。将所有程序走一遍，大概在 3

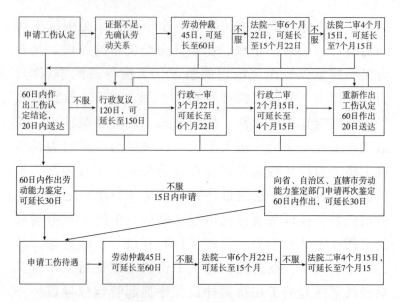

图 4 - 2　工伤案件维权流程

年 9 个月左右，最长时间可达 6 年 7 个月左右。当然，在实际案件中，并不是每个程序都要走，也不是每个程序都要花那么长时间，但是，如果用人单位恶意利用法律规定拖延时间，这是完全有可能的。

表 4 - 1　工伤维权时间统计

（从工伤发生之日起至拿到生效裁判文书之日）

| 维权时间比例 | | 不到 3 个月 | 3—6 个月 | 7—12 个月 | 13—24 个月 | 25—36 个月 | 36 个月以上 |
|---|---|---|---|---|---|---|---|
| 2005 年成立至 2010 年底（共 322 案） | 人数 | 25 | 41 | 102 | 122 | 23 | 9 |
| | 比例 | 7.8% | 12.7% | 31.7% | 37.9% | 7.1% | 2.8% |

续表

| 维权时间<br>比例 | | 不到 3<br>个月 | 3—6<br>个月 | 7—12<br>个月 | 13—24<br>个月 | 25—36<br>个月 | 36 个月<br>以上 |
|---|---|---|---|---|---|---|---|
| 2011 年至<br>2014 年底<br>（共 233 案） | 人数 | 11 | 29 | 52 | 76 | 47 | 18 |
| | 比例 | 4.7% | 12.4% | 22.3% | 32.6% | 20.2% | 7.7% |
| 成立至<br>2014 年底<br>（共 555 案） | 人数 | 36 | 70 | 154 | 198 | 70 | 27 |
| | 比例 | 6.5% | 12.6% | 27.7% | 35.7% | 12.6% | 4.9% |

　　2011 年修订后的《工伤保险条例》开始实施，为了对比修订前后的规定对于工伤维权时间的影响，我们特别将十年来办理的工伤案件以 2011 年作为节点分为两个时间段来进行对比：2005—2010 年，2011—2014 年（见表 4 - 1）。从这两个时间段的工伤案件维权时间来看，从工伤发生之日至生效法律文书作出所花费的时间所占比例最高的都是在 1 年到 2 年之间，分别占到 37.9% 和 32.6%；其次是维权时间在 7 到 12 个月的，分别为 31.7% 和 22.3%；从维权时间在 2 年以上的案件比例来看，2010 年之前的只有 9.9%，而 2011 年之后则有 27.9%，有了较大增长[①]。从上述数据比较来看，虽

--------

　　①　2011 年后工伤维权时间在 2 年以上的案件增长较多，一个原因是有些案件确实要花费较多时间，比如需要先行确认劳动关系的案件、经过行政诉讼的案件以及职业病案件；还有一个原因是中心近些年来受理了一些"老工伤"的案件，这些案件经历时间长、案情也比较复杂，但如果严格说起来，这些案件的维权时间长并不完全是法律设置的维权程序复杂所造成的。

然《工伤保险条例》在 2011 年做了比较大的修订，扩大了工伤认定的范围，提高了工伤职工的待遇，并降低了用人单位的负担，但工伤案件的索赔程序并无根本性的变化。

3. 农民工缺乏安全和技能培训、普遍超时工作，生产安全难以保障

除了维权程序复杂漫长、农民工难以及时获得工伤保险待遇外，还有一个严重的问题是农民工的生产安全难以保障。农民工所从事的工作集中于建筑、加工制造、服务等行业，而建筑、加工业又是很容易发生工伤的领域，虽然法律明确规定对职工应进行安全培训后才能上岗，但实际上很多企业违反法律规定，不对工人进行培训就要求其上岗工作。根据对可核查参加工作时间和发生工伤时间的 358 个工伤案件的统计，超过一半（53.4%，191 人）的受伤农民工是在单位工作三个月以内发生的事故，而其中有 75% 的农民工是工作一个月内就发生了工伤。

上班一个月就受伤，主要原因就是农民工未进行任何安全生产培训就上岗。比如，绝大多数在建筑工地打工的农民工都没有经过安全培训；甚至在矿山井下工作的，也仅培训短短 3 天；还有的皮包制作、服装加工等行业，明明会接触苯等有毒有害化学物质，雇主却不告知劳动者，也不提供防护用品，甚至故意隐瞒；服务行业看似简单，其实同样需要培训，如从事家政清洁服务的农民工，在高层楼房外擦玻璃时，不知道要系安全带，或者没有这种意识，导致其不慎坠楼。在滕某某工

伤案中，滕某某在 2008 年 6 月 24 日经朋友介绍来到某鞋业公司面部做工，未经任何培训就被安排做针车工，下午 3 点滕某某的右手大拇指就被针车针扎穿。王某某于 2009 年 5 月 22 日来到某餐馆跟着厨师长做面点，6月 8 日就在工作中被压面机将左手碾伤。唐某某于 2011年 4 月 18 日到某工地从事彩钢板安装工作，4 月 25 日就因石棉瓦破裂摔伤。

此外，经常超时加班也是工伤发生的一个重要原因。虽然法律明确规定了劳动者的工作时间是每天不超过 8 小时、每周累计不超过 40 小时，但对于绝大多数农民工来说，超时工作是普遍存在的现象。长时间、高强度的工作状态下，劳动者已经筋疲力尽、意识模糊，无法准确控制自己的行为，即使了解安全生产知识也极易发生工伤事故。比如李某某工伤案中，因工厂里订单增多，单位催促其赶货，李某某不得不一天工作十一二个小时，他在连续工作十多小时的情况下，在机床洗料时被一块飞出的刀片打伤右手虎口。在罗某某非法用工伤残赔偿案中，罗某某被某砖厂要求连续加班 6 个多小时，凌晨 1 点多在上砖过程中从运砖车上摔下，造成右股骨胫骨骨折。

没有基本的安全生产培训再加上长时间的加班工作，使农民工受伤的风险大大增加。而农民工大都属于青壮年，如果因为工伤而落下残疾，不仅本人的生活将难以保障，整个家庭都可能因此陷入困境。

（四）职业病案件受案率上升，职业病已成为威胁农民工健康和农民工家庭的严重问题

从 2005 年 9 月受理的第一起赵某某矽肺病案到现

在，中心在这十年间共为 44 位职业病患者提供了法律援助，除了 2 人是噪声聋和 2 人是中毒案件外，其他 40 人全部都是尘肺或者矽肺病案件。从受理的年份上看，近些年职业病案件有增多的趋势：2005 年受理 1 人、2009 年受理 2 人、2010 年受理 17 人（其中包括贡某等 15 人矽肺案）、2011 年受理 19 人（其中包括黄某某等 16 人尘肺病案）、2012 年受理 5 人。很多职业病（尤其是尘肺病）是一种不可逆转的疾病，一旦发病后就无法再治愈，只能依靠医疗手段减轻症状或者维持现状，如果得不到补偿，职业病患者及其家庭会面临严重的经济困难，因病返贫的概率很高。

相对于普通工伤而言，职业病有比较明显的特点：

一是职业病尤其是尘肺（矽肺）病是一个缓慢积累的过程，往往在工作几年后才会发病，而农民工可能已经离职，或者已达到退休年龄，或者单位早已关停，老板不知所踪。如牛某某在北京一家小煤矿从 1995 年工作到 2010 年，因煤矿关停回了老家，两年后他才发现自己得了尘肺病，而此时小煤矿早已关停老板也找不到。中心办理的职业病案件（不含中毒案件），当事人从参加工作到确认为职业病，平均时间为 7 年，其中最长的发病期间为 22 年，最短的 3 年。正因为职业病的这种"隐蔽"性，导致农民工在维权时劳动关系的确认就更为困难，或者即使确认了劳动关系，也因单位关闭而得不到补偿。

二是职业病的发生常常是群体性事件，而不是个案。这是因为，职业病与工作环境中存在的有毒有害因素直接相关，而工人普遍都暴露于其中，一旦发病基本上大多数工人都会被查出来，这种大规模患病率与普通工伤通常是某个工人受伤是不同的。而这一特点，也导致职业病常以群体形式爆发，比如中心援助的贡某等15人矽肺病案、黄某某等16人尘肺病案，以及中心律师在调查走访中得知的江西乐平37名尘肺病案、广州中船龙穴造船有限公司12名职工电焊工尘肺案，等等。在这些案件中，被诊断为职业病的也只是冰山一角，同样暴露于危险环境中的其他工人陆续都有发病迹象，如广州中船龙穴造船有限公司12名职工被诊断为电焊工尘肺一期后，另有21名职工也出现了尘肺症状，而当地造船企业用工达到数万人。有些大型企业的职工人数多达上万甚至十几万人，职业病危害不啻于定时炸弹。

三是职业病诊断困难。根据《职业病防治法》的规定，职业病诊断需要用人单位提供劳动者职业史和职业病危害接触史、工作场所职业病危害因素检测结果等资料，而农民工一旦发现自己疑似职业病，不要说提供上述这些专业资料，就连劳动关系用人单位都不会承认，因为职业病一旦得到确诊，就意味着单位需承担赔偿责任。如果劳动者没有劳动合同、提供不出职业病危害接触资料，基本上不可能获得职业病诊断证明书。2009年张某某之所以开胸验肺，就是因为无法提供职业病诊断所需材料。为了准备齐全这些材料，农民工要花费的时间远比提供确认劳动关系更为漫长，而在某些情况下，如企业已经关停或者生产不规范，根本没有职业病检查的情况下，农民工更难以进行职业病诊断。正是在这种无奈的情况下，有些职业病患者放弃了法律救济途径，而采用上访、罢工、媒体曝光甚至围堵政府等非正常方式来维权。

虽然《职业病防治法》在 2011 年进行了修订，但职业病监管主体在法律上仍然不明确。在职业病诊断因缺乏劳动合同或者职业危害接触史等材料而无法进行下去时，应该向谁提出举报？根据《职业病防治法》的规定，卫生行政部门和安监部门对职业病都有监督职责，但实践中，当职业病患者向安监部门举报单位的违法行为时，对方却不作为或者推卸责任。在牛某某尘肺病案件中，牛某某因无劳动合同、职业病接触史等诊断材料无法确诊，多次信访也没有结果。在律师介入后，依照法律规定，向安监部门投诉要求对煤矿的违法行为进行处罚，但安监部门的答复是，煤矿已关闭，无法核实有关情况，更不能对其进行处罚。牛某某对安监局的不作为提起行政诉讼后也遭遇败诉。为了能够进行职业病诊断，牛某某再次向安监部门提出申请，要求安监部门督促煤矿为其出具职业病诊断所需材料，或者安监部门核实后直接作出评定。但安监部门的答复仍然是："煤矿已关闭，经与开办单位核实，该矿关闭时未向其移交相关的职业病管理资料，因此无法提供所需材料。另外，要求安监部门对职业病危害因素作出评定的主体为职业病诊断机构，牛某某本人无资格。"如果任何企业只要关闭就不必再承担劳动者因患职业病而产生的责任，那众多职业病患者所需的医疗费用和日后的生活费用由谁来承担？

（五）用人单位利用"复杂劳动关系"规避法律责任

《劳动合同法》的立法本意，是旨在构建和发展和谐稳定的劳动关系，保护劳动者的合法权益。但有些用人单位为了逃避责任，却故意使劳动关系复杂化，削减了立法本意，扭曲了原本简单的劳动关系，常常形成三方、四方甚至更多牵连的复杂关系，而其中很多情况是用人单位为了逃避法定责任而故意制造的"复杂"。在这种复杂化的背后，牺牲的是劳动者，尤其是处于弱势地位的农民工的利益。一旦他们的利益受损，很难在纷繁复杂的关系中理出头绪，有效维护自己的权利。

1. 超市（商场）—供应商—劳动者，超市（商场）实际用工却不承担用人单位的责任，隐蔽用工使劳动者维权困难

隐蔽雇佣关系的概念最早是由国际劳工组织在其相关文件中提出和界定的。"所谓隐蔽雇佣指假造某种与事实不同的表面现象，从而达到限制或削弱法律所提供保护目的的一种旨在隐藏或扭曲雇佣关系的行为，其手段包括以另一种法律外壳加以掩盖，或赋予其另一种使工人获得更少保护的工作形式。"国际劳工组织在其文件中指出，隐蔽雇佣的目的主要是为了逃避劳动法的管辖、逃避提供社会保障以及逃税。

隐蔽用工的情形，在超市（商场）促销员中体现得最为明显。从表面来看，促销员一般是由供应商招聘并派驻到超市（商场）推销其产品，是供应商的员工。但实际上促销员在工作期间主要受超市（商场）的管理，

身着超市（商场）的统一工作服，佩戴超市（商场）的销售人员工牌，对外也是以超市（商场）销售人员介绍。除了推销产品外，促销员还要理货、打扫卫生，而且其工作时间都由超市（商场）统一安排、管理，包括上下班时间、加班时间和工作内容，如果被发现有违反工作规定的行为，超市（商场）还可以对其进行处罚。但是，由于促销员是与供应商签订的劳动合同，裁判机关往往就按照合同来确定促销员是与供应商之间存在劳动关系，而不考虑超市（商场）的实际用工关系。这就使超市（商场）享受用工的权利，却不必承担用工的责任，劳动者只能向供应商主张权利。但由于有些工作是超市（商场）安排而供应商又不认可，比如促销工作之外的加班等，劳动者就很难向供应商主张。而在实际案例中，除了"超市（商场）—供应商—劳动者"这一基本形态外，还会有其他因素的影响，使得劳动关系更加复杂。

有的案件中，除了超市（商场）和供应商之外，还涉及到劳务派遣，使劳动关系更加复杂难辨。如家乐福案件中，盛某被威莱日化公司招聘为销售人员，并被安排在家乐福超市促销威露士产品。后来盛某却被威莱日化公司要求与广州人才公司签订劳动合同，又变成了广州人才公司的员工，被派遣至威莱日化公司工作，而威莱日化则将其安排到超市做促销员。当盛某因怀孕而被辞退申请仲裁时，律师原本想将威莱日化公司、家乐福超市和广州人才公司作为共同被告一并提起申请，但仲裁委要求最多只能有两名被申请人，不得已只好列家乐福超市和广州人才公司。经过仲裁和一审、二审，最终结果都是确认盛某是广州人才公司的员工，与家乐福不存在劳动关系。

还有的案件中，促销员不仅促销某一家产品，而是同时为几家公司服务。如段某某案件中，段某某应聘到麦德龙商场做促销员，同时为晨光文具公司、迪堡公司和昌隆公司推销产品，而这三家公司每月给她的存折上打款300元、500元和300元。当她在商场安排下送货时发生工伤事故后，三家公司和商场却都不承认与段某某存在劳动关系。促销员同时销售几家的产品，而每家公司都给她打款，因此她不可能是其中某家公司的员工，因为她同时收到三家公司的"工资"；她也不可能同时是三家公司的员工，因为她所促销的产品是相同类型的，为互相有竞争关系的公司促销同类产品，显然与员工职业道德有违。而从促销员的招聘、工作安排和日常管理等方面来看，显然商场才是真正的用人单位，三家公司只不过是代商场支付工资而已。

由于超市（商场）促销员的劳动关系具有隐蔽性，有些促销员自己也认为是供应商的员工，而不是超市（商场）的员工。比如在杜某某等六人案件中，杜某某等人都是被高尔夫服饰公司招聘为促销员，并安排在三家商场工作。虽然六人从入职到日常考勤再到离职，所有手续都在商场办理，工资也在商场领取。但她们在被通知待岗因此发生争议时，却仍然要求确认与高尔夫服饰公司存在劳动关系。反倒是高尔夫服饰公司极力否认，由于她们手中掌握的证据都盖着商场的印章，因此仲裁并未得到支持。

2. 利用关联公司来帮助实际用工单位逃避对劳动者的责任

关联公司是指相互之间存在关联关系的公司。关联关系，则是指公司控股股东、实际控制人、董事、监事、高级管理人员与其直接或者间接控制的企业之间的关系，以及可能导致公司利益转移的其他关系。在中心办理的案件中，有一些用人单位就利用关联公司间的人员调动来降低用工成本逃避法律责任。当发生劳动争议后，几家单位互相推诿，造成劳动者维权困难。

用人单位通过安排员工在不同的关联企业工作、或者将员工的劳动关系与实际用工分割在不同的关联企业中，以此来混淆劳动关系、逃避责任，这是非常容易的。这其中又有几种不同的方式：

一是"张冠李戴"：劳动者明明是在甲公司工作，签订的协议或合同上盖的却是乙公司的印章。比如在李某案件中，他在恒信纸制品公司工作，但发生工伤后，老板与其签订的赔偿协议书上盖的却是鼎盛创意广告公司的章，后来才查明广告公司的法定代表人是老板的妻子，而且该公司已经被吊销。类似的情形也出现在王某某案件中。王某某一直在水产经营公司工作，但双方发生争议后，水产经营公司却拿出了他与万泉兴业中心签订的劳动合同，而水产经营公司和万泉兴业公司的负责人都是老板戴某。通常情况下，老板要求员工签订劳动合同或者赔偿协议，都是让员工签字后再收回盖章，很多情况下只有保存在单位的一份合同或协议，这种情况下，员工根本不清楚自己到底是与谁签订的合同或协议。

二是利用关联公司之间的人员调动来混淆劳动关系。比如代某某案件中，代某某起初在蓝天公司工作，后被蓝天公司安排到浪度公司工作，两个公司是同一个法定代表人。在浪度公司无故辞退代某某后，律师经调查才发现，蓝天公司为其购买了社保，支付了工资，而浪度公司则与其签订了合同。而且，代某某在浪度公司工作期间，还签订过一份《合伙协议》。这种混乱的关系给代某某维权带来了极大的困难。

三是通过关联公司之间的"承包经营"，阻断劳动关系。在崔某某案件中，崔某某认为自己从 1993 年至 2010 年都在商城大酒店工作。但在仲裁期间，商城大酒店却拿出了承包合同，声称在此期间酒店曾先后承包给四家单位，崔某某应当是承包公司的员工，与酒店无关。后经律师查明，商城大酒店与后三家承包公司的法定代表人都是同一人。相对于前两种方式，关联公司通过"承包"的形式来改变劳动关系更具有隐蔽性。

四是一套人马、几套牌子，让劳动者也无从知晓自己是哪个公司的员工。如宋某某案件中，老板名下注册了两家公司，两个公司是同一个法定代表人、同一办公地点，同样的业务和办公人员。宋某某受伤后确认劳动关系时，他自己也不确定属于哪个公司的员工。只要他申请与甲公司存在劳动关系，对方就以乙公司做挡箭牌。虽然这种情况下，费一些周折后还是能确定一个用人单位，但显然要拖延更长的时间，如果劳动者恰巧处于仲裁时效或者申请工伤认定的临界点，拖延时间很可能就造成难以维权的后果。

关联公司无论属于以上的哪种形式，结果都是劳动者的权利被损害：损害之一是无法与真正的用工单位确认劳动关系，用工单位推卸了责任，而"伪装"成用人单位的关联公司的资质、经济状况都不明了，甚至已经被注销，根本不具备承担责任的能力。损害之二是工作年限"缩水"，劳动者明明连续工作多年，但通过关联公司之间的人员调动或者承包关系，劳动者的工作年限就被分割成在不同单位之间的"几段"，劳动关系不连续，即使劳动者已经连续工作 10 年以上，也无法要求签订无固定期限合同；而且，一旦被辞退后，经济补偿的数额也大大减少。

3. 公司将一部分或者全部承包出去，逃避对劳动者应承担的责任

单位将某个部门或者整体承包出去，以提高生产率和经济效益，这种经营方式在目前是非常普遍的，但是其招用的劳动者是与发包方还是承包方建立劳动关系，却在实践中引发很多纠纷。

在我们收集的案例中有七个涉及承包租赁，其中四个案件是企业承包给其他平等主体的，也就是承包给其他企业的；有两个案件是企业承包租赁给个人经营的；有一个案件则是企业内部承包经营的。不论是哪种承包方式，发生纠纷后，发包的企业都拒绝承认与劳动者之间存在劳动关系，要么将劳动者推给承包的公司或个人，要么认为劳动者是"独立承包人"。

企业实行承包经营的，在司法实践中劳动关系的认

定可以分为几种情形：

一是企业承包租赁给个人经营。根据原劳动部在《关于贯彻执行〈中华人民共和国劳动法〉若干问题的意见》（劳部发〔1995〕309 号）中的规定："租赁经营（生产）、承包经营（生产）的企业，所有权并没有发生变化，法人名称未变，在与职工订立劳动合同时，该企业仍为用人单位一方。依据租赁合同或承包合同，租赁人、承包人如果作为该企业的法定代表人或者该法定代表人的授权委托人时，可代表该企业（用人单位）与劳动者订立劳动合同。"因此，承包租赁给个人的，劳动者与企业之间的劳动关系并不发生变化，企业仍然是用人单位。如李某案件中，公司声称将经营业务都租赁给了个人陈某某，但法院审理后，认为这种租赁关系并不能改变劳动者的劳动关系。

二是企业内部承包经营。企业将其业务"承包"给劳动者，双方签订的不是"劳动合同"，而是"承包经营合同"。由于劳动者履行内部承包合同的过程仍然是劳动者完成生产任务的过程；而劳动者履行承包经营合同所获得的报酬，也同样是按照劳动量领取的劳动报酬。虽然按照承包经营合同，劳动者会享有更多的自由和某些权利，但劳动者还是要接受用人单位的监督、管理，因此，双方之间的关系并不因为合同名称和经营管理方式的改变而发生根本性变化。在李某某案件中，公司将陵园的清洁和拉土下葬工作都"承包"给了他，但实际上只是将按月领取工资变成了按年领取"承包费"，公司对他的管理并没有改变，因此不能认为李某某与公司之间从劳动关系转变成了承包关系。

三是企业被其他平等主体承包经营的。在这种情况下，企业与劳动者之间的关系可能有两种：第一种是劳动者与发包单位有劳动合同关系；第二种是劳动者与发包单位解除了劳动合同，而与承包单位重新订立了劳动合同。根据最高人民法院《关于审理劳动争议案件适用法律若干问题的解释》中的规定，劳动者在用人单位与其他平等主体之间的承包经营期间，与发包方和承包方双方或者一方发生劳动争议，依法向人民法院起诉的，应当将承包方和发包方作为共同当事人。

在这三种承包形式中，第一种和第二种相对来说劳动关系比较明确，在司法实践中，即使企业声称已经承包给其他人或者实行内部承包的，裁判机关一般而言都仍然会认定劳动者是与企业之间存在劳动关系。而最容易混淆劳动关系的就是第三种承包形式，发包单位和承包单位都具备用人单位的主体资格，认定与哪个单位建立劳动关系，从法律上来讲都说得通。用人单位就通过这种方式，虽然实际上仍然在使用劳动者，但却改变了劳动关系，逃避了其应当承担的责任。

比如在韩某某案件中，儿童医院通过承包的方式将员工劳动关系转移到保洁公司，而保洁公司则通过不断注销、更名重新注册的方式规避用人单位责任，导致劳动者难以确认劳动关系，即使确定了与最后一个承包单位存在劳动关系，可是各项待遇往往因为劳动关系存续时间缩短而大大减少。在吴某某案件中，用人单位好又多商贸公司强行要求其与承包清洁服务的瑞钦公司签订劳动合同，其目的也是"切断"劳动关系。而且，该案件名为承包实为劳务派遣，因为在承包关系中，承包单位要对劳动者进行管理；而劳务派遣关系中，派遣公司只招工却不用工，管理的权力是属于用工单位的。好又多商贸公司名义上将清洁服务工作承包给瑞钦公司，但仍然对这些员工进行管理，只是工资发放和保险由瑞钦公司负责。以承包的名义行劳务派遣之实，用工单位可以逃避将来可能承担的连带责任；而承包单位也不必满足开办劳务派遣企业资本金的要求以及其他法律规制。

4. 签合同、缴保险分属不同单位，认定劳动关系有障碍

根据《劳动法》、《劳动合同法》的规定，用人单位有义务与员工签订劳动合同并为其缴纳社会保险。现在出现的情况是，用人单位与劳动者签订合同，却将员工的社保"外包"给人力资源公司。目前劳动部门的相关规定比较模糊，允许一些相关机构协助企业或者个人办理社会保险，但是社保关系到底是办到劳动者的实际工作单位，还是可以直接办到代办公司名下，并不明确，所以给这种用工和保险分两家的现象开了口子。而一旦劳动者的权利被侵害，就出现了劳动关系不明的难题。

用工企业将员工的社保挂在代办公司名下有几种情况，比如外地注册的企业，在北京只有零星业务，如果为此专门成立一个分公司或者人事部门，成本会比较高，所以有的企业会在当地找一个人事代理，帮助解决一些事情，其中就包括为在当地招聘的员工办理社会保险事宜。而另外一种可能是，不排除有些企业就是故意

以人事代理的方式来逃避自己应当承担的法定责任。将用工和社保由不同的公司来承担，一旦发生劳动争议，如果两个单位不配合，劳动者的劳动关系难以认定，用人单位本应当向劳动者支付的赔偿和各种待遇，可能就逃避掉了。虽然我们直接办理的此类案件并不很多，但是律师在案件调查时却发现此类现象并不少见。在纠缠不清的关系中，劳动者的利益就难以得到保障。

5. 通过公司注销或吊销来改变劳动关系或切断劳动者的工作年限

《劳动合同法》第 44 条规定："用人单位被吊销营业执照、责令关闭、撤销或者用人单位决定提前解散的，劳动合同终止。"公司主动解散或者被动的终止营业资格，那么劳动合同终止。有些用人单位为了逃避责任，主动注销公司，或者故意利用法律上的漏洞，使公司的营业执照被吊销（依照法律规定，公司成立后无正当理由超过六个月未开业或者开业后自行停业连续六个月以上的，可以由登记机关吊销营业执照；公司不按照规定接受年度检验，并在限期接受年度检验后，逾期仍不接受年度检验的；年度检验中隐瞒真实情况、弄虚作假，情节严重的，吊销营业执照）。公司注销或被吊销，就失去了作为用人单位的主体资格，劳动关系当然终止，由于公司注销或被吊销，劳动者往往不知情，无法及时主张权利，这种情况下，劳动者的权利就有被侵害的风险。

有的公司注销或被吊销后继续营业，公司与劳动者在注销或吊销之前是劳动关系，之后却变成非法用工的雇佣关系，一旦发生解雇纠纷，由于劳动关系早已经终止，劳动者就不能再享受劳动法上的保护，不能再主张拖欠工资的经济补偿、解除劳动关系的经济补偿金等。有的公司被注销或吊销后，换个名称重新注册，由于前后两个是不同的公司，这样就切断了劳动者的工作年限，劳动者被解雇后只能根据在新注册公司的工作年限要求经济补偿，之前的就无法追溯；而且，即使劳动者实际上已经工作 10 年以上，但由于是在"不同"的公司工作，因此也无法要求单位与其签订无固定期限劳动合同。

在贾某某案件中，他在神通玛钢厂工作，后来该厂注销后重新注册为荣昌玛钢公司。由于该案是职工工伤问题，因此不涉及工作年限的问题，只要确认与荣昌玛钢公司之间存在事实劳动关系，认定工伤后，劳动者的权利就可以得到保障。而在代某某案件中，虽然他在同一个工作地点连续工作了十多年，但由于是前一个公司注销后，新公司又重新注册营业的，所以其工作年限只能从新公司开始计算。

（六）农民工社会保险发展迅速，但好政策落地依然需要时间

1. 农民工社会保险变迁：从无到有，从差别到公平

在 2011 年 7 月实施的《社会保险法》出台之前，全国性的针对社会保险的规定只有 1951 年出台的《劳动保险条例》和《劳动保险条例实施细则》。但这两部法律规定出台时间很早，针对的主要是当时国营工厂和城市的正式职工，而且，劳动保险费并不是由政府统一征收和管理，而是由全国总工会收取。当时的社会还不

允许农民随意进城打工，既没有农民工的概念，劳动保险也与其无关。从 20 世纪 80 年代改革开放之后，劳动用工制度逐渐宽松，农民工的数量从几百万上千万增长到了现今的 2.7 亿人，而社会保险领域却没有出台全国层面的法律，只是在不同的保险险种有一些行政法规和部委规章等，如国务院在 1997 年颁布的《关于建立统一的企业职工基本养老保险制度的决定》，1998 年出台的《关于建立城镇职工基本医疗保险制度的决定》，同年出台的《失业保险条例》；劳动部在 1995 年出台了《企业职工生育保险试行办法》，1996 年劳动部又发布了《企业职工工伤保险试行办法》。国务院还在 1999 年出台了《社会保险费征缴暂行条例》。

这些行政法规和部委规章的出台，构建了社会保险制度的框架，但上述规定的法律层级不高，而且都是针对城镇职工的规定，农民工能否参加社会保险、怎样参加社会保险，还需要参照各地具体规定。有些地方规定，农民工参保可以参照城镇职工社会保险，但在缴费数额以及保障的待遇方面有所不同，比如根据北京市的具体规定，用人单位只需要为农民工参加养老保险、医疗保险和工伤保险三个险种，而不是城镇职工应参加的五险；在养老保险方面，农民工按照北京市最低工资标准而不是本人实际工资作为缴费基数，用人单位未缴纳养老保险的，农民工只能选择要求保险补偿而不能补缴；在医疗保险方面，农民工虽然不必像城镇职工一样缴纳医疗保险费，但享受的医保待遇也相对较低。还有的地方实行农民工专项保障制度，在上海、成都等地为农民工建立了专项综合保障制度，包括老年补贴、工伤或意外伤害以及住院医疗三项保障待遇。

2011 年 7 月 1 日开始实施的《社会保险法》和《社会保险法实施细则》是我国社会保障领域法制建设的一个里程碑，对于建立覆盖城乡居民的社会保障体系，更好地维护公民尤其是农民工参加社会保险和享受社会保险待遇有重要作用。自 2011 年以后，在社会保险领域农民工与城镇职工实现了无差别待遇，而养老保险跨地区转移接续制度的建立，也方便了农民工"随身携带"保险去打工。

2011 年生效的《社会保险基金先行支付暂行办法》，规定了社会保险基金先行支付与代位追偿制度。该项制度的建立被视为《社会保险法》立法之一大突破，尤其是该法规定：未参保职工发生工伤，在无法从用人单位获得工伤保险待遇情形下，工伤职工可以申请工伤保险基金先行支付相关待遇。

2013 年开始实施的《社会保险费申报缴纳管理暂行办法》（以下简称《办法》），将强制征收的社保险种由养老、医疗和失业三项扩大为全部五项，新增工伤险和生育险。《办法》同时规定，用人单位未按时足额缴纳社会保险费，将面临多项强制措施。

2. 农民工社会保险的参保率仍然不高，但参保意愿越来越强

根据国家统计局从 2008 年到 2014 年在《全国农民工监测调查报告》中统计的数据，可以看出农民工参加社会保险的比例在逐步提高，但是总体而言参保率仍然

不高。

表 4-2　农民工社会保险参保率

| 年度 | 养老保险 | 医疗保险 | 工伤保险 | 失业保险 | 生育保险 |
|------|----------|----------|----------|----------|----------|
| 2008 | 9.8% | 13.1% | 24.1% | 3.7% | 2.0% |
| 2009 | 7.6% | 12.2% | 21.8% | 3.9% | 2.3% |
| 2010 | 9.5% | 14.3% | 24.1% | 4.9% | 2.9% |
| 2011 | 13.9% | 16.7% | 23.6% | 8% | 5.6% |
| 2012 | 14.3% | 16.9% | 24% | 8.4% | 6.1% |
| 2013 | 15.7% | 17.6% | 28.5% | 9.1% | 6.6% |
| 2014 | 16.7% | 17.6% | 26.2% | 10.5% | 7.8% |

　　其中，参保率最高的是工伤保险，但也仅有 26.2%（2014 年），而失业保险和生育保险则一直都处于低位，直到 2014 年，生育保险的参保率也仅有个位数（7.8%）。

　　虽然农民工的参保率仍然不高①，但是近些年来参保意愿越来越强，很多未参保农民工在咨询时明确提出希望单位能补缴保险，而不是要求经济补偿，这与农民工的权利意识增强不无关系，也与北京市购车购房、儿童入托上学需要提供保险缴费证明有直接关系。

--------

　　①　中心只有对农民工工伤参保的统计数据（8%），这是与中心立足于提供法律服务相联系的，因为工伤案件是农民工案件中非常重要也非常复杂的一个类型，而与之相比，养老保险、医疗保险、失业保险和生育保险很难形成案件，参保率较之工伤保险要更低。

### 3. 社保补偿案件呈现先上升后下降的变化趋势

中心提供援助的 8346 名农民工当中，从 2005 年 9 月 8 日成立至 2008 年 5 月 31 日，涉及农民工社保补偿的劳动争议不到 10%，其中超过 7% 是农民工工伤保险补偿案件，也就是涉及到养老保险、失业保险补偿的案件不足 3%；而从 2009 年至 2011 年底，涉及社保补偿（不算工伤保险待遇案件）的劳动争议增长到 10.5%；从 2012 年到 2014 年底，涉及社保补偿的案件又大幅度下降，占 4.3%。可以看出，社会保险补偿的案件有一个比较明显的上升然后下降的变化趋势，而这种变化与法律的出台又有着非常密切的联系，《劳动合同法》和《社会保险法》的出台是两个比较明显的节点。

2008 年之前中心办理的社保补偿案件（养老保险和失业保险补偿）之所以数量很少，有两个原因：一是在这一时期中心办理的绝大多数案件都是建筑工人欠薪案件，根据统计数据，从 2005 年 9 月 8 日至 2008 年 5 月 31 日援助的农民工当中，88.3% 的受援人是建筑业农民工，这些农民工绝大多数没有直接受雇于劳务公司，而是跟着包工头打工，虽然法律明令禁止建筑工程违法分包给个人，但这种大范围的违法行为事实的存在，导致农民工——包工头——劳务公司之间的关系难以定性，而多数意见（包括仲裁委员会和法院）认为，农民工跟随包工头打工的，不属于劳动关系，而应按雇佣关系对待。因此农民无权要求劳务公司缴纳社会保险，当然也无权要求劳务公司因未缴保险而进行补偿。二是农民工对自己的权益了解不够，他们来寻求帮助的时候，只知道自己的工资被拖欠了，也只想拿回工资，至于有没有上保险、能不能要求保险补偿并没有意识，也认为没有必要去费事主张。

2008 年，随着《劳动合同法》的实施、北京地区建筑业农民工求助减少以及劳动者法律意识的提升，越来越多的农民工意识到自己有权参加社会保险，如果用人单位不给自己参保的，自己有权要求单位支付经济补偿，因此从 2008 年后至 2011 年间，社保补偿的案件大幅增加。

社会保险补偿案件大幅度下降，则与《社会保险法》的颁布实施直接关联。2011 年 7 月 1 日《社会保险法》实施后，《北京市高级人民法院、北京市劳动争议仲裁委员会关于劳动争议案件法律适用问题研讨会会议纪要（二）》第 47 条规定："《社会保险法》于 2011 年 7 月 1 日起施行，……仲裁委、法院对于 2011 年 6 月 30 日前用人单位未为农民工缴纳养老保险的，可判决赔偿损失，对于 2011 年 7 月 1 日后农民工的养老保险问题原则上由社会保险经办机构和劳动行政部门依法处理，仲裁委、法院不再判决赔偿损失。"

根据上述会议纪要的规定，2011 年 7 月 1 日以后未给农民工缴纳养老保险的，农民工不能再主张经济赔偿，而只能要求补缴保险。补缴保险不属于可裁决的劳动争议的范畴，因此仲裁委和法院对此亦不再受理，农民工只能向劳动监察部门或者社会保险部门投诉，要求其查处单位违法行为，为自己补缴保险。这就导致社保补偿案件大幅下降。

例如，崔某要求社保补偿案件中，法院认为，崔某为外埠农业户籍，公司未依法为崔某缴纳工作期间养老和失业保险，应支付 2009 年 12 月至 2011 年 6 月期间未缴纳养老和失业保险的损失赔偿；2011 年 7 月以后的养老及失业保险，崔某可向有关行政部门申请补缴予以解决，对崔某要求的此期间的损失赔偿，法院不予支持。

4. 先行支付制度虽好，落地仍需时间

2011 年 7 月 1 日《社会保险法》生效实施，确立了医疗费用、工伤保险待遇的先行支付制度。先行支付具体指两种情形：一是医疗费用的先行支付，二是工伤保险待遇的先行支付（当然也包括因第三人侵权也同时构成工伤的医疗费用的先行支付）。

《社会保险法》和《社会保险基金先行支付暂行办法》均于 2011 年 7 月 1 日施行，然而直至 2015 年 8 月，在中心办理的 5 件有关工伤保险待遇先行支付案件中，只有 1 件得到了落实。社会保险支付部门通常以没有具体细则、没有操作流程、不能通过电脑系统为由拒绝支付相关待遇。根据北京义联劳动法律援助与研究中心在 2014 年发布的《工伤保险先行支付制度实施三周年调研报告》① 显示："持续的有工伤保险待遇先行支付的成功个案出现，但我们仍未在全国范围内看见其普遍有效的落实。首先，仅有 18 个省份有先行支付案例，许多省份仍然没有施行先行支付制度。其次，一些省份虽然有个别先行支付的案例，但是主要是特事特办，先行支付并未制度化。最后，一些省份的案例数与其工业规模并不

① http：//www.51hrlaw.com/xinwen/shengyin/2014/134977.html.

匹配，仍然昭示着先行支付在当地的门槛很高。尤其是，许多成功的个案需要通过行政复议或行政诉讼加以推动。"

在中心成功办理的李某某社保纠纷案中，李某某发生工伤后，其工伤保险待遇的胜诉裁决经法院执行未果，李某某持法院终结执行的文书于 2013 年提起了先行支付申请。某区社保中心答复称"目前我中心暂时无法受理你的先行支付申请，待本市出台相关规定后，你可以再次提出先行支付申请"。李某某因此提起行政诉讼，要求某区社保中心履行先行支付的法定职责。其间经过律师的种种努力，最终法院判决被告于 60 日内履行先行支付的职责，李某某已于 2015 年春节前领取了工伤保险待遇。

相比于其他先行支付案件中的当事人，李某某无疑是非常幸运的，最终拿到了工伤保险待遇。在其他几例案件中，所涉区县的社保中心也均以"目前北京市尚未出台具体规定"为由拒绝支付相关待遇，要想拿到钱，很可能也需要同样打行政诉讼，这样的程序耗时费力，而且，判决结果也未必一定会支持农民工的诉求。在《社会保险法》已施行四年后，对于农民工具有重要意义的先行支付制度的落地仍显艰难。

（七）违法解雇仍是解除劳动合同争议的主要原因

从保护劳动者的利益出发，《劳动法》和《劳动合同法》规定，用人单位解除劳动合同的，应当具备法定理由、依照法定程序；除了劳动者有过错被解雇的以外，用人单位还应当支付经济补偿金。如果用人单位违法解除劳动合同的，应当按照经济补偿金的二倍支付经济赔偿。制度设计的目的是限制用人单位的随意裁员，促进劳动关系和社会的稳定；不得已而解除劳动合同的，经济补偿金也可以对劳动者起到补充失业保险、保障劳动者生活的功能。

从中心统计数据来看，在 8346 名受援人当中，涉及解除劳动合同主张经济补偿或赔偿的有 1459 人，占 17.5%；在这 1459 人当中，78.6% 的农民工被违法解雇，违法解雇是解除劳动合同争议的主要原因。

1. 无故解除劳动合同行为有所减少，变相辞退增多

中心曾对 2008 年到 2009 年 6 月援助的农民工进行统计分析，涉及解除劳动关系争议的案件占到总数的 22.3%，其中，将近一半（43.9%）的农民工被解雇时没有任何理由。而近几年来，用人单位从失败中学到了"教训"，直接解雇劳动者的越来越少，而以各种方式来迫使劳动者主动辞职情况的越来越多。这种变相辞退的情形在女工怀孕后尤其明显，如乔某某怀孕后单位就向其发出通知，要求变更其工作地点及工作岗位，乔某某因怀孕无法从事新的工作，单位就以不服从安排为由将其辞退。王某怀孕后因胎盘早剥胎死腹中，而用人单位在她产假后也不安排工作，想迫使她主动辞职。杨某某怀孕后公司突然发来电子邮件，声称因工作岗位撤销要求她从北京回到浙江总部办公，杨某某表示自己身体状况难以回浙江工作希望公司能体谅，得到的答复却是以旷工为由将其开除。

在中心 2014 年办结的 52 件解除劳动合同案件中，

单位通过强制调动工作岗位、不给劳动者安排工作或者不给发工资的行为迫使其主动辞职的就有 9 件；还有的单位要求劳动者必须写"辞职申请"后才能给其结算未发的工资或者扣留的押金，以此来达到名为辞职而实为辞退的目的，逃避支付经济补偿的责任。

用人单位为了逃避解雇员工后支付经济补偿金的责任，还会采用变更劳动合同，如调换工作岗位、降低工资标准、安排长期出差、放长假只发放基本生活费等方式来迫使劳动者主动辞职，而在这种情形下辞职并不能主张经济补偿金。如张某案中，用人单位要求其调动工作岗位并调整了工资标准，张某认为工资太低不同意，单位则以张某不服从管理为由将其辞退。白某某案件中，用人单位以宾馆正在装修为由长期不给其安排工作，白某某不得不辞职后要求单位支付经济补偿金。

《劳动合同法》第 29 条规定："用人单位与劳动者应当按照劳动合同的约定，全面履行各自的义务。"第 35 条规定："用人单位与劳动者协商一致，可以变更劳动合同约定的内容。变更劳动合同，应当采用书面形式。变更后的劳动合同文本由用人单位和劳动者各执一份。"根据法律规定，劳动合同的变更应当经过双方协商一致，用人单位单方面变更劳动合同的，劳动者有权拒绝。实际生活中，用人单位却想方设法规避该规定，比如在劳动合同中对工作内容约定不具体，调整工作岗位时就很难分辨出是否变更了工作内容；工资数额按照最低工资标准约定，实际支付的工资多少则由单位来确定；等等，用人单位则通过这些手段来迫使劳动者主动辞职。

对于用人单位恶意规避法律的行为，可以通过进一步完善推定解雇制度来保护劳动者。简单来说，推定解雇制度是指法律规定，雇员被迫或者被引诱辞职的行为推导认定为雇主有解雇雇员的故意，因而让雇主承担恢复工作岗位或者经济补偿责任的制度。实际上《劳动合同法》第 38 条对此已经有规定，并且其中还有一个兜底条款："法律、行政法规规定劳动者可以解除劳动合同的其他情形"，可以根据该授权性的条款，在对《劳动合同法》制定细则或其他相关法律法规时，进一步完善推定解雇制度，将用人单位恶意迫使劳动者辞职的行为涵盖其中。

2. "违反规章制度"并非解雇的万能借口

根据《劳动法》、《劳动合同法》的规定，在劳动合同尚未到期时，用人单位解雇劳动者的，需要具备法定理由：一是劳动者有过错行为的（《劳动法》第 25 条、《劳动合同法》第 39 条）；二是劳动者能力不足以胜任工作或者因客观原因使劳动合同无法继续履行的（《劳动法》第 26 条、《劳动合同法》第 40 条）；三是因用人单位经营状况变化而导致其裁员的（《劳动法》第 27 条、《劳动合同法》第 41 条）。

不具备上述法定理由的，用人单位没有权利解雇劳动者；如果用人单位强行解雇的，劳动者有权利要求继续履行劳动合同。可见，用人单位要想单方面解雇劳动者，只能是劳动者具有法定的过错，而且，单位还需要承担非常严格的证明责任。不过，这些过错行为中，

"严重违反用人单位规章制度"是用人单位握有主动权的，这也成为许多单位解雇员工的"法宝"。根据中心对 2008 年至 2009 年 5 月底的统计，在 49 人因"违反单位规章制度"而被解雇的案件中，经劳动争议仲裁委员会或者法院确认其确实违反单位规章制度的有 7 人；而其他 42 名农民工并不存在违反单位规章制度的行为。用人单位的规章制度符合法律规定的仅占 14.3%。

从中心 2014 年涉及解雇纠纷的 52 件案件来看，因"违反用人单位规章制度"而被解雇的农民工有 16 人，经劳动争议仲裁委员会或者法院确认农民工确实违反规章制度的有 3 人。其他 13 人虽然单位声称其违反规章制度，但并没有有效证据证明存在违章行为，或者其规章制度因不具备合法有效的条件而不被仲裁和法院认可。单位合法解雇率只占到 18.8%，虽然比例有所提高，但总体而言仍然较低。在有些案件中，劳动者确实有些不符合单位用工要求的行为，但由于单位没有规章制度，或者规章制度制定程序不合法，导致其解雇劳动者后仍然要支付赔偿金。

如闫某以"晚上聊 QQ、挑拨离间同事"违反相关规定为由被单位辞退，但该公司并未制定规章制度，闫某等员工也从未见过该制度。张某某在某养老院从事护理员工作，单位以其"迟到、早退、顶撞领导、堆放杂物、上班期间与网友聊天"等行为违反规章制度为由将其辞退，但单位所谓的规章制度并未有明文规定，劳动者也不知情。这两个案件中单位提供的规章制度最终都被裁判机构所否定。阎某某与同事发生争执后，单位以其违反规章制度为由辞退，开庭时单位拿出了规章制度，且上面有阎某某本人签名，单位的解雇权得到了法院的确认。

3. 农民工被辞退案件高发的一个重要原因：工作技术含量低

在中心援助的违法解雇案件中，不乏一些工作十几年甚至几十年而被用人单位决然辞退的案例，如夏某某在单位从事十年的保安工作，就因其提出要与单位签订无固定期限合同而被单位辞退。王某某从 1975 年来到单位北京市木材厂工作，2013 年单位以调整工作岗位、王某某不能胜任工作为由将其辞退，而王某某已在单位工作了 30 多年；赵某某从 2006 年来到单位从事押运司机工作，工作 8 年后，单位却以其旷工、不服从指挥、工作安排、工作调动为由将其辞退。李某从 1996 年在一家维修部从事燃气灶安装维修工作，然而工作 18 年后，单位没有任何理由就辞退了他。

从常理上来说，劳动者工作时间越长，积累的工作技能和经验越多，对单位的贡献也应越大，单位也更应该愿意与之保持劳动关系。但是，近些年农民工解除劳动合同的纠纷一直处于高发状态，根据中心的统计，2008 年之前解除劳动合同案件占案件总量不到 5%；2008 年到 2009 年解除劳动合同案件占案件量的22.3%；2010 年至 2014 年此类案件的占比是 27%。解雇案件的高发，除劳动者权利意识提高、经济波动对企业用工行为的影响外，还有一个很重要的因素就是农民工所从事的工作技术含量低，工作技能和经验要求低，无论农民工工作多长时间，单位都能迅速找到其他人替代，如保安、保洁、销售员、维修员、司机、餐饮服务等。

（八）女性农民工案件持续增多，因怀孕而起的纠纷增长较明显

1. 女性农民工案件持续增多

2006 年国务院研究室出版的《中国农民工调研报告》显示，我国进城务工的农民工总数约有 1.2 亿，其中女性占到 30% 左右，这意味着被称为"打工妹"的女性农民工约有 3600 万。从 2009 年至 2014 年这 5 年，女性农民工的数量从 8019 万增长到 9040 万，一直呈现增长的趋势[①]，这一现象从中心办理的案件中也能得到反映。从 2005 年 9 月成立至 2008 年 5 月 31 日，中心共为 2993 名农民工提供法律援助，其中女性农民工有 170 人，占到总数的 5.7%；而从 2008 年 6 月至 2014 年底，在 5353 名受援农民工当中，女性有 1068 人，占 20%，可以看出明显比 2008 年 5 月之前有较大增长。

从农民工外出打工的年龄分布来看（见图 4 - 3、图 4 - 4），女性农民工与男性农民工的年龄分布大体上是一致的，都集中于 26—45 岁之间，18 岁以下的女性比男性占比稍高一些，而 56 岁以上的人群中，男性比女性的占比要多将近一倍。总体而言，并不能看出女性农民工在外出打工时年龄上的特殊性，即使在生育高峰

---

① 数字来源于 2009—2014 年国家统计局发布的《全国农民工监测统计报告》。

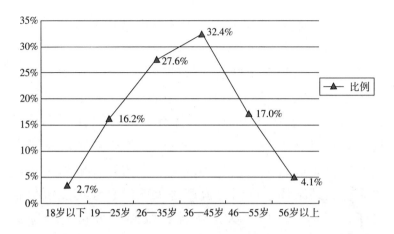

图 4 - 3  女性农民工年龄分布

资料来源：致诚农民工法律援助与研究中心代理案件数据库。

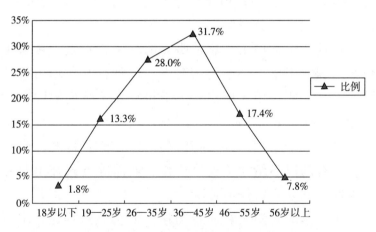

图 4 - 4  男性农民工年龄分布

资料来源：致诚农民工法律援助与研究中心代理案件数据库。

期，仍然有大量的女工外出工作。这也意味着，有越来越多的女工会选择在城市生育及养育孩子。

2. 女工特殊维权案件：因怀孕而被辞退

从中心援助的案件来看，除通常类型的案件外，女性农民工有一些基于性别的特殊案件，最为典型的就是因怀孕而遭遇辞退的案件，仅中心在 2014 年提供援助的 54 名女性农民工案件中，就有 7 件是因怀孕而被辞退。如竹某怀孕后，公司以其接到重要文件未及时上交、给公司造成严重损失和声誉不良为由，解除了劳动关系。吴某某怀孕后因有流产迹象就给总经理发短信希望能在家休息，但当天下午她就收到了公司的开除通知，声称其在日常工作中不服从指挥、我行我素等，严重影响公司形象。刘某某怀孕后因有先兆流产而向单位递交了病休证明书，但单位不仅违法解除了劳动关系，而且还拒绝支付其工资。

在这 7 个案件中，非常明显的一个特点是：用人单位在明知女工已经怀孕的情况下，以种种其他理由将其解雇。这表明，用人单位对于不得在女工孕期解除劳动合同的法律规定是明知的，因此才会变相找其他理由来解除劳动合同，比如声称其违反单位规章制度，或旷工；还有的以不给女工安排工作、调岗等方式强迫其主动离职，并且不给任何补偿。

用人单位明知其解雇行为违法而仍然这样做，主要原因就是不愿意承担女工怀孕而带来的经济成本。比如怀孕期间要给女工安排适合其身体状况的工作、不能安排夜间加班、孕期产检要按照出勤对待、生产后女工要享受 3—4 个月的带薪产假，这些原本是法律对于女职工的特殊保护，却成了单位将其辞退的原因。尤其在劳动力比较充裕的市场上，用人单位能很快找到其他更加经济的劳动者，对怀孕女工的辞退也就更加不留情面。可见，对任何群体的特殊照顾都有可能成为一把"双刃剑"——保护的同时也可能造成伤害，在女工特殊保护的问题上也是如此。因为这种特殊保护实际上是将成本转移给用人单位来承担（产假期间的工资是通过缴纳社保的方式由单位和社会共同承担，但其他成本都是单位来负担），因此，对于目前有些地方出台的对女工的进一步"保护"，比如女工经期、更年期可享受带薪休假，有可能造成整个群体更加被排斥的局面，反而更不利于其就业。

这些怀孕后被辞退的案件反映出来的另一个问题是，被辞退的是女性，是弱势中的弱势，或许用人单位会认为她们没有能力、没有勇气也没有资源来维护自己的权益。但是，从中心援助的女工数量持续增长可以看出，越来越多的女性不仅了解自己的权利，而且知道该怎么样维权、在哪里寻求帮助。

（九）群体性案件明显减少，案件类型逐渐多元化

农民工群体性案件[①]一直是中心比较关注的案件类型，这不仅因为其涉及人数多、金额大，还因为这种案件一旦处理不当容易引发群体性冲突，对社会稳定带来不利影响。中心根据十年来办理的群体性案件，对此类案件进行了分析研究。

---

① 此处所指群体性案件是指5人（含）以上、被告同一、因同样原因而产生劳动争议的多人案件。为了方便进行说明，将案件数和人数进行区分，经过仲裁、诉讼等多个程序的不累计计算。

## 1. 群体性案件及涉案人数减少

**表 4 - 3　农民工群体性案件数量**

| 时间 | 群体性案件数 | 人数 | 平均每案涉及人数 | 平均每年受理案件数 |
|---|---|---|---|---|
| 成立至2008 年底 | 143 | 2887 | 20 | 44 |
| 2009 年至 2014 年 | 161 | 2225 | 14 | 26.8 |
| 总数 | 304 | 5112 | 16.8 | 32.9 |

从案件数来看，从成立到 2008 年底，平均每年要受理 44 件群体性案件；但从 2009 年到 2014 年，平均受理量只有 26.8 件；2014 年一年中，中心受理的群体性案件只有 4 件。从涉及的人数来看，2008 年之前 3 年的总人数比之后 6 年受理的总人数都要高，而且从个案来看，2008 年之前受理的群体性案件中，经常会有某个案件涉及 40 人或 60 人，最高的达到 400 多人；2009 年之后受理的群体性案件往往以 20 人以下为主要类型。无论从案件量还是涉及人数，群体性案件的下降趋势都是比较明显的。

群体性案件的减少，与建筑领域欠薪案件的减少有直接关联。2008 年之前办理的群体性案件绝大多数发生在建筑领域，建筑工人占到群体性案件总人数的

91.7%，案件数也占到群体性案件的 86.3%。如郭某某等 68 人欠薪案、耿某某等 66 人欠薪案、杨某等 43 人欠薪案、王某某等 56 人欠薪案，等等。而从 2009 年到 2014 年间，建筑领域欠薪案件虽然仍然占群体性案件的绝对多数，但案件和人数的所占比例都有大幅度下降。

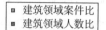

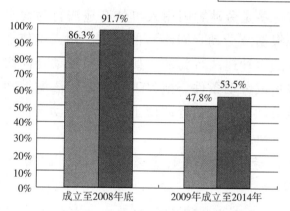

**图 4 - 5　建筑领域的群体性案件**

资料来源：致诚农民工法律援助与研究中心代理案件数据库。

### 2. 群体性案件类型逐渐多元化

中心在 2008 年之前办理的 143 件群体性案件，全部都是拖欠农民工工资案件；而从 2009 年到 2014 年间，拖欠工资虽然仍是群体性案件的主要案由（共有 137 案，占群体性案件总数的 85%），但其中也出现了其他类型的案件，比如何某某等 22 人违法解除劳动合同案、戴某等 6 人教育培训合同纠纷案、赵某某等 34 人保证金纠纷案、刘某某等 15 人解除劳动合同案、黄某某等 16

人尘肺病待遇案、贡某等 15 人矽肺病待遇案、贾某某等 10 人解除劳动合同案、杨某某等 5 人解除劳动合同及未参保经济补偿金案，等等。

群体性案件新类型中比较突出的有两类，一类是解除劳动合同纠纷，另一类是职业病（尘肺、矽肺病）待遇索赔。职业病案件所存在的问题，我们在前文中已经有详细说明，此处不再赘述。在群体性解除劳动合同纠纷中，有一些是劳动者因用人单位有违法行为而主动提出辞职。根据《劳动合同法》的规定，用人单位如果有法律规定的六种违法行为的，如未按照劳动合同约定提供劳动保护或劳动条件、拖欠工资、未依法缴纳社会保险、强迫劳动等，劳动者即使主动解除劳动合同的，也可以主张经济补偿。

（十）劳务派遣案件量有所降低，但国企热衷应受到关注

2008 年《劳动合同法》首先对劳务派遣制度进行了比较系统的规范，2013 年专门针对《劳动合同法》、《劳动合同法实施条例》中的劳务派遣部分进行了修订，将劳务派遣单位的设立门槛从 50 万元提高到了 200 万元；对开展劳务派遣实行许可制度；规定了用工单位使用派遣工的，应当与单位同类岗位劳动者实行同工同酬；同时，还明确了劳务派遣只适用于"临时性、辅助性或者替代性"的工作岗位，并对"三性"作出了相对清晰的界定。2014 年 3 月 1 日实施的《劳务派遣暂行规定》作出了更明确和严格的规定，如限定了用工单位使用的被派遣劳动者数量不得超过其用工总量的 10%；劳

务派遣单位如果是跨地区派遣劳动者的，应当在用工单位所在地为被派遣劳动者参加社会保险，按照用工单位所在地的规定缴纳社会保险费；等等。

1. 总体受案量减少，国有企业成为使用劳务派遣工的"主力"

从中心这十年来办理的案件来看，私营公司使用派遣已逐渐减少，但国有企业和事业单位仍然在大量使用派遣工，长期在一线岗位从事主体工作的工人是劳务派遣的主体，如张某某等 42 名保安与石油化工科学研究院劳务派遣争议案，马某某与北京建工集团劳务派遣案，杨某等 57 人与宁夏某石化分公司劳务派遣案，张某某与中天建设集团有限公司劳务派遣案，徐某某与北京住总正华开发建设集团有限公司劳务派遣案，夏某某与北京市震威远安全保卫技术服务有限公司劳务派遣案，刘某某与北京橡胶工业研究设计院劳务派遣案，马某与北京市盐业公司配送中心劳务派遣案，等等。

根据中心的统计，在这 10 年间办理的劳务派遣争议涉及农民工 164 人，占总人数的 2%。在这些农民工当中，用工单位是国有企业（或事业单位、政府）的有 115 人，占 70.1%；用工单位是外资企业的有 7 人，用工单位是私营企业的有 42 人。

从中心十年来办理农民工案件来看，涉及国有企业以及政府部门下属单位的农民工有 468 人。国有企业作为国家独资或控股的企业，虽然不是直接服务于人民、服务于社会的机构，但其所得利润是属于国家、属于人民的；而政府部门下属单位，则无疑具有公益性质。因此，从其设立的目的来看，国有企业和政府部门下属单位的劳动用工制度不仅应当符合国家的基准规定，而且应当更高标准地保护员工的利益。但是，从我们办理的这些案件中，国有企业和政府下属单位的做法却与其目标背道而驰。在涉及国有企业的劳务派遣案件中，除个别情形外，基本上都是"逆向派遣"，也就是劳动者原本已经在国有企业工作，后被国有企业强制性要求与劳务派遣公司签订派遣合同，再"反派遣"到国有企业工作，但实际上其各项工作条件和待遇都没有变化，只是用人单位发生了变更。国有企业通过这种方式，逃避对劳动者应当承担的用人单位的责任。

2. 国有企业为什么热衷于劳务派遣

法律对劳务派遣制度已经有明确规定，而且从《劳动合同法》到劳动合同法修订再到《劳务派遣暂行规定》的出台，对劳务派遣的约束可谓越来越严，同时，越来越多的企业也放弃使用派遣工，因为使用派遣工付出的成本并不低甚至更高。从中心受理的劳务派遣案件来看，案件的数量是在逐渐减少的，而与此同时，劳务派遣的案件也越来越集中于国有企业中。如2010年6月30日之前，援助的劳务派遣农民工有122人，其中108人的单位是国有企业（或政府）；2011年至今，援助的劳务派遣农民工则为42人，其中38人涉及国有企业。

从中心办理的这些案件来看，国有企业使用劳务派遣主要出于两个目的：

第一，方便其随意解雇员工。根据相关法律规定，用人单位要解除劳动合同，应当具备法定理由。并且，除非劳动者有重大过错，否则用人单位在解除劳动合同时，还要按照劳动者工作年限支付经济补偿金。为了能随意解雇劳动者而又不必承担法律责任，国有企业选择了劳务派遣这种用工方式：只要不需要员工，可以随时将其"退回"到派遣公司。当然，派遣公司的利润来源其实就是劳动力的买卖，因此劳务派遣公司肯定不会自己来承担解雇员工的经济成本，如果员工被退回派遣单位，进而与派遣单位也解除劳动合同的，劳务派遣公司同样要支付经济补偿，而经济补偿必然是用工单位——国有企业支付的。

第二，逃避承担签订无固定期限劳动合同的责任。孙某某从 1997 年来到石科院当保安，由于石科院要求他与不同的劳务派遣公司签合同，工作十多年，"东家"换了不少，可实际上他自始至终都在石科院当保安，但由于是派遣工，他不可能要求石科院与其签订无固定期限合同。刘某某从 1992 年来到橡胶研究院工作，到2010 年研究院解雇为止，已经连续工作了 18 年。如果他是研究院直接聘用的员工，完全可以要求研究院与其签订无固定期限合同，但由于他在 2006 年与劳务派遣公司签订了派遣合同，从法律意义上讲，他与橡胶研究院之间的劳动关系就终止了，无论他工作多久，都不可能要求橡胶研究院签订无固定期限合同。

3. 同工同酬对于派遣农民工而言，并非主要问题

劳务派遣这种用工方式最为人所诟病的问题之一就是同工不同酬，同样的工作岗位上，正式工和派遣工的工资收入可能相差数倍。然而，如果将问题限定在派遣

农民工的范畴内，这个问题反倒并不太明显。相反，派遣农民工的待遇较之于其他私营企业同等岗位而言，有可能还更好些。这是因为，派遣农民工所从事的岗位，大多数是低技术性而高劳动强度的辅助性工作，比如张某某等 42 人在石油化工科学研究院当保安，马某某在北京建工集团有限公司锅炉房当司炉工，杨某等 57 名农民工在宁夏某石化分公司复合肥车间工作，张某某在中天建设集团有限公司从事保安工作，徐某某在北京住总正华开发建设集团有限公司做材料员，等等。对于国有企业而言，这些岗位并不存在所谓的编制问题，所有的岗位工人都可以采用派遣形式用工，反倒没有了同工不同酬的问题。而且，国有企业相对于私营企业来说，无论是工资还是其他福利待遇，都是比较好的，因此在国有企业的派遣农民工的待遇并不差。这从劳务派遣案件中也可以反映出来，在这些涉及国企的劳务派遣案件中，农民工所要求的或者是直接签订劳动合同，或者是按照实际工龄给予经济补偿，没有一起涉及同工同酬的诉求。

（十一）农民工犯罪类型多样、背景复杂，贫困农民工的刑事诉讼权利也应得到保障

随着城市化进程的深入，以农民工人群为主的流动人口犯罪现象越来越突出。从 2012 年开始，中心开始为涉嫌犯罪的农民工提供刑事法律援助。从 2012 年到 2014 年底，共为 194 名农民工提供了刑事法律援助服务，其中，犯罪嫌疑人或被告人 153 名，刑事被害人 39 名，被申请强制医疗的被申请人 2 名。

1. 农民工犯罪类型多样，背景复杂

本次统计的 153 名涉嫌犯罪的农民工共涉及 18 种具体罪名，其中，实施侵犯财产类型的犯罪人数最多，有85 人，占总数的 55.5%；其次是实施侵犯人身权利类型的，有 35 人，占 22.9%。

特别值得注意的是，在这些农民工当中，涉嫌"自救性"犯罪的有 25 人，占到了 16.3%。所谓"自救性"犯罪，是指当农民工的生存、发展受到威胁或合法权益遭受侵害时，在维权无果或上告无门后，以犯罪的手段来维护自己的权利或权益。如刘某兄弟俩跟着包工头干装修，在多次讨要工资无果后，刘某兄弟将包工头殴打致轻伤，涉嫌故意伤害。孙某在春节前被老板拖欠工资4200 元，在被老板多次拒绝发工资后，孙某趁老板熟睡之机偷走现金 4500 元，涉嫌盗窃罪。李某认为其与单位之间的劳动争议裁判不公，就来到抗日战争纪念馆门口打条幅，因民警劝阻而将民警打成轻微伤，涉嫌妨害公务罪。另外，在 153 名农民工当中，涉嫌毒品犯罪的有 14 人，占 9.2%，中心在 2013 年底曾对 84 名刑事法律援助当事人的案件进行分析，其中涉嫌毒品犯罪的有5 人，仅 2014 年一年就新增涉嫌毒品犯罪 9 人。相比而言，毒品犯罪的数量有比较明显的增长。

农民工犯罪固然有其自身的原因，但更重要的是有着深刻的社会背景。他们原本满怀"出来打工挣大钱"的美好愿望进城工作，可现实情况是，城市工作环境差、劳动强度大、收入水平低，对未来他们看不到希望。在这种生存状态下，有的人近乎绝望，对城市社会产生不满情绪，轻则实施违法行为，重则走上犯罪道路。而且，犯罪农民工受教育程度普遍不高，以初中文化水平居多，根据中心调查，71.84%的犯罪农民工没有完成义务教育，有些人在被抓获后才知道自己的行为触犯了刑法。因此，要控制农民工的犯罪率，仅从犯罪本身入手是远远不够的，应当从强化义务教育和职业教育、加强对农民工的服务和保障、加强对用人单位违法行为的监管、有针对性地进行普法教育等多个方面来同步推进。

2. 涉嫌犯罪的贫困农民工诉讼权利应得到保障

《刑事诉讼法》规定，如果犯罪嫌疑人、被告人可能被判处无期徒刑、死刑，或者是盲、聋、哑，或者是尚未完全丧失辨认或者控制行为能力的精神病人的，在没有委托辩护人的情况下，法院、检察院和公安机关应当为其指定辩护人。但是，对于因经济困难没有委托辩护人的，只能是本人或者近亲属向法律援助机构提出申请，对符合援助条件的，法律援助机构为其指派律师提供辩护。而根据司法部法律援助中心2009—2011年的全国法律援助数据统计分析，应当指定辩护案件占刑事法律援助案件的80%左右，因经济困难等原因申请并获批准的刑事法律援助案件仅占20%左右。

早在2006年《国务院关于解决农民工问题的若干意见》就指出，"做好对农民工的法律服务和法律援助工作。要把农民工列为法律援助的重点对象。对农民工申请法律援助，要简化程序，快速办理。对申请支付劳动报酬和工伤赔偿法律援助的，不再审查其经济困难条件。"大多数农民工进城打工，就是因为家庭贫穷，他们来到陌生的城市，背井离乡、孤立无援，在涉嫌刑事犯罪的时候，自身被羁押，亲属远在乡村，实际上很难申请到法律援助，他们在刑事诉讼中的相应权利也难以得到保障。因此，有必要强化对贫困犯罪农民工的法律援助工作，使其可以方便迅速地获得法律援助服务。

## 二、依托专职专业律师向农民工提供法律服务的公益性社会组织模式

自 2005 年成立以来，中心通过提供法律咨询、办理援助案件、进行普法培训、开展实证研究等多种方式为农民工提供免费、便捷、专业、优质的法律服务，引导他们合理表达诉求、依法有效维权，为维护农民工合法权益、促进社会和谐稳定做出了自己的贡献。

经过十年的发展，中心已成为我国最大的专业从事农民工法律援助与研究工作的公益性法律类社会组织。十年来，中心积累了大量值得研究和推广的成功经验。

（一）专职化

中心自成立以来，向农民工群体提供了大量免费法律服务，但办案质量却并未因此降低。免费、高质的服务为中心赢得了良好的社会口碑和民众的信任，而良好的服务质量得益于中心工作人员的专职化，即专业化和职业化。

1. 专业化

中心仅面向农民工群体这一特定对象，专业办理农

民工维权案件，着重加强对农民工维权领域的研究，有效提升了法律服务的专业质量。

中心最主要、最基础的工作就是向农民工提供免费的法律咨询和案件代理。中心不仅将对农民工的免费法律服务列入工作内容，还开辟了多种方便民众寻求法律服务的方式。比如在提供法律咨询方面就有热线咨询、网上咨询和来访咨询，为农民工提供及时的政策法律解答。从2005年9月8日成立到2015年8月31日，中心共接待法律咨询案件65201件，涉及农民工超过20万人次，涉及金额5亿元以上。通过咨询，律师告诉农民工一些基本的法律知识和收集证据的技巧，既使保护农民工的法律和政策得以落实，又避免了农民工因为不懂法而陷入不利的境地，如避免农民工因为不知道时效限制或不懂得证据保存而使权利在将来无法得到保护。

除提供法律咨询外，中心还依托专业、专职律师专门负责办理农民工法律援助案件，并不收取费用。为了使更多的农民工获得法律帮助，中心在《法律援助条例》规定的援助条件基础上，适当放宽援助条件，使更多经济困难者可以获得公正的司法。自成立至2015年8月31日，中心共办结案件10069件，帮助农民工挽回损失超过1.45亿元人民币。这其中包括大量有重大社会影响力的案件，如郭某某等68名农民工在拿不到工资、走投无路的时候，意图杀害包工头，在中心律师的介入下，经过3年努力，终于帮助他们拿回了欠薪。徐某某在肯德基公司工作11年被辞退后没有得到任何补偿，肯德基公司声称徐某某是劳务派遣工，与其无关。在律师的帮助下，不仅徐某某本人拿到了应得的补偿，而且肯德基公司还公开宣布放弃使用劳务派遣工，数千人因此而受益。黄某某等 16 人在煤矿工作多年导致患上尘肺病，煤矿在安监局存放有 180 万元风险抵押金，这笔钱本应用于企业的安全事故抢险，救灾和善后处理，但当 16 名农民工在律师的帮助下终于拿到工伤赔偿的胜诉判决时，安监局却已将 180 万元退给了矿长。在律师的不懈坚持下，终于通过行政诉讼将工伤赔偿款追回。

2. 职业化

中心之所以具有独特性，根基就在于依托这样一个专业公益机构，培育了中国第一批真正意义上的农民工律师。简单来说，农民工律师就是指全职为农民工提供免费法律服务的律师。他们具备良好的专业知识和办案技能，只为农民工等弱势群体提供免费法律服务，不办理其他案件。从整个中国律师行业来看，已经有了专业的刑事辩护律师、知识产权律师、房地产律师等专业的律师群体，而目前在中国真正称得上劳工律师的屈指可数，有些精通劳动法的律师因农民工案件收费低且程序复杂，不愿意办理此类案件；还有些劳动法专家甚至站在劳动者的对立面。在已经有着 2.7 亿多农民工、将影响到中国 6 亿以上农民生活以及农村发展的特殊背景下，农民工律师群体的产生和发展具有重大的时代意义。

中心拥有专职的律师及工作人员 30 余人，这些律师通过办理大量案件，积累了丰富的经验，遇到复杂疑难的案件，会在一起讨论可行的方案、交流对案件的意见，以更专业的服务更好地为农民工提供法律援助，维护他们的权益。律师在办理案件中严格遵守纪律，真正做到了为农民工服务、替农民工着想。截至 2015 年 8 月，中心共已收到来自当事人的 430 余面锦旗和近百封感谢信。中心十年来的经验充分说明，农民工法律援助专门机构的建立尤其是专业专职农民工律师群体的形成，丰富了处于快速发展中的我国法律援助制度，体现出法律援助在改善民生、维护贫弱群体合法权益、化解社会矛盾、维护社会稳定、构建和谐社会等方面的特殊作用。

实践证明，中心探索出的这一职业化、专业化援助模式能够发挥社会组织的独特优势，在构建社会主义和谐社会的过程中取得了明显效果。自 2005 年 9 月 8 日成立以来至 2015 年 8 月 31 日，中心已办结 5 人以上群体性案件 304 件，涉及 5112 人。经过中心工作人员的介入，所有案件都得到了妥善处理，有效化解了社会矛盾。

中心的这种依托专业、专职律师提供法律援助的模式得到了社会的认可，为了推动专业化公益法律服务机构的成立，2006 年，全国律协发布了《关于推动农民工法律援助工作的意见》，提出"全国律协将与地方律协合作，在司法行政机关的支持下，力争用两年时间，在所有省、自治区、直辖市至少建立一家农民工维权律师服务机构，进而探索建立由公益律师为中坚力量、覆盖广泛的农民工维权律师志愿者网络"。目前，全国各地已成立了 35 家专门公益法律服务机构，专职从事公益法律服务的律师达到 150 余人。他们不仅为农民工，还为青少年、女工、老年人等其他社会弱势群体提供法律援助。从 2006 年到 2015 年 6 月，包括北京在内的法律援助专门机构共提供咨询约 21 万件，受益人数超过 50 万人，涉及金额约 42 亿元；为农民工办理法律援助案件 3.5 万件，涉及 4 万多农民工，帮助农民工追讨欠薪和赔偿共计约 6.05 亿元。

（二）法治化

中心深刻认识到，社会组织作为社会治理的重要参与者，应该充当增加社会信任、增强法律权威的积极因素而非消极因素。因此，作为我国最大的法律类社会组织，中心始终坚持走法治化的发展轨道，始终倡导农民工依法维权，努力维护农民工合法权益。

1. 引导农民工依法维权。由于缺乏法律知识、缺乏对社会和法律的信任、难以负担法律服务费用等原因，农民工群体在维权过程中往往采取过激行为。针对这种状况，中心律师始终本着负责任的态度向当事人提供法律服务，尽全力将言行偏激的当事人拉回依法解决问题的轨道。比如，河北籍农民工郭某等 68 人讨薪两年未果，在绝望之下，他们意图杀害老板后去中南海自首。中心律师承办此案后，及时阻止了他们的过激举动，并劝说他们通过法律途径解决问题。最终，历时三年，他们在律师帮助下拿回了欠薪。

2. 维护农民工合法权益。对于当事人缺乏法律依据的诉求，中心律师会认真劝说其放弃并作出解释；对于当事人的欺诈行为，中心律师会在调查甄别后及时制止；而对于当事人合法合理的主张，中心律师会分厘必争,绝不挑肥拣瘦、避重就轻。比如,黄某某等 16 名农民工因罹患尘肺病而将矿方告上法庭,虽然赢了官司却陷入执行难困境,法院提出由矿方支付判决金额 70% 的调解方案,在案件已经拖了三年多的情况下,当事人被迫打算接受。但是,中心律师抱着为农民工争取最大利益的信念,始终坚持赔偿金额不能低于判决金额的 90%,最终帮助当事人实现合法利益的最大化。

## (三) 主流化

社会组织的生存和发展,离不开外部环境的支持,外部空间的大小决定了社会组织作用发挥的大小,争取外部空间的过程就是社会组织主流化的过程,对于法律类社会组织尤其如此。中心的发展经验证明,在主流化过程中,争取政府、行业协会、媒体和其他组织的支持至关重要。

### 1. 积极与政府合作

有些人认为,非营利性组织应该保持独立性,不能与政府合作。非营利性组织保持相对独立性是没有争议的,但是,与政府合作就丧失独立性的说法就有失偏颇了。对于很多公共产品的提供,尤其是对弱势群体的服务,本应是政府的责任,非营利性组织的存在是让政府从直接服务变为间接服务,以提高资源利用的效率和公共产品的质量。因此二者的目标一致,本就有充分的合作基础。并且,如果非营利性组织刻意回避政府,如何让政府了解其工作,了解其在社会建设中的重要角色?原则上说,非营利性组织应该与外部环境中的一切积极因素合作,政府显然是其中的重要因素之一。在保持相对独立性的同时，中心自成立以来，与各级政府有关部门、司法机关、社会团体等建立了密切的联系，就法律业务、人员培训、课题研究、立法修法等方面开展了深度合作。比如，中心应邀就《劳动合同法》修正案、《工伤保险条例》修正案等提出意见和建议；与北京市司法局合作，承接了丰台区148法律咨询热线工作。

2. 积极与行业协会合作

中心利用自身专业能力与全国律师协会的行业指导能力进行优势互补，承担了全国律师协会法律援助与公益法律事务委员会秘书处的具体工作，借助行业协会的力量，在全国超过30个省市建立起农民工法律援助专门机构，很多地方的律协还对这些机构给予一定的资金支持。此外，中心还将自己在实践中探索出的成功经验，通过行业协会推广到全国，进而推动全行业更有质量地参与到农民工公益法律服务中。

3. 积极与媒体合作

中心通过与中央电视台、新华社、《人民日报》等媒体开展深度合作，及时将农民工维权领域的突出问题和研究成果传递给民众和决策者，大力宣传农民工法律援助事业，为政府决策提供了可靠依据，对民众起到了良好的普法效果，有力推动了某些案件的办理进程。比如，媒体与中心合作对肯德基劳务派遣问题、农民工维权成本调查的报道均引起了社会的广泛关注和决策者的积极认可，推动了问题的解决。

4. 广泛动员一切社会力量

中心与中国法律援助基金会合作，成立了农民工法律援助基金，解决了非营利性组织筹集善款时不能给予捐赠者抵税或免税待遇的问题。中心还积极推动律师参与高校法律诊所教育，提供大量大学生实习岗位，培养公益法律事业的后备人才。

（四）综合化

中心始终认为，如果只办理案件而不提供普法培训，就永远只能充当"灭火队"而不能将矛盾化解于萌芽阶段；如果只办理案件而不开展实证研究，就永远只能停留在微观层面而不能通过政策建议惠及更广大民众。因此，中心采取了提供法律咨询、开展普法培训、办理援助案件、开展实证研究、提出政策建议的综合援助模式。

中心开展了形式多样的普法宣传。在十年的农民工法律服务中，中心的律师一直工作在服务农民工的第一线，他们了解农民工因不懂法而造成的维权困境，也深知提升其维权能力需要普及哪些法律知识。中心依托已经成立的"农民工普法学校"，由专职律师利用周末时间给农民工讲解法律知识，中心还与司法行政部门、工会、信访、劳动部门、法学院校、媒体积极开展合作，派律师到工地、车站、市场、社区等农民工聚集的地方开展普法讲座。截至 2015 年 8 月底，已有 10 多万人接受过免费的普法培训。此外，律师还在解答咨询、办理援助案件的过程中，通过言传身教的方式对农民工进行普法教育，告诉他们怎样收集证据、如何求助帮助等，让农民工掌握基本的维权知识和技能。

除直接对农民工进行普法宣传外，中心的律师还与新闻媒体合作，通过接受媒体采访、报道典型案件进行普法宣传。中心与中央人民广播电台合作，每周三做一小时直播节目《举案说法》，对当下与农民工的工作生活联系较为紧密的热点问题进行深度解读与剖析；《法制文萃报》设置了"致诚公益"专栏，刊登中心律师办理的典型案件等信息；中心与《新疆经济报》主办的《法治人生》杂志社合作，开辟"以案说法"和"律师信箱"专栏，定期刊登报道中心办理的典型案件及典型热线咨询案例等。中心还通过微信公众号定期发送法律实用资讯，在社会上广泛宣传法律知识和法治理念，为依法维护农民工合法权益创造良好社会环境。

中心依托实证研究有针对性地提出立法建议。一个案件只能帮助一个或几个当事人，而一个好的法律条款却让更多的人受益。除了为农民工提供直接法律服务外，中心还依托专业的研究团队开展了大量实证研究工作，积极为完善相关法律和政策建言献策，在法律政策的制定与执行之间搭建了一个良好沟通平台。

截至目前，中心出版的图书包括：《为了正义》、《如何追讨欠薪》、《如何签订劳动合同》、《谁动了他们的权利？——中国农民工维权案例精析》、《办理农民工案件实用手册》、《谁动了他们的权利？——中国农民工权益保护研究报告》、《求助有门——如何获得免费法律帮助》、《谁动了他们的权利？——中国农民工权益保护研究报告（二）》、《谁动了他们的权利？——时福茂办理农民工案件专辑（四）》、《谁动了他们的权利？——中国农民工维权案例精析（五）》、《农民工刑事法律援助案例精选》、《劳动维权全程实录：公益律师特别代理手记》和《十八大以来的法治变革》等。

多年来，中心在深入调研的基础上，先后发布了《中国农民工维权成本调查报告》、《农民工欠薪案件研究报告》、《改革〈工伤保险条例〉推进农民工工伤问题妥善解决》、《农民工群体性案件研究报告》、《国有企业应模范遵守法律，创建和谐劳动关系》、《农民工工伤康复和再就业调研报告》、《警惕复杂劳动关系规避〈劳动合同法〉》等专题报告，受到了社会各界的广泛好评。在参与起草《劳动争议调解仲裁法》、《社会保险法》等工作中，中心提到的"用人单位不支付的，从工伤保险基金中先行支付"、"降低参保单位工伤保险待遇的支付比例"等建议受到有关部门的高度重视。

（五）制度化

非营利性组织的生存和发展，同样离不开科学的内部机制建设，即建立一个良性的内部管理机制和人才培养机制。

一是内部管理机制建设。中心自成立以来，逐步推动机构由个人管理向制度管理方向转变。建立了管理委员会以实行集体决策，通过员工大会讨论出台了员工手册以明确奖惩制度，建立了监督与评估制度以落实激励机制。

二是人才培养机制建设。中心建立了"手把手"人才培养模式，所有新员工都能得到老员工的手把手式培养；搭建了广阔的人才发展平台，为员工设定了专家型人才培养目标和相应的激励机制；建立了人尽其才的分类培养机制，让每个员工找到适合自己的发展方向。

（六）国际化

中心立足国内的法律援助服务，通过主动申报国际合作项目、积极参与国际人权交流活动、密切联系海外法学院等措施，稳步迈向国际，获得了联合国人权高专办、联合国开发计划署等国际组织和政府有关部门的高度认可。2013 年以来，中心筹办了三期"致诚国际法学人才实践精品班"，组织来自哈佛、耶鲁、牛津、中国政法大学等国内外名校的上百名大学生开展公益法学习交流活动，产生了良好的国际影响。

### 三、农民工法律援助领域存在的主要问题

自 2003 年"总理为农民工讨工资"事件发生以来，农民工权益维护逐渐受到社会广泛关注，农民工法律援助工作也进展迅速，但是，面对如此庞大的一个群体，如何能最大限度地提供专业高效的法律援助仍然面临诸多问题。

（一）农民工法律援助的专业化、职业化程度较低

目前，农民工法律援助案件主要是由各级政府建立的法律援助中心的律师或者政府法律援助部门指派的社会律师办理，这种援助模式导致农民工法律援助在专业性和职业化方面存在较大缺陷，不利于保证农民工法律援助质量。

从专业化角度来看，无论是政府法律援助中心的律师还是政府法律援助部门指派的社会律师，他们办理的

法律援助案件类型各异，很多律师每年只能办理一到两件同一类型的援助案件，几乎没有政府法律援助中心只办理农民工维权案件。尤其是对社会律师而言，每年他们受指派办理的法律援助案件本就不多，其中的农民工维权案件更少之又少。因此，尽管政府法律援助中心律师或受指派的社会律师本身的法律职业素养不低，甚至有些律师已经在某些领域取得了突出成绩，但并不意味着他们在缺乏实践和研究的农民工维权领域也能表现出同等的专业性。总体而言，现行法律援助模式很难提升农民法律援助的专业化程度。

从职业化角度来看，一方面，政府法律援助中心的专职律师人数很少，根据统计，2015 年 8 月我国执业律师总数已超过 27 万人[①]，2014 年底我国法律援助律师5900 多人[②]，粗略比较仅占律师总数的 2.2% 左右；另一方面，对政府法律援助部门指派的社会律师而言，办理法律援助案件只是履行社会责任、完成法定义务的行为，法律援助案件只占社会律师办理案件总数的很小一部分，并非他们的主业。可见，法律援助律师的职业化程度整体较低，专职从事农民工法律援助的律师更是凤毛麟角。

---

① 《十八大以来我国律师事业取得新发展新成就》，载 http：//www. legalinfo. gov. cn/index/content/2015 – 08/17/content_ 6223041. htm？ node = 66698。

② 《法律援助是律师应尽职责》，载 http：//politics. people. com. cn/n/2015/0630/c1001 – 27227239. html。

（二）农民工法律援助中"重案件办理、轻矛盾化解"的问题依然存在

农民工法律援助是引导农民工依法维权、维护农民工合法权益的一项制度安排，也是农民工权益维护与社会和谐稳定之间的一道"防火墙"。因此，农民工法律援助的根本目的是化解社会矛盾，再高超的办案技巧也只是实现这一目的的手段。但是，在现行法律援助模式下，尽管法律咨询和普法宣传得到越来越多的重视，但农民工法律援助的内容仍然局限于案件承办，而没有与普法、咨询、培训、研究、提出立法和政策建议等环节有机结合起来，不利于社会矛盾的化解。

一方面，农民工法律援助处于被动接受援助请求的状态。在现行模式下，法律援助中心往往需要在矛盾已经出现甚至激化，农民工找上门的时候，才能被动提供法律咨询或承办案件。由于法律援助中心的专职律师数量有限，法律援助部门指派的社会律师又不以法律援助为主业，而且其法定义务也仅限于案件办理，因此很难组织力量主动出击，通过普法宣传、法律培训等手段将矛盾化解在萌芽状态。

另一方面，农民工法律援助的实务与研究处于相互脱节的状态。高校等学术机构的研究缺乏实践经验的支撑，可能会偏重理论而缺少实证研究；法律援助中心的专职律师人员有限，缺乏足够的研究力量，法律援助部门指派的社会律师本非从事农民工案件的专业人士，能够高质量完成指派案件的办理已属不易，很难要求他们再对公益法律领域进行深入研究。

（三）从事农民工法律援助的专业性公益法律社会组织发展滞后

中心十多年来的工作经验表明，农民工法律援助的专业化和职业化可以通过建立专业性的公益法律社会组织来实现。这些组织既拥有从事农民工法律援助的专职律师和工作人员，又不以市场利润为导向，愿意承担普法、咨询、培训、办案等各项任务，而且对通过实证研究提出立法和政策建议具有积极性，进而推动立法和制度改革。但是，目前我国从事农民工法律援助的专业性公益法律社会组织的发展严重滞后。从规模上来看，作为国内最大的公益法律社会组织和最早专门从事农民工法律援助的机构，北京致诚农民工法律援助与研究中心仅有 30 名专职律师，即使加上中心在全国 30 个省市管理、支持或协调的 35 家农民工法律援助专门机构，专职律师总人数才 150 余人，仅相当于一个中等律师事务所的规模，而这已是目前中国最大的公益法律服务团队。从资金上来看，在政府购买服务的模式还未发展起来的情况下，经费问题已经成为公益法律社会组织面临的最大挑战，严重制约了公益法律社会组织在弥补政府专业性、抵销市场逐利性中的作用发挥。

（四）劳动争议案件高发与争议处理模式低效之间的矛盾依然存在

近年来，包括农民工维权案件在内的劳动争议案件呈逐年上升趋势，劳动行政部门、仲裁委员会和法院均有不堪重负之苦。究其原因，除了经济社会转型期社会矛盾凸显、劳动法律法规逐步完善、农民工维权意识不断增强等外部因素，劳动争议调处程序本身也存在问题。一方面，劳动保障监察力度不够。劳动争议源于两种行为，一是违法行为，即用人单位违反劳动法律强制性规定的行为；二是违约行为，即用人单位或劳动者违反双方约定的合同义务的行为。其中，违法行为应由劳动行政部门运用其行政执法权予以查处。但是，目前大量用人单位的违法行为无法通过劳动保障监察部门予以纠正，只能进入仲裁环节。另一方面，劳动争议仲裁缺乏终局效力和司法监督，从中心的实践来看，只有不到五分之一的劳动争议通过裁决结案，半数以上的案件仲裁后又诉至法院。这样一来，很多案件在劳动行政部门、仲裁委员会、法院等三个部门走完一遍后才能终结，不仅大大增加了农民工维权成本，也浪费了宝贵的公共资源。

## 四、推动农民工法律援助健康发展的对策建议

现阶段农民工法律援助面临的突出问题，不仅制约着农民工法律援助的健康发展，而且不利于化解社会矛盾和维护社会和谐稳定，需要政策制定者、立法者和公益法律社会组织等相互合作、共同解决。

（一）推广政府购买服务模式，促进公益法律服务社会化

针对农民工法律援助专业化、职业化程度不高，案件办理与普法、咨询、培训、研究、建议等环节相脱离

等问题，建议通过政府购买服务的方式，推动农民工法律援助等公益法律服务社会化。一是由政府支持建立一批从事农民工法律援助的公益法律社会组织，由政府购买这些组织提供的法律援助服务，这些组织的专职律师不办理任何收费案件，且对当事人完全免费。初期可在北京推动建立1至3家专门机构，配备200名左右专职律师和工作人员；在各省会城市推动建立30家左右专门机构，每家机构配备30名左右专职律师和工作人员。各专门机构的办案、办公、人员工资、培训、管理和宣传费用等由政府购买服务的费用支付，总预算不超过2亿元。如果试点取得良好效果，可根据需要在全国推广这种模式。二是公益法律社会组织在获得政府购买服务的资金后，不仅要办理农民工法律援助案件，还要提供法律咨询、普法培训、实证研究等综合法律服务，并接受政府有关部门的监督和评估。

通过政府购买的方式推动公益法律服务社会化，可以在不占用政府编制、不增加资金投入的情况下获得比单纯办理案件的传统援助模式更全面的法律服务，可以更有效地利用社会资源，并通过引入竞争机制提升法律援助服务质量。

（二）强化劳动保障监察，取消劳动争议仲裁制度

针对劳动争议处理模式的低效问题，建议赋予劳动保障监察部门一定程度的强制执行权，取消劳动争议仲裁制度，将原来属于仲裁委员会的资金和人员力量投入到劳动保障监察部门，进一步增强劳动保障监察力度，从而将用人单位违反法律强制性规定而导致的劳动争议

案件终结在劳动监察阶段，同时简化进入司法程序的劳动争议案件的流程。

一是赋予劳动保障监察部门强制执行权，将劳动监察变为劳动警察。国务院《劳动保障监察条例》赋予了劳动保障监察部门调查、检查和作出行政处罚的权力，但却没有赋予其强制执行的权力，导致许多处理决定无法执行。比如，针对用人单位的欠薪行为，劳动保障监察部门可以作出责令其限期支付的《劳动监察指令书》，但是仅凭劳动监察指令书却无法向人民法院申请强制执行，一旦用人单位拒绝履行，农民工只能再去申请劳动仲裁。因此，建议赋予劳动保障监察部门查封、扣押等强制执行权，变劳动监察为劳动警察，提升用人单位违法行为的查处效率。

二是撤销劳动争议仲裁委员会，将其资金和人员充实到劳动保障监察队伍中。因用人单位或农民工违反合同约定义务而导致的劳动争议案件具有私法属性，不应由劳动保障监察部门处理，也没有必要适用仲裁前置程序，而应像普通民事合同纠纷一样，直接由人民法院管辖。由于强制力的增强和原仲裁委员会资金、人员的加入，劳动保障监察部门有能力办结因用人单位违反法律强制性规定而导致的劳动争议案件，因此，取消劳动争议仲裁制度并不会显著提升法院办案压力。

（三）坚持合作而非对抗，正确处理公益法律社会组织与政府、司法机关和其他各方的关系

针对目前公益法律社会组织发展滞后的问题，除了政府以购买服务的方式推动公益法律服务社会化以外，

公益法律社会组织自身也应当反思并处理好与政府、司法机关和其他组织的关系。

一是处理好与政府、司法机关的关系。公益法律社会组织经依法登记注册，独立开展法律服务工作，应当保持其相对独立性，但同时也必须与政府、司法机关等建立沟通合作机制，既要维护好当事人的合法权益，也要在当事人提出无理诉求时做好罢访息诉的说服工作，推动社会公平正义的实现。

二是处理好与其他各类组织的关系。一方面，公益法律社会组织的工作开展需要得到行业组织、工会、高校等各类组织的支持。比如中心与法学院诊所教育的合作，不仅可以引导学生参与劳工权利维护等公共法律事务，而且为自身提供了潜在的后备力量。另一方面，除了政府购买服务，律师行业的捐助、企业及公民的个人捐赠、国际组织的项目资助也是公益法律社会组织的重要资金来源。

# 参考文献

1. 国务院研究室课题组：《中国农民工调研报告》，中国言实出版社 2006 年版。

2. 周长征著：《劳动法原理》，科学出版社 2004 年版。

3. 李薇薇、Lisa Stearns 主编：《禁止就业歧视：国际标准和国内实践》，法律出版社 2006 年版。

4. 蔡定剑主编：《中国就业歧视现状及反歧视对策》，中国社会科学出版社 2007 年版。

5. 蔡定剑、张千帆主编：《海外反就业歧视制度与实践》，中国社会科学出版社 2007 年版。

6. 林燕玲著：《国际劳工标准》，中国劳动社会保障出版社 2007 年版。

7. 石美遐著：《全球化背景下的国际劳工标准与劳动法研究》，中国劳动社会保障出版社 2005 年版。

8. 周伟等著：《中国的劳动就业歧视：法律与现实》，法律出版社 2006 年版。

9. 叶静漪、周长征主编：《社会公正的十年探索》，北京大学出版社 2007 年版。

10. 国家统计局人口和社会科技统计局编：《中国社会中的男人和女人——事实和数据（2004）》，中国统计出版社 2004 年版。

11. 国际劳工组织：《工作中平等的时代》，日内瓦：国际劳工大会第 91 届会议，2003。

12. 国际劳工组织：《工作中的平等：应对挑战》，日内瓦：国际劳工大会第 96 届会议，2007。

13. 国际劳工组织：《工作中的平等：不断的挑战》，日内瓦：国际劳工大会第 100 届会议，2011。

14. 国际劳工组织、人力资源和社会保障部：《平等工作在中国简报》2009 年第 2 期。

15. 林燕玲著：《改革开放 30 年中国工人权利意识的演进和培育》，中国社会科学出版社 2009 年版。

16. 刘小楠主编：《反就业歧视的策略与方法》，法律出版社 2011 年版。

17. 林燕玲著：《体面劳动——世界与中国》，中国工人出版社 2012 年版。

18. 王春光著：《平等对待——部分国家和地区反就业歧视立法与实践》，知识产权出版社 2011 年版。

19. 刘小楠主编：《反就业歧视评论》（第一辑），法律出版社 2014 年版。

20. 刘小楠主编：《反歧视法讲义》（文本与案例），法律出版社 2016 年版。

21. 江立华等著：《中国农民工权益保障研究》，中国社会科学出版社 2008 年版。

22. 郭开元主编：《新生代农民工权益保障研究报告》，中国人民公安大学出版社 2012 年版。

23. 北京市劳动和社会保障法学会编：《劳动法和社

会保障法热点问题探讨》，中国法制出版社 2014 年版。

24. 杨志明主编：《劳动保障监察》，中国劳动社会保障出版社 2012 年版。

25. 田松青著：《农民进城就业政策变迁——兼论农民工劳动力市场地位》，首都经济贸易大学出版社 2010 年版。

26. 刘勇著：《就业公平保障法律制度研究》，西南交通大学出版社 2012 年版。

27. 张英洪等著：《新市民——北京市农民工市民化研究》，社会科学文献出版社 2014 年版。

28. 孙大雄、徐增阳、杨正喜等著：《农民工权益的法律保障研究》，知识产权出版社 2011 年版。

29. 王伦刚著：《中国农民工非正式的利益抗争——基于讨薪现象的法社会学分析》，法律出版社 2011 年版。

30. 国务院发展研究中心课题组：《农民工市民化——制度创新与顶层政策设计》，中国发展出版社 2011 年版。

31. 周贤日著：《欠薪保障法律制度研究》，人民出版社 2010 年版。

32. 中国工运研究所编：《新生代农民工：问题·研判·对策建议》，中国工人出版社 2011 年版。

33. 亓昕著：《欠薪与讨薪：工地政体与劳动过程的实证研究》，首都经济贸易大学出版社 2011 年版。

34. 蔡定剑、刘小楠著：《反就业歧视法专家建议稿及海外经验》，社会科学文献出版社 2010 年版。

35. 赵红梅著：《私法与社会法——第三法域之社会法基本理论范式》，中国政法大学出版社 2009 年版。

36. 常凯著：《劳权论》，中国劳动社会保障出版社 2004 年版。

37. 饶志静著：《英国反性别就业歧视法研究》，法律出版社 2011 年版。

38. 叶静漪、周长征主编：《社会正义的十年探索：中国与国外劳动法制改革比较研究》，北京大学出版社 2007 年版。

39. 梁慧星主编：《中国民法典草案建议稿附理由：总则编》，法律出版社 2013 年版。

40. 梁凤云著：《新行政诉讼法讲义》，人民法院出版社 2015 年版。

41. 李广宇编：《新行政诉讼法逐条注释》（下），法律出版社 2015 年版。

42. 信春鹰主编：《中华人民共和国就业促进法释义》，法律出版社 2007 年版。

43. 袁杰主编：《中华人民共和国行政诉讼法解读》，中国法制出版社 2014 年版。

44. ［德］Roman Frik 著：《德国劳动法中的反歧视制度——浅析德国新〈通用平等待遇法〉》，李光译，载林嘉主编：《社会法评论》（第二卷），中国人民大学出版社 2007 年版。

45. 佟丽华主编：《谁动了他们的权利？——中国农民工权益保护研究报告》，法律出版社 2008 年版。

46. 佟丽华主编：《谁动了他们的权利？——中国

农民工权益保护研究报告》（二），法律出版社 2010
年版。

## 期刊论文等

1. 林燕玲：《反就业歧视是我们的国际承诺》，载
《法制日报》2007 年 9 月 20 日。

2. 邓蓓蓓：《我国反就业歧视法律制度研究》，西
南政法大学 2008 年硕士学位论文。

3. 岳经纶：《农民工的社会保护：劳动政策的视
角》，载《中国人民大学学报》2006 年第 1 期。

4. 林嘉、杨飞：《论劳动者受到就业歧视的司法救
济》，载《政治与法律》2013 年第 4 期。

5. 林嘉：《论我国就业歧视的法律调控》，载《河
南社会科学》2006 年第 5 期。

6. 林燕玲：《批准和实施〈1958 年消除就业和职业
歧视公约〉对中国社会的影响》，载《中国劳动关系学
院学报》2006 年第 2 期。

7. 杨飞：《劳动合同解除时的"三金"问题》，载
《团结》2006 年第 6 期。

8. 谢增毅：《美国就业中的反残疾歧视——兼论我
国残疾人按比例就业制度》，载《月旦财经法杂志》
2007 年第 9 期。

9. 谢增毅：《英国反就业歧视法与我国立法之完
善》，载《法学杂志》2008 年第 5 期。

10. 谢增毅：《美英两国就业歧视构成要件比较》，
载《中外法学》2008 年第 4 期。

11. 喻术红：《反就业歧视法律问题之比较研究》，载《中国法学》2005 年第 1 期。

12. 俞里江：《劳动者在乙肝歧视案中的利益保护》，载《人民司法案例》2008 年第 24 期。

13. 汪洪：《歧视乙肝病毒携带者的法律责任》，载《人民司法案例》2011 年第 20 期。

14. 周斌：《十八大以来我国律师事业取得新发展新成就》，载《法制日报》2015 年 8 月 17 日，第 5 版。

15. 王比学：《法律援助是律师应尽职责》，载《人民日报》2015 年 6 月 30 日，第 11 版。

16. 北京义联劳动法律援助与研究中心：《工伤保险先行支付制度实施三周年调研报告》，载 http：//www. 51hrlaw. com/xinwen/shengyin/2014/1349 77. html。

17. 史红：《女性"资本"与"美女经济"》，载 http：//www. bass. gov. cn/17。

18. 劳动和社会保障部培训就业司：《关于当前劳动力市场供求状况的分析报告》，载 http：//www. mol-ss. gov. cn/gb/news/2007 - 06/13/content_ 182044. htm。

19. 周伟：《我国就业中性别歧视的实证研究——以 1995—2005 年上海和成都两市 30 万份招聘广告为例》，载 http：//www. fanqishi. com/detail. asp？ type ＝ 4&ID ＝90。

20. 宋洪远：《关于农村劳动力流动的政策问题分析》，载 http：//www. unirule. org. cn/symposium/c205. htm。

21. 国家统计局：《2014 年全国农民工监测调查报告》，载 http：//www. stats. gov. cn/tjsj/zxfb/201504/

t20150429_ 797821. html。

22. 国家统计局:《2014 年国民经济和社会发展统计公报》, 载 http://www. stats. gov. cn/tjsj/zxfb/201502/t20150226_ 685799. html。